KB275701

조선을 뒤집은 황당무계 사건들

조선왕조실록으로 본
요지경 세상사

조선을 뒤집은 황당무계 사건들

정구선 지음

팬덤북스

머리말

조선왕조실록으로 본

요지경

세상사

조선 시대라 하면 고루하고 답답한 시대였다고 생각하기 쉽지만 사실은 아주 흥미로운 시기였다.《조선왕조실록》을 찬찬히 읽다 보면 조선의 속살이 그대로 드러난다. 그야말로 우리가 미처 보지 못하고 그냥 지나친, 야사보다 재미있는 이야기들이 쏟아져 나온다. 마치 '세상에 이런 일이!'라고 놀랄 정도의 역사가 가득하다.

이 책은 실록 속에 숨어 있는 흥미진진하고 황당한, 때로는 놀라운 역사를 정리하여 담아낸 이야기보따리다. 책에 실린 이야기를 통해 조선의 생생한 역사 속으로 한 발짝 가까이 다가가 그동안 감추어진 속살을 들여다볼 수 있으리라 믿는다. 나아가 조선 시대, 조선 사람들에 대하여 좀 더 폭넓게 이해하는 계기가 되었으면 한다. 특히 당시 일화들에는 현재와 비슷한 내용이 많으므로 과거와 현재의 상황을 비교하여 타산지석으로 삼는 기회가 되었으면 좋겠다.

책의 기본 배경은 조선 건국 직후인 태조 때부터 3대 태종 때까지이다. 해당 시기의 국왕과 왕실, 관료, 백성, 명나라 사신과 관련된 역사로 이루어져 있으며, 후대 왕의 연간에서 관련 일화를 첨부하기도 했다. 고어나 한자어, 지명 등은 가급적 알기 쉬운 현대어와 현재의 명칭으로 바꾸었다.

배경이 되는 세 왕의 연간은 태조 1년1392~7년1398, 정종 1년1399~2년1400, 태종 1년1401~18년1418이다. 본문에서는 세 왕이 아닌 왕에만 서기를 표기하였다. 날짜는 당시의 관행에 따라 모두 음력으로 표기했다.

제1부 〈왕실에 그런 황당한 일이!〉의 주요 내용은 다음과 같다.

고려를 멸망시키고 조선을 건국한 공신들은 고려 왕실의 후예인 왕씨들이 살아 있는 한 편히 발을 뻗고 잠을 잘 수가 없었다. 마침내 그들은 모반을 도모했다는 허무맹랑한 구실을 꾸며 왕씨들을 일망타진하였다.

조선은 태조 3년 9월에 한양으로 수도를 옮겼지만, 그 이전에는 계룡산 부근에 수도를 정하려고 하였다가 취소하였다. 다시 서울의 무악재 아래 신촌 일대로 옮기려다가 포기한 적도 있다. 한양에 수도를 정한 조선은 '왕자의 난' 이후 개성으로 잠시 옮겼다가 태종 때 한양으로 재천도하였다. 한양으로 재천도하는 결정은 종묘에서 동전으로 점을 쳐서 정했다고 한다. 재천도로 한양이 조선의 수도로 최종 결정되었지만, 개성에 향수가 남아 있던 관리들과 백성들은 태종이 개성에 잠시 머무는 사이 한양을 떠나 개성으로 대거 이주하였다.

현재 남아 있는 덕수궁은 원래 광해군의 별궁인 경운궁이었는데, 고종이 1907년 왕위를 순종에게 물려주고 이곳에 계속 머물게 되자 고종의 장수를 빈다는 의미에서 덕수궁으로 고쳐 부르게 되었다고 한다. 이런 통념과는 달리 덕수궁이란 이름을 가진 궁궐은 엄연히 조선 건국 직후부터 있었다. 태조 이성계가 1398년 10월 왕위에서 물러난 이후 그가 머물던 궁궐을 태상궁이라고 불렀다. 정종 2년 6월에 당시 세자로 있던 이방원의 청에 따라 태상궁의 이름을 덕수궁이라고 고친 것이다.

조선 초기에는 5일마다 임금과 백관이 참석하는 아일조회를 위해 5경 4점, 즉 오전 4시 35분경에 신하들을 대궐 문에 모이게 하였다. 일단 대궐 문에 모였다가 궁전으로 가서 정렬하는 시간이 걸렸을 테니, 아마도 새벽 5시경에 조회가 시작되었을 것이다. 궁궐에서는 꼭두새벽부터 조회가 열렸던 것이다. 일찍 시작된 조회는 해가 뜨기 전에 끝났다.

신생 왕조를 안정시키고 기틀을 튼튼히 하기 위해서는 콧대가 한껏 높아진 무신들을 억누르고 상대적으로 의기소침해 있는 문신들을 다독여 주어야 했다. 무관 출신인 태조 이성계와는 달리 과

거에 급제한 문관 출신인 태종은 무관을 무시하거나 경멸하는 태도를 보였다. 태종은 무예를 한갓 미친 짓이라고 하기도 했다. 문무의 균형을 맞추려는 태종의 현명하고 원대한 정치적 안목이 돋보이는 대목이다.

조선 시대에는 재상 등의 고위직을 역임한 신하들이 사망하면 임금이 부의금을 하사하고, 성대하게 장례를 치러 주며, 시호를 내렸다. 요즈음에는 주로 돈으로 부의금을 내지만, 조선 초기에는 쌀과 콩을 섞어서 주었다. 관원을 기준으로 1품은 쌀과 콩을 아울러 60~100석, 정2품은 40~50석, 종2품은 30석 이하를 주었다. 1석을 2가마로 치고, 1가마를 80kg으로 환산하면 100석은 약 200가마로 16,000kg이다. 당시 재상들은 정말 어마어마한 부의금을 하사받았던 것이다. 지금도 상당히 많은 양인데, 재정 형편이 어려웠던 조선 초기에는 더욱 부담스러운 양이었다. 재상 등에게 하사한 임금님의 지나친 부의금 때문에 나라 곳간이 거덜 날 정도였다.

사초는 사관이 임금이나 신하들의 언행을 날마다 기록한 것으로, 실록 편찬에 있어 가장 중요한 기초 자료였다. 사관들이 안심하고 직필하도록 실록을 편찬하기 전까지는 임금을 비롯한 그 누구도 사초를 볼 수 없었다. 그런데도 태조와 태종은 굳이 사초를 열람하려다가 신하들과 충돌을 빚었다.

사관들은 임금의 일거수일투족을 낱낱이 기록하려고 했다. 임금 입장에서는 매우 성가신 일이어서 가급적 사관을 멀리하려고 하였다. 임금을 졸졸 따라다니며 막무가내로 접근하려다 노여움을 사서 출셋길이 막혀 버린 사관도 있었다.

태종 때 대신들이 국익을 위해 태종의 장남인 양녕대군과 명나라 황제의 딸을 혼인시키려는 움직임이 일어나 조정이 한동안 발칵 뒤집힌 일이 있었다. 임금의 반대로 실현되지는 못했다.

고려 32대 왕으로 공민왕의 아들인 우왕은 이성계의 위화도 회군 이후 폐위되었다가 죽음을 당했다. 우왕에게는 모두 9명의 왕비가 있었다. 그녀들은 남편과 운명을 같이하여 우왕이 폐위된 후 대부분 궁궐에서 쫓겨나 본가로 돌아갔다. 본가로 쫓겨난 왕비 중에는 전공판서 왕흥의 딸로 우왕의 제8비였던 선비 왕씨도 포함되어 있었다. 선비는 본가로 쫓겨난 뒤 조선이 들어서자 판통례문사를 지낸 유은지와 재혼하였다. 왕비였던 여인과의 결혼이 유은지에게는 영광이었겠지만, 당시의 여론은 매우 부정적이었다. 한때 자기가 섬기던 왕의 부인을 아내로 삼은 것은 군신의 예에 어긋날 뿐만 아니라 삼강오륜을 어지럽히는 짓이라는 주장이었다. 왕비였던 여자가 수절하지 않고 결혼하여 여자가 지켜야 할 도리인 부도를 잃었다는 비난도 있었다.

태종 때 한양에서 아이들이 타구 놀이를 하였다. 아이들이 공의 이름을 하나는 태종인 주상이라 하고, 하나는 태종의 둘째 아들인 효령군이라 하고, 하나는 태종의 셋째 아들인 충녕군이라 하고, 하나는 수행하는 호위 군졸인 반인이라 하면서 공을 치며 놀았다. 엄연히 지엄한 임금과 왕자를 희롱한 것이다. 아무리 철없는 아이들이라 해도 왕조 시대에 도저히 있을 수 없는 일이었으나 임금은 장난이라고 하면서 용서해 주었다.

태종이 어느 날 포천군에서 사냥을 하였다. 수행하던 사람들 가

운데 6명이 숙소에서 쑥갓과 거여목처럼 생긴 독초를 잘못 먹고 갑
자기 죽는 일이 벌어졌다. 소식을 들은 임금은 앞으로 자기의 식탁
에 쑥갓과 거여목을 올리지 말라고 지시하였다.

다음은 제2부 〈관리들이 감히 이런 일을!〉의 주요 내용이다.
태종은 과거 시험에서 성적이 비슷할 경우 이왕이면 서울 사람
을 장원으로 선발하라고 지시한 적이 있다. 요즈음 거론되고 있는
지역 안배 정책과 배치되는 조치였다.
조선 초기에는 나이 어린 사람들이 관리가 된 경우가 많았다. 심지
어는 젖비린내 나는 아이가 관리가 되어 조롱의 대상이 되기도 했다.
조선 시대에는 유능한 인재를 관리로 임용하기 위해 기존 관료
들로 하여금 덕망과 재능을 갖춘 사람들을 천거하도록 하였다. 아
울러 공정한 천거를 위하여 부적합한 사람을 천거한 사람을 처벌
하는 법을 만들어 운용하였지만 소기의 성과를 거두지는 못했다.
조선 시대에도 요즈음의 인사 청문회와 비슷한 서경이라는 제도
가 있었다. 관리 후보자들의 신분, 조상, 과거 합격 여부 등을 조사
하여 관리로서의 적합도를 검증하는 제도로, 서경을 통과하지 못
하면 관리가 되지 못했다.
조선 초기에는 관청에 출근하지 않고 결근하거나 조퇴하는 관리
들이 많았다. 조정에서는 이들에게 매를 쳐서 징계하였다. 지방으
로 전출되면 부모의 병을 핑계로 관직을 내던지고 내려가지 않는
관리들이 많아 큰 골칫거리가 되기도 했다. 또한 임금의 부름에 항
상 응할 수 있도록 2품 이상의 재상들은 지방에 머물지 말고 한양

에 거주하도록 하였다.

조선의 대간들은 한 가지 문제가 생기면 수없이 간언을 올리거나 상소를 올려 임금을 괴롭혔다. 태종은 참다못해 신하들이 세 번 이상 간하지 말라는 명령을 내리기까지 하였다.

조선 초기에는 어이없는 일로 처벌을 받은 관리들이 많았다. 임금에게 올리는 글에서 본인 이름 앞에 신臣 자를 붙이지 않았다고 하여 파직된 관리가 있었다. 시호를 잘못 정했다가 교수형을 당할 뻔한 관리도 있었다. 문서나 본인 이름에 임금과 세자의 이름을 쓸 수 없어 이름을 두 번 바꾸어야 했던 공신도 있었다.

조선 건국 직후에는 저녁 8시경부터 새벽 4시경까지 4대문을 통과하거나 돌아다니지 못하게 하는 야간 통행 금지령을 실시했는데, 영을 어겼다가 파직된 대사헌이 있었다. 심지어 비가 많이 내려 농민들이 기르는 벼를 떠내려가게 했다는 죄로 수령을 파직하기까지 하였다. 관리들은 상관에게 욕을 하면 처벌을 받았다.

당시에는 어처구니없는 이유로 죽은 관리들도 있었다. 태종 때 공조 전서를 지낸 이우가 일본에서 보낸 코끼리에게 침을 뱉었다가 밟혀 죽었다. 고려 후기의 대학자인 이제현의 증손자 이담이 미친개에게 물려 죽는 안타까운 일도 있었다.

태종의 딸과 자기 아들과의 결혼을 단호하게 반대했다가 역적으로 몰려 노비로 강등된 전직 군수가 있었다. 조선 초기의 대표적 문신인 변계량은 20여 년 동안이나 대제학을 맡으면서 크게 존경을 받았지만 집에서는 그렇지 못하였다. 후처를 방에 가두어 두고 창구멍을 내어 음식을 주거나, 소변도 자유롭게 보지 못하게 하는 등의 박대를 하여 탄핵을 받았다.

궁녀는 일단 궁에 들어가면 왕의 여인이었다. 혹시 궁에서 나가더라도 다른 남자와 결혼할 수 없었다. 왕자의 난을 치른 공신으로 태종의 총애를 받았던 조영무가 궁녀를 첩으로 삼았다가 많은 비난을 받았다.

조선 왕조는 신분 제도를 엄격히 하기 위하여 노비, 기생 등의 천인과 양인 간의 결혼을 건국 초기부터 강력하게 금지하였다. 그럼에도 첨절제사를 지낸 정복주가 본처를 버리고 기생의 딸과 혼인하여 후처로 맞았다가 관직을 잃고 평민으로 강등된 일이 있었다.

조선 군대에는 돌을 던지며 싸우는 척석군이 있었다. 수군에서는 왜구를 추격하기 위해 쾌선 내지 경쾌선이라 불린 작고 빠른 쾌속선을 만들어 실전에 투입하기도 하였다.

제3부 〈백성들에게 과연 무슨 일이!〉는 다음과 같은 내용이다.

재판에 불만을 품은 여인이 임금이 어가를 타고 지나가는 모습을 보고 앞으로 뛰어들었다. 호위병과 부딪힌 여인은 임금 앞에서 크게 부르짖으며 억울함을 호소하였다. 임금이 격노하여 곤장을 때리고 지방의 관노비로 삼도록 했다.

조선 초기에는 황제의 색깔이라고 하여 황색과 황색 옷의 사용을 금지하였다. 그 외에 흰색과 옥색, 회색의 옷도 입지 못하게 했다. 황색으로 보자기를 만들어 가지고 다니다가 귀양을 간 사람이 있었다.

국가 소속의 공노비들은 봉급을 받고 휴가를 가기도 했다. 태종 때 처음 만들어 사용한 지폐인 저화를 위조하는 사람들이 많아 유통이 부진을 면치 못한 일도 있다.

조선 초기에는 상업과 공업을 천시하여 크게 발달하지 못했지만 조정에서는 상인과 공인, 즉 장인들에게 매월 세금을 거두었다. 그것도 모자라 일 년에 두 차례씩 추가 세금을 징수하였다.

지금 우리나라에서는 성직자들에게 세금을 징수하지 않지만, 조선 시대에는 무당에게도 세금을 거두었다. 조선 시대의 무세는 무당에 대한 일종의 영업세였다. 국가에서 3년마다 한 번씩 무당의 명부를 작성하여 무세를 징수했다. 무세는 원래 매년 두 번 징수하였는데, 세종 5년부터는 매년 한 차례만 거두도록 하였다. 무세의 납부액은 정포 1필이었으나 뒤에는 면포로 바뀌었고, 지역에 따라 포 대신 돈으로 납부할 수도 있었다. 지방의 무당들은 무세 외에도 신세포와 퇴미 등의 세금도 내야만 했다.

조선 시대에는 경상도나 전라도, 충청도 지방에서 조세로 거두어들인 곡식이나 베 등을 주로 배를 이용하여 한양까지 운반하였다. 이를 조운이라 하였고, 그 배를 조운선이라 불렀다. 조운선이 풍랑을 만나 난파하거나 침몰하여 곡식과 사람을 잃는 사고가 매년 빈번하게 발생하였다. 태종 3년에는 조운선 34척이 한꺼번에 바다에서 침몰하여 천여 명의 수군이 몰사하는 대형 사고가 발생한 적도 있었다. 조운선의 침몰은 인명은 물론 국가 재정에 막대한 손실을 초래하는 재난이었다.

조선 시대에 중요한 재산은 토지와 노비였다. 태종 때 남양군에 봉해지고 상의중추원사를 역임한 홍길민은 노비를 무려 천여 명이나 소유하였다고 한다. 노비로만 따지면 그는 아마도 조선 초기

최대의 거부가 아니었을까.

옛 시대에는 세쌍둥이를 낳으면 꼭 역사책에 기록하여 후세에 길이 전하도록 하였다.《조선왕조실록》에 세쌍둥이 출산에 관한 기록이 많은 이유이다. 세쌍둥이 출산을 역사 기록으로 남긴 것은 무엇보다 인구 증가 정책과 관련이 있다. 또한 세쌍둥이 출산은 태평세월을 상징하거나 경사스러운 일로 간주되었다.

당시에는 죽은 사람의 생식기를 잘라 가는 엽기적인 사건이 발생하기도 했다. 태종 3년 5월 천둥이 치고 비가 내리던 날, 황해도 봉산에서 어떤 남자가 소를 끌고 가다가 벼락을 맞아 죽었다. 이때 죽은 사람의 손가락과 생식기인 음경을 잘라 간 사건이 일어났다.

조선 시대의 일반 백성들은 글을 모르는 등의 이유로 법령을 잘 알 수가 없었다. 안타깝게 여긴 태종이 독법령을 만들어 한성부의 관원과 지방의 수령이 법령을 강론하도록 했다. 세종 때에는 독법령 외에 특별히 금령을 나무판에 적어서 사람들의 통행이 많은 곳에 걸어 놓기도 했다.

조선 시대에도 인명 보호 차원에서 오늘날의 삼심 제도와 유사한 삼복법을 시행하였다. 지방에서 사형에 해당하는 죄가 발생하면 수령이 먼저 심리하여 관찰사에게 보고하고, 관찰사는 다시 심리하여 중앙의 의정부에 보고하며, 의정부에서는 세 번 심리하여 임금에게 세 번 아뢴 다음에 사형을 결정하도록 했다.

비록 사형에 처할 만한 죄를 지었더라도 죄인이 독자면 살려 주는, 이른바 독자존류양친법이라는 법규가 있었다. 외아들이 죽으면 늙은 부모를 봉양할 사람이 없어지기에 살려 준 것이다.

조선 시대의 형벌 중에는 곤장으로 죄인을 때리는 장형이 있었
다. 곤장은 죄인의 볼기짝을 치던 형구로, 가시나무나 버드나무로
넓고 길게 만들었다. 장형은 죄의 경중에 따라 최하 60대에서 최
고 100대까지 치도록 했다. 장형은 매우 무서운 형벌이어서 때로
는 곤장을 60~70대 맞고도 죽는 사람이 있었으며, 100대를 맞으면
대개 사망에 이르렀다. 곤장 100대는 치사율이 거의 100%였던 것
이다. 때문에 조선 초기만 해도 곤장을 맞고 죽은 사람들이 많았다.

오늘날에는 사라진 잔인하고 비인간적인 형벌이 많았다. 몸을 여
러 조각으로 찢어 죽이는 능지처참 외에도 중국 고대에 행해진 오형
중 얼굴 등에 문신을 하는 묵형, 즉 자자와 발꿈치를 베는 비형이 행
하여졌다. 근래 〈장 발장〉 영화가 크게 유행했는데, 조선 시대에도
말에게 먹이는 풀을 조금 훔쳤다가 자자를 당할 뻔한 사람이 있었다.

마지막으로 제4부 〈중국 사신이 어떻게 그런 짓을!〉의 중요한 부
분을 알아보겠다.

태종 때 전라도 장성의 길가에 큰 나무가 있었다. 사람들은 가지
가 많다는 뜻의 '백지수百枝樹'라고 불렀다. 어느 날 명나라 사신 황
엄이 지나다가 그 나무에 비밀스럽게 구리 못을 박아 놓았으나, 고
을의 현감 허규가 못을 뽑아 버렸다. 황엄이 나무에 못을 박은 모
습을 보고 사람들은 그가 압승술을 썼다고 생각하였다. 압승술은
주술을 쓰거나 주문을 외워서 화복을 누르고, 남을 저주하여 죽게
만드는 술법을 의미하였다. 우리나라 명당에 쇠말뚝을 박았던 일
제처럼 중국 사신이 우리나라를 저주하였던 것이다

원래 중국 사신이 오면 연회를 끝내고 기생으로 하여금 수청을 들게 하는 것이 일반적이었다. 중국 사신들은 가까이했던 기생을 못 잊어 사랑에 빠지기도 했고, 급기야는 기생을 중국으로 데리고 가려 하기도 했다.

금강산은 우리나라 최대의 명산으로 널리 알려져 있다. 금강산의 명성은 예전부터 중국에까지 퍼져 있었던 모양이다. 조선에 오는 명나라 사신들마다 모두 금강산을 유람하려고 안달을 하였으니 말이다.

고려와 조선에서는 중국에 막대한 공물을 보냈다. 물품 외에도 처녀와 환관 등의 사람들도 보내야 했다. 조선 초기에 명나라에서는 환관으로 쓰기 위해 화자, 즉 고자를 보내라고 요구하였다. 태조 때부터 성종 때까지 15회에 걸쳐 모두 200여 명의 화자를 바쳤다.

화자 외에 처녀도 보냈다. 중국에 보낸 처녀를 이른바 공녀라 하였다. 고려 시대에는 충렬왕 때부터 공민왕 때까지 80년간 모두 50차례에 걸쳐 수천 명 이상의 처녀들이 원나라에 공녀로 끌려갔다. 조선 시대에는 태종 때부터 세종 때까지 20여 년간 7회에 걸쳐 100여 명의 처녀들이 명나라에 바쳐졌다. 후기에는 인조~효종 때 20여 명의 처녀들이 청나라에 끌려가야 했다.

중국에 끌려간 처녀들은 대부분 황실의 궁녀가 되어 일생 동안 고역을 감수해야 했다. 황족이나 고관들의 처첩이 되기도 하고, 인신매매되어 술집의 기녀로 팔려 간 처녀들도 있었다. 그중에는 황제의 후궁이 되는 이들도 있었다. 특히 고려 후기에 끌려간 기씨 처녀는 나중에 원나라의 황후가 되기도 했다.

명나라에 보내는 공물에는 말과 소도 있었다. 태종 4년에는 명나라에서 농삿소 1만 마리를 요구하여 여러 차례로 나누어 보내야만 했다.

조선 초기만 해도 숭불 풍조가 남아 궁중에도 부처의 진신 사리 같은 사리가 많았다. 어떻게 알았는지 호불 황제였던 명의 3대 황제 영락제가 이것을 보내 달라고 요구하였다. 태종과 세종이 궁궐과 각지의 사찰에 보관되어 있던 사리를 모아 모두 1,300여 과를 보냈다.

조선 초기에는 왜구들이 전국의 연안에 출몰하여 재물을 약탈하고 사람들을 잡아가는 일이 잦았다. 잡아간 사람들은 오키나와에 자리 잡고 있던 유구국에 팔아넘기곤 했다. 조정에서는 일본에 잡혀간 사람들을 데려오려고 여러 가지 외교적 노력을 기울였다. 태종 때는 350여 명이 돌아올 수 있었다. 태종 16년에 돌아온 전언충이라는 사람은 무려 21년 만에 귀환하였다.

2014년 9월,
정구선

제4부

중국 사신이 어떻게 그런 짓을!

제1부

왕실에서
그런
황당한 일이!

고려의 왕족을 몰살하라

고려를 멸망시키고 조선을 건국한 공신功臣들은 고려 왕실의 후예인 왕씨王氏들이 살아 있는 한 편히 발을 뻗고 잠을 잘 수가 없었다. 힘들여 창업한 조선 왕조를 왕씨들이 몰래 거사를 꾸며 거꾸러뜨릴 수도 있다는 두려움에 떨어야만 했을 테니까. 마침내 그들은 모반을 도모했다는 허무맹랑한 구실을 꾸며 내어 왕씨들을 일망타진하고자 하였다.

개국 공신들은 조선을 건국하자마자 왕씨들을 모두 제거하고 싶었겠지만 물리적으로나 명분상으로 어려운 일이었다. 우선 왕씨들을 수도인 개성에서 내쫓아 지방으로 보내기로 했다. 건국한 지 3일 만인 태조 1년 7월 20일에 갑자기 개성 등에 살고 있던 왕씨들을 강화도와 거제도로 몰아넣었다. 다만 조선 건국에 공이 있는 순흥군順興君 왕승王昇과 그의 아들 왕강王康은 그대로 개성에 살게 하였다.

고려의 마지막 왕인 공양왕恭讓王 왕요王瑤는 군君으로 강등하여 강원도 고성에 안치하고 주거를 제한했다. 왕요의 동생 왕우王瑀는 귀의군歸義君으로 삼아 경기도 연천에 머물게 하여 왕씨의 제사를 받들게 했고, 고려의 마지막 왕대비 안씨安氏는 의화궁주義和宮主로 봉하였다.

왕씨들을 섬으로 보낸 뒤에도 마음이 놓이지 않았던 조선 공신들은 드디어 일거에 제거할 계획을 세우고 즉시 실행에 옮겼다. 계획이란 고려의 왕족들을 모반 음모로 얽어매는 것이었다. 《태조실록》에 나와 있는 사건의 전말을 보면 조작이라는 사실을 금방 알 수 있다.

나중에 어마어마한 모반으로 비화한 사건의 발단은 사소한 일에서 비롯되었다. 경상도 동래 현령縣令 김가행金可行과 염장관鹽場官 박중질朴仲質 등이 국가의 안위와 왕씨의 명운을 걸고 밀양의 맹인 이흥무李興茂에게 점을 치게 한 일이 시작이었다. 나중에 발각되자 이흥무를 체포해서 순군옥巡軍獄에 가두고 대간臺諫과 형조刑曹에게 조사하게 하니 죄를 실토하였다. 김가행과 박중질 등이 참찬문하부사參贊門下府事 박위朴葳의 지시를 받고 와서 이흥무에게 점을 치게 하였다는 자백이었다. 점의 내용은 이러했다.

"고려 마지막 왕인 공양왕과 조선 태조 이성계李成桂 중 누구의 명운이 낫겠는가? 또 왕씨 가운데서 누가 명운이 귀한 사람인가?"

이흥무가 점을 치고 답하였다.

"남평군南平君 왕화王和의 명운이 귀하고, 그 아우 영평군鈴平君 왕거王琚가 그다음입니다."

사실 고려 왕족들이 직접 개입한 흔적도 없었고, 더구나 모반과는 아무런 관련이 없었다. 그럼에도 조선 조정에서는 즉시 모반 사건으로 규정하고 왕씨들을 일망타진할 빌미로 삼고자 하였다. 이흥무의 자백이 나온 직후 박위를 옥에 가두었고, 김가행과 박중질을 경상도에서 잡아 와 국문鞫問하였으며, 왕화와 왕거를 안동에 있는 옥에 가두었다. 국문을 받은 김가행, 박중질, 이흥무 등은 곤장을 쳐서 변방 고을에 귀양을 보냈다.

반면 박위는 태조가 용서하여 복직시켰다. 김가행 등을 보내어 이흥무에게 점을 치게 한 것은 대역大逆을 도모한 일이라 용서할 수 없다는 대간의 주장에도 불구하고, 박위가 위화도 회군의 공신이고 대마도에서 왜구를 크게 무찔러 태조의 신임을 받고 있었기 때문이다. 태조는 다음과 같이 변호하였다.

"박위가 비록 본래부터 배반할 마음이 있었더라도 지금 내가 높은 작위를 주어서 대우하기를 후하게 하였다. 어찌 변고를 감히 도모했겠는가? 박위 같은 인재는 쉽사리 얻을 수가 없다."

태조는 왕씨의 모반은 전혀 생각하지도 않았고, 박위가 대역을 도모했다는 것도 믿지 않았음을 알 수 있다. 만약 박위가 대역을 도모했다면 도저히 살려 둘 수 없는 중대한 사안이었다. 태조는 처음에는 소극적인 태도를 보였으나, 신하들의 열화와 같은 강권에 밀려 나중에는 받아들이지 않을 수 없었다. 이것만 봐도 왕씨 모반 음모는 조작된 사건임이 짐작된다.

그 후 대간에서 왕화, 왕거, 김가행, 박중질 등을 수원부水原府에 모아 국문하여 섬으로 귀양을 보내야 한다고 주장했으나 임금의 윤허를 받지 못했다. 그러자 대간과 형조에서 다시 다음과 같이 요청하였다.

"박중질과 김가행이 점친 것은 공양군이 있기 때문입니다. 그 외의 왕씨들이 혹은 서울에서, 혹은 서울 근교에서 거리낌 없이 행동하니 매우 염려스럽습니다. 하물며 왕강과 왕격王鬲은 지모와 계략이 남보다 뛰어나고, 왕승보王承寶와 왕승귀王承貴는 사납고 용맹스러움이 남보다 뛰어납니다. 모두 능히 재주를 믿고 화란禍亂을 일으킬 만한 사람들입니다. 그들은 마음속에 불측한 생각을 품고 틈을 엿보고 있는데, 다만 기회가 없었을 뿐입니다. …… 고려의 태조가 후손에게 훈계를 전하면서 백제 사람을 쓰지 말라고 했습니다. 지난번에 후손들이 훈계를 준수했더라면 전주 사람인 전하께 어찌 오늘이 있겠습니까? 옛날의 군주가 어물어물하고 속히 결단하지 못하여 화란을 초래한 것은 전하께서 일찍이 들으신 바입니다. 원하옵건대 전하께서는 즉시 공양군 삼부자를 처형하고 왕강, 왕격, 왕승보, 왕승귀와 그들의 아우와 조카들까지 모두 해도海島로 내쫓으십시오. 강화에 안치한 왕씨들도 또한 해도로 귀양 보내어 백성들의 근심하고 의심하는 마음을 근절하게 하십시오."

역시 화란을 미연에 방지하게 위해 왕씨들을 처리해야 한다는 점을 강조하고 있다. 이른바 모반이란 어디까지나 꾸며 낸 구실에 불과했음을 알 수 있다.

이번에도 임금이 윤허하지 않자 대간과 형조의 관원들이 모두 정무를 보지 않았다. 임금은 마침내 왕강 등을 불렀다.

"경들은 국가에 공로가 있어 귀양을 보내지 않았다. 지금 대간의 건의를 내가 따르지 않자 모두 정무를 보지 않아 마지못하여 따르게 된다. 경들은 각자 귀양지로 돌아가라. 나도 또한 경들의 공로를 잊지 않겠다."

임금은 그들에게 술을 내려 주고 나서 왕강은 충청도 공주로, 왕격은 함경도 안변으로, 왕승보는 함경도 영흥으로, 왕승귀는 경상도 합포로 귀양을 보냈다. 그제야 대간과 형조에서 정무를 보았다.

왕격 등이 귀양에 처해진 날 모반 사건에 연루된 사람들에 대한 국문이 다시 진행되었다. 먼저 이흥무, 왕화, 중 석능釋能, 김가행 등을 국문하였다. 그들이 진술한 내용을 보면 대체로 다음과 같다.

조선 왕조가 건국된 직후인 1392년 9월 남평군 왕화가 거제로 들어가기 전에 창원의 유배지에서 이흥무를 만나, 공양군을 다시 왕으로 세우는 일의 가부와 자기의 명운을 점치게 하였다. 이흥무가 점을 친 후 말하였다.

"왕화는 섬에 들어간 지 3년 후에는 나오게 되고, 47세나 48세에 이르러 호운好運이 들어와서 50세 이후에는 장수가 되어 군사를 거느리고, 반드시 대인大人이 될 것이다."

동행한 왕화의 삼촌인 석능이 자기의 길흉을 묻자 이흥무가 답했다.

"왕사王師가 될 명운이다."

중승中丞 박신朴信이 수원에서 올라와 이 같은 진술을 임금에게 아뢰었다. 임금은 정승들과 의논하여 모반 사건에 연루된 자들에 대한 처벌 수위를 결정하였다. 왕화, 왕거, 김가행, 박중질, 이흥무 등은 참수하고, 왕우와 박위는 특별히 사면하며, 석능은 거제도에 안치하도록 하였다. 고성에 안치했던 공양군 삼부자는 삼척으로 옮겨 안치하였다. 박위는 대간이 다시 탄핵하자 임금이 마지못해 파직하였다.

그 후 대간이 다시 왕씨들을 모두 제거토록 여러 번 청했으나 윤허하지 않았다. 당시 대간은 상소를 올려 공양군 부자와 나머지 왕씨들을 모두 없애 버리라고 강력하게 요청하였다.

"지난번에 상소를 통해 그들을 벌하기를 청하여 무리의 일부가 참수형을 당했습니다. 하지만 남은 무리들이 각처에 모여 있습니다. 만약 위급한 일이 있으면 불측한 환란이 발생할까 두렵습니다. 전傳에 이르기를 '사람이 궁지에 처하면 계획을 세운다' 하였습니다. 원하옵건대 전하께서는 깊이 이를 염려하여 대의로써 결단하십시오. 즉시 관청으로 하여금 공양군 부자와 여러 왕씨들을 잡아 모두 영원히 끊어 없애 버린다면 종사宗社에 매우 다행하겠습니다."

청이 받아들여지지 않자 대간은 대궐 문 앞에 엎드려 여러 날 동안 힘써 간하기에 이르렀다. 임금은 '왕씨를 제거하는 일은 내가 차마 할 수 없는 바이다'라 하면서 모든 관리들과 원로들은 각기 자신들의 견해를 글로 써서 단단히 봉하여 바치게 하였다. 동시에 조선 초기의 국정 최고 의결 기관인 도평의사사都評議使司에서도 모든 관리와 원로들을 수창궁壽昌宮에 모아 알리었다.

"고려의 왕씨는 천명이 이미 가 버리고 인심마저 떠나서 스스로 하늘이 하는 주벌誅伐을 초래하였는데, 전하께서는 호생지덕好生之德으로써 생명을 보전해 주었으니 은덕이 지극히 중하다. 그런데도 왕씨들은 도리어 의심을 내고 몰래 반역을 도모하여 국법상 용납될 수가 없다. 왕씨들을 처리해야 한다고 생각하는 사람은 단단히 봉하여 아뢰도록 하라.”

호생지덕이란 사형에 처할 죄인을 특별히 살려 주는 제왕의 덕을 말한다. 이에 대부분의 관리들과 원로들이 왕씨를 모두 제거하여 후일의 근심을 막아야 한다고 아뢰었다. 의견들을 모아 도평의사사에서 임금에게 건의하였다.

“마땅히 여러 사람의 의논에 따라야 될 것입니다.”

임금도 거부할 수가 없어 왕씨들을 모조리 죽이라는 지시를 내리기에 이르렀다.

“왕씨를 처리할 일은 모두 각 관리들이 봉해 올린 글에 의거하도록 하라.”

다만 왕우 삼부자는 조상의 제사를 맡았다는 이유로 특별히 사면토록 하였다.

임금은 중추원中樞院 부사副使 정남진鄭南晉과 형조 의랑議郎 함부림咸傳霖을 삼척에, 형조 전서典書 윤방경尹邦慶과 대장군大將軍 오몽을吳蒙乙을 강화도에, 형조 전서 손흥종孫興宗과 첨절제사僉節制使 심효생沈孝生을 거제도에 각각 보내어 왕씨들을 제거하도록 하였다. 그리하여 고려 왕족의 후예들인 왕씨들에 대한 무자비한 숙청이 대대적으로 벌어지게 되었다.

왕씨 제거의 첫 희생자는 공양군이었다. 왕씨들을 죽이라는 명령에 따라 태조 3년 4월 삼척의 공양군에게 교지를 전하고 두 아들과 함께 교살하였다. 이때 내린 임금의 교지는 다음과 같았다.

"신민臣民이 추대하여 나를 임금으로 삼았으니 실로 하늘의 운수요. 군君을 관동에 가서 있게 하고, 나머지 동성同姓들도 각기 편리한 곳에 가서 생업을 보호하게 하였소. 그런데 동래 현령 김가행과 염장관 박중질 등이 반역을 도모하고자 군과 친척의 명운을 장님 이흥무에게 점쳤다가 발각되어 자백하였소. 군은 비록 알지 못하지만, 일이 이런 지경에 이르러 대간이 상소로 청하기를 12번이나 하였소. 여러 날 동안 굳이 다투었고, 대소 신료들이 또 글을 올려 간하므로 내가 마지못하여 억지로 그 청을 따르게 되었소. 군은 이 사실을 잘 아시오."

태조는 신하들의 간청을 이기지 못하여 마지못해 공양군 부자를 죽인다고 변명하였다.

며칠 뒤에는 손흥종 등이 강화도와 거제도에 있던 왕씨 일족을 바다에 던져 죽였다. 그리고 나서 중앙과 지방에 있는 왕씨의 남은 자손을 대대적으로 수색하여 모두 목 베어 죽였다.

왕씨에 대한 처리가 마무리되자, 다른 나라로 달아나거나 반역을 음모할 가능성이 있다며 왕우 삼부자를 강화도에 안치해야 한다고 간관諫官들이 주장하였다. 임금은 끝내 윤허하지 않았다. 이리하여 나머지 왕씨들은 모두 죽임을 당하고 왕우 삼부자만이 겨우 목숨을 부지하게 되었다.

신생 왕조를 지킨다는 명분으로 망한 왕조의 자손들을 숙청하는 피바람이 한동안 거세게 몰아쳤다. 대대적인 학살이 이제 막 태어난 왕조를 키우기 위한 어쩔 수 없는 선택이었다고 하더라도 속절없이 죽어야 했던 왕씨들의 비극은 무엇으로 보상한단 말인가.

무악재 아래가

조선의

수도가 될 뻔하다

태조 이성계는 조선을 건국한 직후에는 수도를 그대로 개성에 두었으나, 새로 세운 나라의 면모를 일신하고 민심을 수습하기 위해서는 새로운 곳으로의 천도가 불가피하였다. 수도 후보지로 유력했던 곳은 공주 계룡산 일대와 서울 무악재 아래 신촌 일대였다. 당시 무악이라고 일컬어진 신촌 지역은 최고 명당 중의 한 곳으로 알려져 있었다.

태조는 처음엔 계룡산 밑을 새 수도 후보지로 정하였다. 그는 후보지를 살펴보기 위하여 태조 2년 2월 1일에 출발하여 일주일 뒤인 2월 8일에 계룡산 밑에 도착하였다. 이튿날 임금이 여러 신하들을 거느리고 새 수도 예정지의 산수의 형세를 관찰하고서 삼사三司 우복야右僕射 성석린成石璘 등에게 명하였다. 배로 물건을 운반하는 조운漕運의 편리 여부와 길의 험난하고 평탄함, 성곽을 축조할 지세 등을 살피게 하고 먹줄로 땅을 측량하게 하였다. 다음 날에는 임금이 친히 새 수도 후보지의 높은 언덕에 올라 지세를 살펴보았다.

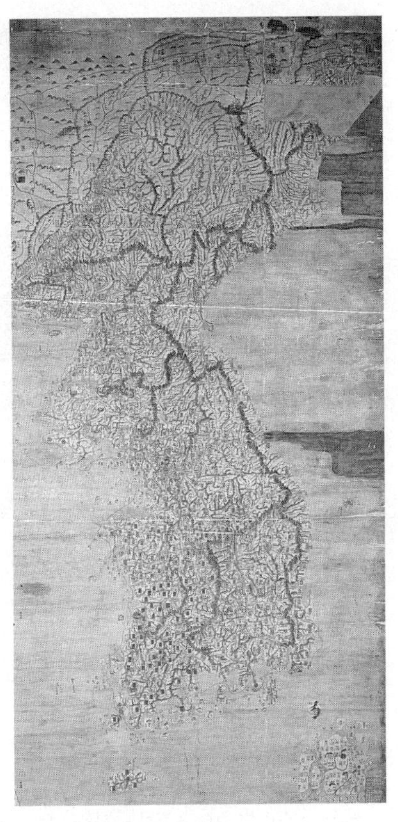

↜ 동국대지도東國大地圖, 국립중앙박물관

　며칠 후 임금이 계룡산을 떠나면서 예문춘추관藝文春秋館 대학사大學士 김주金湊 등의 신하들에게 새 도읍의 건설을 감독하게 하였다. 2월 27일 임금이 계룡산에서 돌아와 3월 24일 마침내 계룡산을 새 수도로 확정하고, 새 수도를 중심으로 81개의 주州, 현縣, 부곡部曲 등을 획정하였다. 몇 달 뒤인 8월 5일 드디어 도성의 공사를 시작하였다.

　도읍의 공사가 착착 진행되던 12월에 갑자기 계룡산 아래의 수도 건설을 중지하고 새 수도 후보지를 다시 물색케 하였다. 별안간 공사가 중지된 것에는 경기도 관찰사觀察使 하윤河崙의 주장이 결정적인 작용을 하였다.

"도읍은 마땅히 나라의 중앙에 있어야 하는데, 계룡산은 지대가 남쪽에 치우쳐서 동면, 서면, 북면과는 서로 멀리 떨어져 있습니다. 또한 신이 일찍이 신의 아버지를 장사하면서 풍수 관계의 여러 서적을 대강 열람했는데, 지금 듣건대 계룡산의 땅은 산이 건방乾方에서 오고 물이 손방巽方에서 흘러간다 합니다. 이것은 송나라 호순신胡舜臣이 이른 대로 '물이 장생長生을 파破하여 쇠패衰敗가 곧 닥치는 땅'이어서 도읍을 건설하기에는 적당하지 못합니다."

하윤은 지리적으로나 풍수지리상 계룡산이 새 수도로 적합하지 않다고 주장하였다. 임금은 고려 왕조의 여러 산릉山陵의 길흉을 다시 조사하여 아뢰게 하였다. 풍수지리서인《제산릉형지안諸山陵形止案》을 통해 계룡산의 산수를 살펴보니 길흉이 모두 맞아 최종적으로 새 수도의 공사를 그만두게 하였다.

공사 중단 사실이 알려지자 중앙과 지방의 백성들이 크게 기뻐하였다고 한다. 임금은 이어서 고려 왕조의 서운관書雲觀에 보관된 풍수지리 관련 비록문서秘錄文書들을 모두 하윤에게 주고 천도할 땅을 다시 살펴서 아뢰게 하였다.

이듬해인 태조 3년 2월에 하윤의 건의에 따라 지금의 서울 무악을 새 도읍터로 정하였으나, 다시 대신들 간에 찬반이 엇갈렸다. 좌시중左侍中 조준趙浚 등이 무악으로부터 돌아와서 아뢰었다.

"무악 남쪽은 땅이 좁아 도읍을 옮길 수 없습니다."

하윤만 홀로 아뢰었다.

"무악의 명당이 비록 협소한 듯하지만, 개성의 강안전康安殿과 평양의 장락궁長樂宮보다는 조금 넓은 편입니다. 또한 고려 왕조의 비록과 중국에서 통용되는 풍수지리의 법에도 모두 부합합니다."

그러자 임금은 직접 보기를 원하였다.

"내가 친히 보고 정하고자 한다."

그해 8월 8일에 임금이 직접 무악 땅을 돌아보고 그곳에서 유숙하였으나, 수도 적합성을 두고 여전히 여론이 분분하였다. 특히 서운관 관리들이 모두 무악에 반대 입장을 나타내었다. 판서운관사判書雲觀事 윤신달尹莘達과 서운관 부정副正 유한우劉旱雨 등이 임금 앞에 나와서 말하였다.

"풍수지리의 법으로 보면 여기는 도읍이 될 수 없습니다."

"여기가 좋지 못하면 어디가 좋으냐?"

"신은 알지 못하겠습니다."

임금이 노하여 말하였다.

"네가 서운관 관원이 되어서 모른다고 하니 누구를 속이려는 것인가? 개성의 지기가 쇠하였다는 말을 너는 듣지 못하였느냐?"

"그것은 도참圖讖으로 말한 바이며, 신은 단지 풍수지리만 배워서 도참은 잘 모릅니다."

도참이란 앞날의 길흉을 예언하는 술법을 말한다.

"옛사람의 도참 역시 풍수지리로 인해 말한 것이다. 어찌 터무니없이 근거 없는 말을 했겠느냐? 그러면 너의 마음에 쓸 만한 곳을 말해 보아라."

"신의 생각으로는 명당의 지덕地德이 아직 쇠하지 않은 듯합니다. 다시 궁궐을 지어서 그대로 개성에 도읍을 정하는 것이 좋을까 합니다."

임금은 결국 한 발 물러서지 않을 수 없었다.

"내가 장차 도읍을 옮기기로 결정했다. 만약 가까운 지경에 다시 길지吉地가 없다면 삼국 시대의 도읍도 길지가 됨 직하니 합의해서 알리라."

임금이 다시 좌시중 조준과 우시중右侍中 김사형金士衡에게 말하였다.

"서운관이 고려 말기에 개성의 지덕이 이미 쇠했다며 여러 번 상서上書하여 한양으로 도읍을 옮기자고 하였다. 근래에는 계룡산이 도읍할 만한 땅이라고 해서 백성을 동원하여 공사를 일으키어 그들을 괴롭혔다. 이제 또 여기 무악이 도읍할 만한 곳이라 하여 와서 보거늘 유한우 등의 말이 좋지 못하다 한다. 도리어 개성 명당이 좋다고 하면서 서로 논쟁을 하여 국가를 속인다. 이것은 일찍이 징계하지 않은 까닭이다. 경들이 서운관 관리들로 하여금 각각 도읍 될 만한 곳을 말해서 알리게 하라."

겸판서운관사兼判書雲觀事 최융崔融과 윤신달, 유한우 등이 글을 올렸다.

"우리나라 안에서는 개성이 첫째요, 한양이 다음입니다."

임금은 여러 재상들에게 분부하여 각각 도읍을 옮길 만한 터를 글월로 올리게 하였다. 명을 받은 판삼사사判三司事 정도전鄭道傳이 말했다. 풍수지리는 믿을 것이 못 되고, 무악은 지나치게 좁으며, 경주와 전주, 평양 등은 지리적으로 너무 한쪽에 치우쳐 있어 수도로 적합하지 않다는 의견이었다. 정도전의 의견에 반하여 문하시랑 찬성사門下侍郞贊成事 성석린과 정당문학政堂文學 정총鄭摠 등은 도선道詵 스님이 말한 명당인 개성을 그대로 수도로 하자고 주장하고 나섰다. 하윤은 여전히 풍수지리상 무악이 최적지라고 주장하였다.

논쟁이 이어지던 8월 13일 임금은 왕사인 무학대사無學大師 자초自超와 여러 신하들의 의견을 들어 최종적으로 무악을 버리고 고려 시대에 남경이라 불렸던 한양을 도읍으로 정하였다. 당시 한양은 지금의 서울보다 훨씬 작은 4대문 안에 국한된 지역을 가리켰다.

임금이 한양의 옛 궁궐터와 집터를 살피다가 윤신달 등에게 물었다.

"여기가 어떠냐?"

"우리나라 경내에서는 개성이 제일 좋고 여기가 다음으로 좋지만, 한스러운 바는 북쪽인 건방이 낮아서 물과 샘물이 마른 것뿐입니다."

임금이 기뻐하면서 말하였다.

"개성인들 어찌 부족한 점이 없겠는가? 이제 이곳의 형세를 보니 왕도王都가 될 만한 곳이다. 더욱이 조운하는 배가 통하고 사방으로 통하는 거리도 비슷해서 백성들에게 편리할 것이다."

임금이 왕사 자초의 의견을 물었다.

"여기는 사면이 높고 수려하며 중앙이 평평하여 성을 쌓아 도읍을 정할 만합니다. 그러나 여러 사람의 의견을 따라서 결정하십시오."

임금이 여러 재상들로 하여금 의논하게 하자 모두들 말하였다.

"꼭 도읍을 옮기려면 이곳이 좋습니다."

하윤이 홀로 끝까지 반대하였다.

"산세는 비록 볼 만한 것 같으나, 풍수지리의 술법으로 말하면 좋지 못합니다."

임금은 여러 신하들의 의견에 따라 한양을 도읍으로 정하기로 결심하였다.

8월 24일 도평의사사에서 한양을 새 수도로 정하자는 방안을 올리고 임금이 윤허함으로써 마침내 천도에 관한 논란이 마무리되고 한양이 최종적으로 수도로 정해졌다. 도평의사사에서 올린 글을 보면, 풍수지리상으로도 좋지만 나라의 한복판에 자리 잡아 교통과 조운에 유리하여 수도로 확정하였다는 것이다.

"옛날부터 임금이 천명을 받고 일어나면 도읍을 정하여 백성을 인주시키지 않음이 없었습니다. …… 전하께서는 큰 덕과 신성한 공으로 천명을 받아 의젓하게 한 나라를 세우시고, 또 제도를 고쳐서 만대의 국통國統을 세웠습니다. 마땅히 도읍을 정하여 만세의 기초를 잡아야 할 것입니다. 한양을 보건대 안팎 산수의 형세가 훌륭한 것은 옛날부터 이름났고, 사방으로 통하는 도로의 거리가 고르며, 배와 수레도 통할 수 있습니다. 여기에 영구히 도읍을 정하는 것이 하늘과 백성의 뜻에 맞을까 합니다."

일주일 후인 9월 1일 임금은 신도궁궐조성도감新都宮闕造成都監을 설치하고 담당 관리들을 임명하였다. 이어서 정도전 등에게 한양의 종묘, 사직, 궁궐, 시장 등의 터를 정하게 하였다. 그리고서 10월 25일에 한양으로 수도를 옮겼다. 사흘 뒤 한양에 도착한 태조는 아직 새 궁궐이 지어지지 않아 옛 남경의 객사를 이궁離宮으로 삼아 거처하였다.

　계룡산에 이어 무악으로 옮기려던 조선 왕조의 수도는 허다한 우여곡절을 겪은 끝에 한양으로 최종 낙착되기에 이르렀다. 하마터면 한양이 아니라 계룡산 일대나 무악이 조선 왕조의 수도가 될 뻔한 순간들의 연속이었다.

　조선을 건국한 이성계와 사대부들은 풍수지리설도 고려하였지만, 행정상의 효율성과 백성의 편안함 등에 주안점을 두고 다소 지루하다고 할 정도로 치열하고도 신중한 논의를 거쳐 수도를 결정하였다. 무엇보다 눈앞의 정치적 이해득실보다는 국리민복國利民福에 초점을 맞추고 신료들의 여론을 두루 수렴하여 결론을 내렸다는 사실을 잊지 말아야 하겠다.

점을 쳐서

수도를

결정하다

조선은 건국 직후에는 개성을 그대로 수도로 삼고 있다가, 태조 3년 10월에 우여곡절 끝에 한양으로 천도하였다. 왕자의 난 이후인 정종 1년 3월에는 다시 개성으로 환도하였다. 그러다가 태종 5년 10월에 한양으로 재천도하여 망할 때까지 수도로 유지하였다. 특이한 것은 태종 5년 한양으로의 재천도를 결정하면서 점을 쳤다는 점이다. 아무리 전통 시대라 해도 과연 아무런 과학적인 근거가 없는 점을 쳐서 수도를 정하였을까 의아스럽지만, 엄연히 실록에 기록되어 있는 사실이다.

재천도에 대한 논의는 태종 4년 10월부터 시작되었다. 그달 6일 새벽에 임금이 종묘의 문밖에 나아가서 여러 사람들에게 포고하였다.

"내가 개성에 있는 동안 여러 번 홍수와 가뭄의 이변이 생겨 하교하여 구언求言하였다. 정승 조준 등 많은 신하들이 신도新都인 한양으로 환도하는 것이 마땅하다고 말했다. 그러나 신도도 또한 변고가 많으므로 도읍을 정하지 못하여 인심이 안정되지 못하였다. 이제 종묘에 들어가 개성과 신도와 무악을 고하고, 그 길흉을 점쳐 길한 곳을 도읍으로 정하겠다. 도읍을 정한 뒤에는 비록 재변이 있더라도 이의가 있을 수 없다."

종묘에서 개성, 한양, 무악 세 곳을 놓고 점을 쳐서 가장 길한 곳으로 도읍을 정하겠다고 언명한 것이다. 임금이 예문관藝文館 제학提學 김첨金瞻에게 물었다.

"무슨 물건으로 점칠까?"

"종묘 안에서 척전擲錢할 수는 없습니다. 시초蓍草로 점치는 것이 좋겠습니다."

척전은 돈점이라고도 한다. 동전을 던져서 나타는 면에 따라 길흉을 점친다. 동전의 앞면과 뒷면에 길흉을 정해 놓고 각각의 방향으로 세 번씩 던져서 길한 쪽이 많이 나오는 곳을 택하는 방법이었다.

시초점은 국화과에 속하는 여러해살이 풀인 시초, 즉 톱풀로 치는 점이다. 나중에는 시초 대신 구하기 쉬운 댓가지나 산가지를 주로 사용하였다. 죽통 같은 것에 댓가지를 넣고 죽통을 흔들거나 안에 있는 댓가지들을 꺼내 양손으로 나누며 셈을 하면서 점을 쳤다. 실제로 태종 7년 5월에 세자 양녕대군讓寧大君의 배필을 간택하면

서 임금이 의안대군義安大君 이화李和와 지신사知申事 황희黃喜를 종묘
에 보내 시초점을 치게 하여 전 총제摠制 김한로金漢老의 딸로 정하
였다고 한다.

김첨의 대답을 들은 임금은 말하였다.

"시초가 없고 요즘은 하지 않는 방법이라 알기가 쉽지 않다. 길흉
을 정하는 것이 어렵지 않을까?"

우대언右代言 김과金科가 말하였다.

"점괘의 글은 의심나는 것이 많아 가히 정하기가 어렵겠습니다."

"여러 사람이 함께 알 수 있는 방법으로 하는 것이 낫다. 척전이
속된 일도 아니고, 중국에서도 있었다. 고려 태조가 도읍을 정하면
서 무슨 물건으로 하였는가?"

좌정승左政丞 조준이 말하였다.

"역시 척전을 썼습니다."

"그렇다면 지금도 척전이 좋겠다."

임금은 여러 신하들을 거느리고 종묘에 참배한 뒤, 완산군完山君
이천우李天祐, 좌정승 조준, 대사헌大司憲 김희선金希善, 지신사 박석
명朴錫命, 사간司諫 조휴趙休를 거느리고 묘당廟堂에 들어가 향을 피우
고 꿇어앉았다. 이어 이천우에게 명하여 소반 위에 동전을 던지게
하였다. 그 결과 한양은 2길 1흉이 나왔고, 개성과 무악은 모두 2흉
1길이었다. 드디어 한양이 수도로 최종 결정되기에 이르렀다. 임금
은 대신들에게 말하였다.

"나는 무악에 도읍하지 않았지만, 후세에 반드시 도읍하는 자가
있을 것이다."

무악에 도읍하지 못한 아쉬움을 표현한 것 같다. 아마도 태종은 한양보다 무악이 더 마음에 들었던 모양이다.

비록 태종이 돈점을 쳐서 수도를 결정하기는 했지만, 실은 구세력의 영향력이 남아 있는 개성을 속히 벗어나 새로운 곳에서 정치를 하고자 하는 의지가 반영된 결과였다고 하겠다.

백성들이 신도를 버리고 구도로 이주하다

일부 정부 부처가 세종시로 옮겨 감에 따라 그곳에 가서 근무하는 공무원들이 많다. 그중 많은 사람들이 이사를 하지 않고 서울에서 출퇴근하느라 고생하고 있다. 주택 문제나 교육 여건 등 새로운 곳으로 선뜻 이사하지 못하는 여러 가지 이유가 있겠지만, 오랫동안 정들었던 옛집을 떠나지 않으려는 심리 작용도 있을 것이다. 사람들에게는 누구나 회귀 본능이 남아 예전에 살던 고장이나 옛집을 그리워하는 경향이 있다.

조선 시대 사람들도 마찬가지여서 신도인 한양으로 이사한 사람들 중 구도 개성을 그리워하며 돌아가기를 고대하는 이들이 많았다. 태종 5년에 개성에서 환도하여 한양이 명실상부한 수도가 되었지만, 한양으로 이주한 사람들은 정을 붙이지 못하고 예전에 살던 개성을 그리워했다.

그러던 중 태종 10년 10월에 임금이 액막이와 강무講武 등을 이유로 개성으로 옮겨 간 적이 있다. 강무란 임금이 신하와 백성들을 모아 일정한 곳에서 함께 사냥하며 무예를 닦던 행사를 말한다. 임금은 이듬해 2월 한양으로 환궁하기까지 약 5개월간 개성에 머물며 정사를 보았다. 한양의 세자와 대신들은 임금이 부르면 개성으로 달려가야 했다. 중요한 국사는 대개 개성에서 처리되었다. 개성이 임시 수도가 된 것이나 마찬가지였다.

이때를 틈타 한양의 주민들이 대거 개성으로 이주하는 사태가 벌어졌다. 임금이 개성으로 가면서 시종을 위해 따라간 관원들이 많았는데, 관원들이 가족들을 데리고 가는 바람에 문제가 생긴 것이다. 관원과 가족들이 이주하는 모습을 본 일반인들이 수도를 옮기는 줄 알고 덩달아 개성으로 몰려갔다. 사람들은 한양에 있는 재산을 처분하고 집을 그대로 놔둔 채 가재도구 등을 챙겨 한양을 떠났다. 사헌부司憲府에서는 상소를 올려 한양 주민들이 마음대로 개성으로 옮겨 가지 못하도록 해야 한다고 건의하였다.

"살던 땅을 생각하는 것은 인지상정입니다. 그러므로 이주하는 것은 신중하게 해야 합니다. 지금 우리 전하께서 구도에 임시로 옮겨 거처하신 것은 한때의 임시변통이요, 진실로 부득이한 일입니다. …… 시종하는 신하가 이것을 생각지 않고 다투어 서로 식구들을 끌고 옵니다. 그러니 무지한 백성들이 옛 땅을 그리는 정으로 여러 가지 방법을 구실 삼아 하던 일을 버리고 옮겨 다닙니다. 길에 그들의 왕래가 잦아 끊이지 않고 있습니다. 신도에 있는 집이 이웃에 의해 헐려서 만약 다시 돌아가더라도 몸을 담을 곳이 없을 것입니다. 이것을 보고 차마 생각하지 않을 수 있겠습니까?”

개성으로 이사하는 사람들이 끊이지 않았고, 사람들이 버리고 간 한양의 주택을 이웃들이 헐어 버리기까지 하였다는 내용이다. 사헌부에서는 이에 대한 구체적 대책을 제시하여 임금의 윤허를 받았다.

우선 임금을 시종하는 신하들이 가족을 데리고 개성으로 가지 못하게 하였다. 이미 채비가 끝나 부득이 집을 비운 경우에는 주인이 돌아올 때까지 그 이웃을 집 지키는 자로 삼아 집을 파괴하거나 헐지 못하게 하였다. 이웃이 마음을 쓰지 않아 집이 남에게 헐리면 해당 이웃이 즉시 수리하게 하였다. 아무런 채비 없이 집을 비운 자는 개성의 유후사留後司에 공문을 보내어 강제로 되돌아가 살도록 하였다.

이후 한양에 살던 관원의 가족이나 일반 백성들이 거처를 버리고 개성으로 이주하는 것을 금지하였다. 그렇다고 낯선 한양을 떠나 오랫동안 정들었던 개성으로 떠나는 발걸음이 당장 멈추지는 않았을 것이다.

조선 초기에도 덕수궁이 있었다

각종 교과서, 덕수궁德壽宮 홈페이지, 백과사전 등에는 한결같이 현재 서울 중구 정동에 있는 현재의 덕수궁이 유일한 덕수궁이라며 다음과 같이 서술하고 있다.

'현재 남아 있는 덕수궁은 원래 조선 왕조 9대 왕 성종의 형인 월산대군月山大君의 집이었다. 임진왜란으로 의주까지 몽진하였던 선조가 환도하여 임시 거처로 사용하다가 광해군光海君 때 정식으로 경운궁慶運宮이라는 이름이 붙여졌다. 광해군이 창덕궁昌德宮을 재건하여 정궁으로 삼고 이곳은 별궁으로 사용되었다. 고종이 1907년 왕

← 인정전仁政殿 진찬도進饌圖, 국립중앙박물관

위를 순종 황제에게 물려주고 이곳에 계속 머물게 되면서 고종의

장수를 빈다는 뜻으로 덕수궁이라 고쳐 부르게 되었다.'

이러한 통념과는 달리 덕수궁은 엄연히 조선 건국 직후에도 있었다. 태조 이성계가 1398년 10월 왕위에서 물러난 이후 그가 머물던 궁궐을 태상궁太上宮이라고 불렀다. 정종 2년 6월에 세자로 있던 이방원李芳遠의 청에 따라 태상궁의 이름을 덕수궁이라고 고쳤다. 그리고서 승녕부承寧府라는 관청을 설치하여 덕수궁을 관리하도록 하고 판사判事, 윤尹, 판관判官, 승丞, 주부注簿 등의 관리를 배치하였다.

태조는 덕수궁에 거처하며 정종과 태종 및 신하들의 문안을 받았고, 잔치를 베풀거나 사신을 접대하기도 했다. 태종 6년 1월에는 충청도와 강원도의 장정 1천 명을 동원해 덕수궁을 보수하기 시작하여 그해 4월에 공사를 마무리하였다. 덕수궁이 완성되자 상으로 감독한 관리들의 관직을 올려 주었다고 한다.

아쉽게도 위치가 정확히 어디였는지는 모르지만, 분명히 조선 초기에 덕수궁이라는 궁궐이 있었던 것은 확실하다. 덕수궁 하면 현재 정동에 있는 궁궐만을 떠올리는 고정 관념은 마땅히 바뀌어야 한다.

궁궐에서는

꼭두새벽에

조회가 열렸다

조선 시대에는 새벽에 임금과 신하들이 참석하는 궁중 조회가 열렸다. 새벽에 여는 조회로는 아일조회衙日朝會와 대조회大朝會가 있었다. 그 밖에도 매일 아침이나 저녁에 열리는 상참常參 등이 있었다. 궁중 조회는 신하들이 임금에게 인사를 드리면서 중요한 정무를 보고하고 임금이 결정하는 정사政事를 행하는 자리였다.

새벽에 열리는 아일조회는 아조衙朝, 또는 조참朝參이라 했다. 건국 초기에는 5일마다 열려 매달 6번씩 하다가 나중에는 매달 4번으로 줄어들었다. 매달 6번씩 할 경우 1일, 6일, 11일, 16일, 21일, 26일에 열렸다.

태조 5년 10월부터는 아일조회 시에 5경更 4점點에 신하들을 대궐 문에 모이게 하였다. 5경 4점이면 대략 새벽 4시 35분경이다. 음력 10월의 일출 시간이 대략 오전 7시경이므로 상당히 이른 시간에 모였던 셈이다. 일단 대궐 문에 모였다가 궁전으로 가서 정렬하는 시간이 걸렸을 테니, 아마도 새벽 5시경에 조회가 시작되었을 것이다. 일출 시간이 가장 이른 음력 4월에는 5시 10분경 해가 뜨고, 가장 늦은 음력 1월에는 7시 30분경에 해가 뜬다. 어쨌든 아일조회는 해뜨기 전에 열렸던 것으로 보인다.

새벽에 여는 조회로는 아일조회 외에도 대조회가 있었다. 매달 초하루와 보름의 새벽에 정1품에서 종9품까지의 모든 문무백관文武百官들이 궁전에 모여 임금에게 문안드리고 정사를 아뢰어 결재를 받는 큰 조회였다. 대조회 시는 5경 1점에 백관들이 대궐 문에 모이게 하였다. 5경 1점이면 대략 새벽 3시경이어서 아일조회보다 훨씬 이른 시간에 열렸다. 그야말로 꼭두새벽에 대조회를 열었던 것이다.

새벽 3시까지 대궐에 도착하려면 2시경에는 기상해야 한다. 그만큼 저녁 일찍 잠자리에 들어야 했다. 그러니 조선의 관리들은 자연히 일찍 자고 일찍 일어나는 습관이 생활화되어야만 했다. 조선에서 관리로 출세하려면 모름지기 아침형 인간을 넘어 새벽형 인간이 되어야 했다. 올빼미형 인간은 절대 출세할 수 없었을 것이다.

새벽에 여는 조회는 신하들은 물론 임금에게도 고역이었나 보다. 태조 7년 윤5월 어느 날 이른 새벽에 임금이 조회를 열었다. 대간에서 임금이 조회를 하지 않는다고 지적했기 때문이라고 한다. 이날 임금이 근정전勤政殿에 앉아 대궐 뜰에 화롯불을 피우게 하고 도승지都承旨에게 명하였다.

"의정부議政府와 중추원의 관리들 중 정사에 관하여 말할 사람은 바로 나와 나의 면전에서 아뢰고 정오가 되어 북이 울리면 물러가게 하라."

윤5월인데도 어둡고 추우니까 화롯불까지 피워 놓고 조회를 했던 것이다. 새벽에 시작한 조회는 정오까지 이어졌다. 참석한 임금이나 신하들이 모두들 싫증을 내었을 것이다.

며칠 후에도 새벽에 조회를 하며 임금의 면전에서 중요한 정책을 직접 아뢰게 하였다. 임금이 이른 새벽에 근정전에 앉았는데, 예관禮官이 신하늘에게 절을 하여 예를 갖추는 배례拜禮를 하라고 외쳤다. 임금이 이를 중지하라고 명하였다.

"아일에 조회를 할 때는 반드시 배례를 받기 위함이 아니다."

임금이 예조禮曹에 명하였다.

"각 관청의 자질구레한 사무는 모두 친히 결재하지는 않을 것이다. 나라를 다스리고 백성을 다스리기 위해 말할 만한 일은 마땅히 각기 면전에서 아뢰게 하라."

모든 관리들이 모두 황공하여 감히 나오지 못하였다. 임금이 정도전에게 물었다.

"내가 말한 것이 어떠한가?"

"옳습니다."

"여러 신하들이 일찍이 내가 조회를 보지 않는다고 책망하였다.

오늘은 어찌 한 사람도 면전에서 아뢰는 이가 없는가?"

임금이 신하들을 꾸짖자 정도전이 답했다.

"신이 속된 말로 비유한다면 이렇습니다. 벗들이 연회할 적에 서로 화답하고자 하더라도 먼저 노래를 부르기란 실로 어렵습니다. 하물며 임금 앞에서 정사를 아뢰기가 어찌 쉽겠습니까?"

"그렇구나."

그러고 나자 비로소 대사헌 성석용成石瑢과 형조 전서 유관柳觀이 나서서 정무를 아뢰었다.

이날의 아조는 해가 뜨기 전에 끝났는데, 아조를 마치면 각 관원들은 자기가 속한 관청으로 출근하였다. 곧바로 출근하지 않고 다른 사무를 보는 사람들은 사유를 사헌부에 알리도록 하였다.

조회를 끝낸 임금은 아직 날이 새지 않아 다시 대궐 안으로 들어갔다. 좌우 정승과 정도전, 의성군宜城君 남은南誾 등을 부른 임금이 누각에 앉아 술자리를 베풀어 모두 거나하게 취할 정도로 마셨다고 한다.

태종 1년 7월에는 아일조회를 새벽 해뜨기 전에 시작해서 해가 뜨면 파하도록 조정하였다. 정오까지 조회를 하기는 무리라고 판단했기 때문으로 보인다. 태종 16년 6월에는 의정부와 중추원의 70세 이상 관원은 아일조회에 참석하지 않아도 된다는 조치를 취하여 연로한 관원들의 어려움을 해소해 주기도 했다. 이런저런 조치들을 보면 꼭두새벽에 조회에 참석하기가 임금과 신하들 모두에게 고역이었음에 틀림없다.

조선에도

솔로몬의 재판이

있었다

한 아이를 두고 서로 자기 아이라고 주장하는 두 여인에게 솔로몬 왕은 명하였다.

"그럼 아이를 반으로 갈라서 공평하게 나눠 가져라."

그러자 한 여인이 눈물을 흘리며 말하였다.

"그럴 순 없습니다. 그럴 바엔 차라리 저 여인에게 아이를 주십시오."

솔로몬 왕은 그 여인을 친엄마로 판결하여 아이를 주게 하였다.

3천 년 전에 있었던 그 유명한 솔로몬의 재판이다. 솔로몬의 재판이 이스라엘 왕국의 제3대 왕 솔로몬의 지혜로움을 보여 주는 증거라면 태종의 자애로움을 나타내 주는 사례도 있다.

태종 11년 6월 형조에서 판결하기 어려운 두 가지 사건에 대한 판정을 임금에게 요청한 일이 있었다. 두 사건은 모두 모자간의 문제였다. 형조 판서判書 임정林整이 임금에게 판정을 청하였다.

"형조에 판결하기 어려운 일이 있습니다. 한 어미는 아들이 살기를 구하고, 한 어미는 아들이 죽기를 원하는 일입니다."

형조 판서가 말한 사건은 두 가지였다. 첫째 사건에 등장하는 어머니는 자기의 아들을 살리려고 하나, 둘째 사건에 등장하는 어머니는 아들이 죽기를 바라고 있다는 내용이었다. 마치 솔로몬의 재판에 등장하는 두 여인을 연상케 한다. 솔로몬의 재판에서 한 여인은 아이가 죽기를 바라지 않았고, 다른 여인은 아이의 목숨에 관심이 없다는 태도를 보였다. 임정의 말을 들은 임금이 무슨 말이냐고 물었다

"형조 도관都官의 여종 아무개가 말하기를 '내 아들이 나를 구타하니, 이놈을 죽여 주십시오'라 했습니다. 신 등이 여러 날 동안 조사해도 실정을 밝혀내지 못하였습니다. 아들의 용모를 봐도 매우 열등하고 약하여 어미를 구타할 수 없는 놈인 듯 보였습니다."

어떤 여종이 자기를 구타하는 아들을 죽여 달라는 고소를 하여 형조에서 조사해 보았지만, 증거가 부족하여 진상을 밝히기 어려웠고, 아들 역시 약해서 어머니를 구타할 사람으로 보이지 않는다는 얘기였다. 아마도 형조에서는 구타를 당했다는 어머니의 주장을 믿지 않은 것 같다. 지금도 자기 부모를 구타하거나 학대하는 일이 많이 발생하여 큰 사회 문제가 되는데, 조선 시대에도 그런

일이 있었나 보다.

이어서 동석했던 대사헌 황희가 거들었다.

"신도 알고 있습니다. 이 여종은 일찍이 남의 첩이 되어 음탕하고 난잡한 행동을 자행하여 아들을 낳았습니다. 아들이 다른 곳에서 자라서 본래부터 모자의 애정이 없기에 항상 해치려고 하였습니다."

아들은 여종이 부정한 행위로 인해 낳은 아들이고, 따로 살다 보니 정이 없어 죽이려고 했다는 주장이었다. 형조 판서와 대사헌의 말을 종합하면 어머니가 아들을 미워하여 구타당했다는 핑계를 대고 아들을 고소했다는 것이다. 두 신하의 말을 들은 임금은 명하였다.

"어미가 아들을 죽이려고 하거늘 어찌 공연한 일이겠는가? 자세하게 살펴보라."

임금은 사람 목숨과 관계있는 사건인 만큼 좀 더 신중한 조사가 필요하다는 입장을 취했다. 인명을 중시하는 태종의 면모를 보여 주는 태도라고 하겠다.

형조 판서 임정이 아뢴 두 번째 사건의 전말은 이러하다. 궁궐의 말을 관리하는 기관인 사복시司僕寺에서 말을 기르는 일을 하는 자가 말 먹이인 콩 한 섬을 훔쳤다. 사복시에서 그를 징계하려고 하였다. 그는 거짓으로 세자가 자신을 징계하지 말라고 명했다고 하였다. 세자의 말이라고 사칭하는 것은 교수형에 해당되는 무거운 범죄 행위였다. 그의 어머니는 아들을 살리기 위해 감히 세자인 양녕대군에게 직접 고하고자 했다. 그리하여 세자를 만나려고 세자가 지나갈 만한 길가에서 손을 잡고 서 있었다. 세자가 궁궐로 돌아가다 마침 그녀를 보았다. 세자가 말을 멈추고 그녀에게 서 있는 이유를 물었다.

"저는 말을 치는 놈의 어미입니다. 빨리 제 자식을 구해 주시기 바랍니다."

그녀의 애원에 세자가 말하였다.

"내가 감히 마음대로 처리할 일이 아니다."

이 같은 사실을 알게 된 형조에서는 여인을 처벌할 마땅한 법령이 없다고 하면서 임금의 처분을 청하게 되었다. 임금은 매우 온정적인 판결을 내렸다. 세자의 말을 사칭한 아들은 무리하게 처벌하지 말고 교수형에서 1등급을 감형하도록 하였다. 어머니에 대해서는 속히 석방하라고 명령하였다.

"아들을 살리려고 세자에게 청한 일은 인지상정에서 나온 바이다. 어찌 죄를 줄 필요가 있겠는가?"

임금의 자상한 배려로 아들을 살리려던 어머니는 아무런 처벌을 받지 않게 되었고, 아들도 다행히 목숨을 건질 수 있었다.

모자가 관련된 두 가지 사건의 판단에서 태종은 솔로몬 왕과 마찬가지로 지혜롭고 자애로운 군주로서의 면모를 보여 주었다. 태종의 아들 세종이 애민 정신에 입각한 정치를 펼칠 수 있었던 것도 부왕父王 태종에게서 물려받은 정신적 유산이 있었기에 가능하지 않았을까.

무武는

미친

짓이다

무관 출신인 태조 이성계의 아들 태종은 무관을 매우 무시하거나 경멸하여 무예를 한갓 미친 짓이라고 한 적도 있다. 태종 17년 윤5월 훈련관訓鍊觀에도 성균관成均館처럼 토지를 주어 무사武士를 양성할 것을 훈련관에서 청했다.

"불가하다. 무란 본래 광사狂事이며, 공력을 쓰는 것이 적어서 사람마다 즐겨 나가려고 한다. 무과를 설치하여 무사를 뽑고 관직을 제수함으로써 그들을 권장함이 족하다."

무는 미친 짓이고, 힘들여서 할 일이 아니라는 말이나 마찬가지

58

‹ 북관北關 별과도別科圖, 국립중앙박물관

었다.

이조吏曹 판서 박신이 아뢰었다.

"무사 양성하기를 성균관처럼 하여 아침저녁으로 병서兵書를 읽게 하십시오."

"병서를 읽는 것이 어찌《육경六經》,《사서四書》를 배우는 바와 같겠는가?"

임금은 역시 거절하였다. 무사들이 훈련관에서 병서를 배우는 것과 선비들이 성균관에서 유교 경전을 배우는 것이 같을 수 없다는 생각이었다. 또한 무사들은 병서만 배우면 되지 유교 경전을 배울 필요가 없다는 의미이기도 했다. 그야말로 무사를 완전히 무시하는 발언이었다.

무를 바탕으로 조선 왕조를 건국하였으나, 그것만으로 나라를 이

끌어 갈 수는 없는 법이다. 태종이 무를 무시하는 태도를 보인 데는 자신이 고려 말에 문과 급제한 선비라는 자부심도 한몫했겠지만, 문과 무가 조화를 이루어야만 나라가 잘 유지되리라는 정치적 판단이 더 큰 이유로 작용했을 것이다.

태종 이방원은 고려 우왕禑王 9년1383 문과에 급제한 문관 출신이었다. 그가 과거에 급제하자 아버지 이성계가 손을 잡고 '우리 집안에도 글하는 사람이 하나 생겼구나' 하면서 눈물을 흘렸다고 한다. 이성계의 8명 아들들 중 과거에 급제한 사람은 그가 유일하다. 그만큼 이성계가 크게 아꼈을 것이고, 자신도 과거 급제자라는 자부심이 만만치 않았을 것이다.

신생 왕조를 안정시키고 기틀을 튼튼하게 하기 위해서는 콧대가 한껏 높아진 무신들을 억누르고 상대적으로 의기소침해 있는 문신들을 다독여 주어야 했다. 태종의 현명하고 원대한 정치적 안목이 돋보이는 대목이 아닐 수 없다.

임금의 부의금은

왜 이리

많았을까

오늘날 우리나라 사람들의 머리를 아프게 하는 것들 중의 하나는 친척이나 지인들의 경조사에 내야 하는 축의금이나 부의금이 아닐까. 이번에는 과연 얼마를 내야 할까가 그야말로 큰 고민거리다. 조선 시대에도 임금들은 종친이나 재상 등의 고위직을 역임한 신하들이 사망하면 부의금을 하사하였다. 부의금만이 아니라 성대하게 장례를 치러 주고 시호諡號를 내리기도 하였다.

태종 5년 12월에 제정된 예장식禮葬式이라는 법규를 보자.

“종1품 이상의 대신이 죽으면 예장하고 시호를 주며, 정2품 관원은 시호를 주고 부의를 보낸다. 종2품 관원은 다만 부의만을 준다. 검교정승檢校政丞은 예장을 행하게 한다.”

예장은 국왕이나 왕비 등에 대한 국장國葬에 버금가는 장례 의식으로, 나라에서 일체의 장례 비용, 물자, 인부 등을 공급하여 장례를 치러 주었다. 검교란 해당하는 벼슬의 정원 외에 임시로 증원하거나 실제 사무를 보지 않고 이름만 가지고 있게 할 때 그 벼슬 이름 앞에 붙여 이르던 말이다.

2품 이하의 고관이나 종친 등은 비록 예장은 행하지 않더라도 부의나 시호 이외에 장례에 필요한 관이나 석회, 종이 등을 내려 주기도 하였다. 또한 철조輟朝라고 하여 고관들의 죽음을 애도하는 의미에서 3일 내지 5일 동안 대궐에서 행하는 조회를 중지도록 하였다.

그러면 임금님의 부의금은 과연 얼마였을까? 요즈음에는 주로 돈으로 부의금을 내지만, 조선 초기의 임금들은 쌀과 콩을 섞어서 주었다. 관원을 기준으로 1품은 쌀과 콩을 아우른 미두米豆 60~100석, 정2품은 40~50석, 종2품은 30석 이하를 주게 되어 있었다. 미두 1석을 2가마로 치고 1가마를 80kg으로 환산하면 100석은 약 200가마로 16,000kg이다. 당시 재상들은 정말 어마어마한 부의금을 하사받았던 것이다.

이 정도면 지금도 상당히 많은 양인데, 재정 형편이 상대적으로 어려웠던 당시에는 더욱 부담스러운 양이었음에 틀림없다. 재상 등에게 하사한 임금님의 지나친 부의금 때문에 나라 형편이 어려워질 정도였다. 아마도 나라의 허리가 휠 정도가 아니었을까. 이렇게 많은 부의금을 하사한 것을 보면 혹시 부의금을 일종의 퇴직금으로 여기지 않았는지 모르겠다.

국가 재정에 부담이 되자 태종 14년 6월부터는 부의금을 줄이는 조치를 취하지 않으면 안 되었다. 호조戶曹에서도 흉년이나 전쟁에 대비하여 부의금을 줄여야 한다고 건의하였다.

"만약 흉년의 재앙이 있거나 전쟁이 일어나면 걱정하지 않을 수 없습니다. 청컨대 부의금을 각각 10석씩을 감하도록 하십시오."

임금이 윤허함에 따라 이후 관원에게 주는 부의금이 각각 10석씩 감소하게 되었다. 그만큼 부의금은 위급 상황에 써야 할 재원을 위협할 정도로 부담이 만만치 않았다.

재상이나 종친에게 하사하는 부의금도 엄청난 양이었는데, 재상 등의 본인만이 아니라 그들의 부친이나 모친, 부인이 죽은 경우에도 부의금이 내려졌다. 태종 5년 2월에는 모친상을 당한 예조 좌랑佐郎 최항崔沆의 집에 미두 20석과 종이 50권을 하사하였다. 4월에는 공신 황거정黃居正의 아내가 죽자 쌀 20석과 종이 100권을 내려 주었고, 부친상을 당한 상호군上護軍 신상申商에게 미두 20석, 종이 50권을 내렸다. 7월에 중군中軍 도총제都摠制 최이崔迤가 모친상을 당하자 미두 30석, 종이 100권을 주었다. 태종 11년 2월에는 세자 양녕대군의 장인인 참찬의정부사參贊議政府事 김한로의 아내 전씨全氏가 죽자 부의로 미두 1백석을 하사한 적이 있다.

그 외에 나라 일을 하다가 순직한 하급 군인이나 수군들에게도 부의금을 하사하는 경우가 있었다. 태종 6년 3월 왜구를 추격하다가 익사한 선군船軍 등 16명에게 미두를 10석에서 6석까지 차등 있게 주도록 하였다. 2년 후인 태종 8년 10월에도 인천 앞바다의 덕적도에서 숯 굽는 나무를 싣고 오다가 익사한 선군 69명의 집에 부의를 내려 주었다.

심지어 환관宦官의 어머니와 궁녀에게도 부의금을 주었다. 태종 12년 1월 환관 노희봉盧希鳳의 어머니가 죽었다는 소식을 임금이 들었다.

"이 사람은 아침부터 밤늦게까지 게으름이 없고 매우 큰 공로가 있다."

임금은 미두 30석과 종이 100권, 초 10개를 내려 주었다.

태종 11년 5월부터는 지방에 근무하다가 죽은 관리에게 지위에 관계없이 부의를 주도록 하였다. 당시 충청도 도사都事 김곤金坤이 죽자 임금이 명하였다.

"지방에서 벼슬하는 사람이 죽으면 비록 지위가 미미하다고 하더라도 반드시 부의를 내리도록 하라."

임금은 김곤에게 미두 20석을 내려 주었다.

임금이 하사하는 부의금이 거액이다 보니 거짓으로 부의금을 받으려고 한 사람까지 나타났다. 세종 즉위년1418 10월 전 부윤府尹 안우세安遇世는 아내가 죽자 내시를 시켜 상왕上王의 명이라며 부의금을 주라고 세종에게 거짓으로 아뢰게 하였다. 추후 발각되어 그는 처벌을 받아야 했다. 의금부義禁府에서는 안우세가 상왕의 명령을 거짓 전한 것은 참수형에 해당한다고 아뢰었다. 임금은 그의 원종공신原從功臣 녹권錄券과 별사전別賜田을 몰수하고 속장贖杖 100대에 처하여 고향으로 쫓아 보내도록 명하였다. 녹권이란 공신의 훈공을 새긴 쇠로 만든 패를 말하며, 속장은 장형杖刑의 판결을 받은 자가 장의 수에 따라 돈을 바치고 감형받는 형벌이다. 공신이 사기로 부의금을 받으려다가 몰락하였던 것이다.

반대로 나라에서 주는 부의금을 사양하고 받지 않은 사람도 있었다. 태종 16년 12월에 영의정領議政을 역임한 진산부원군晉山府院君 하윤이 사망하자 임금이 친히 빈소에 나아가 제사를 지내 주었다. 하윤은 죽기 전에 유언을 남겨 당부하였다.

"나의 장사에 백성을 번거롭게 하지 말고, 예장을 없애도록 청하고, 집안사람을 시켜 장사하라."

부인 이씨李氏가 한결같이 유언을 따르니 임금이 듣고 말하였다.

"대신의 예장은 늘 변하지 않는 나라의 규칙인데, 하물며 하윤의 공덕을 보아 국장을 없애는 것이 옳겠는가?"

임금은 국장도감國葬都監을 통하여 관 위에 덮는 보자기, 비단, 명주 각 1필과 상복에 쓰는 품질 좋은 베 17필, 신발 가죽 2장을 보내었다. 부인은 모두 사양하고 받지 않았다고 한다.

조선 초기에 부의금은 나라의 재정을 위태롭게 할 정도로 천문학적인 양이었다. 국가를 위해 애쓴 신하들을 우대한다는 정신이 지나쳐 자칫 나라를 위험에 빠뜨릴 수도 있는 상황을 초래하였던 것은 아닐까.

전하,

사초를 보시면

아니 되옵니다

역사 드라마나 영화를 보면 임금 옆에 꿇어앉은 사관史官이 임금과 신하들의 언행을 기록하는 장면이 나온다. 사관들이 날마다 하는 기록이 바로 사초史草다. 사초는 매일매일 일어나는 역사적 사실을 기록한 것으로 실록 편찬에 있어 가장 중요한 기초 자료이다.

사관은 국왕과 신하들의 언행 외에도 당시의 정치나 행정에 관한 일의 득실과 관원의 잘잘못 등을 보고 들은 대로 직필하여 비밀리에 가지고 있다가 실록 편찬 때 춘추관春秋館에 납부했다. 실록을 편찬하게 되면 사관을 지낸 사람들에게 일정한 기한 내에 사초를 납부하게 했다. 정해진 기간 안에 사초를 내지 않으면 해당 사관의 자손을 관리로 등용하지 않는 등의 불이익을 가했다.

사관들이 안심하고 직필할 수 있도록 실록 편찬 전까지는 누구도 사초를 보지 못했다. 국왕도 예외가 아니었다. 그런데도 굳이 사초에 접근하려고 시도한 왕들이 있었다. 태조 이성계도 사초를 보려는 유혹에 빠져든 군주 중 한 사람이다.

태조 4년 6월 임금이 당나라 태종의 고사故事에 따라 즉위 이래의 사초를 보려고 하였다. 대신들과 대간이 절대 안 된다고 강하게 반박하여 결국 포기해야 했다. 3년 뒤에도 태조는 사초를 보려고 다시 시도하였다. 태조 7년 윤5월에 사관에게 명하여 왕위에 오른 때부터의 사초를 바치게 하면서 도승지 이문화李文和에게 물었다.

"그 당시의 역사 기록을 군주가 보지 못하는 것은 무슨 이유인가?"

"역사는 사실대로 바로 써서 숨김이 없어야 합니다. 만약 군주와 대신들이 보게 된다면 사관이 숨기고 꺼려서 사실대로 바로 쓰지 못함이 있을까 염려한 까닭입니다."

"나도 또한 역사 쓰는 법이 이와 같은 것을 알고 있다. 그러나 당나라 태종이 역사를 본 옛일이 있어 내가 이를 보고자 한다. 사관이 굳이 거역한다면 어찌 신하 된 의리이겠는가? 마땅히 사고史庫를 열어 빠짐없이 바쳐야 할 것이다."

임금의 뜻이 이러하자 감예문춘추관사監藝文春秋館事 조준 등이 조선 건국 이후의 사초를 거두어 바치고자 하였다. 그러자 사관 신개申槪 등이 상소를 올려 반대하였다.

"근일에 특별히 교지를 내려서 이 시대의 역사를 보고자 하시니 신은 두렵습니다. 당나라 태종도 역사를 보고 뒷세상의 비난을 면치 못하였습니다. 곧 태종이 덕망을 잃음인데, 어찌 전하께서 본받을 일이겠습니까? 을해년1395에 전하께서 사초를 보시고자 하셨다가 마침내 그치고 말았는데, 지금 다시 이러한 명령이 있습니다. 옳고 그른 것을 보아서 뒷세상의 경계로 삼고자 함입니까? 아니면 거짓과 실상을 열람하여 이치에 틀린 부분을 바로잡고자 함입니까? 다 기록되지 못한 바를 상고하여 그것을 다 쓰도록 하려 함입니까?"

상소를 본 임금은 신개의 건의를 윤허하지 않았다.

"지금 친히 보고자 함은 착하고 악한 행실의 자취를 보고자 하는 것이 아니다. 임신년에 왕위에 오를 때 임금과 신하가 몰래 서로 이야기한 말의 대부분을 사관이 알지 못하기 때문이다."

임금이 사초를 바치라고 명령하였으나 실현되지는 않았다. 사초를 두고 태조 때부터 시작된 국왕과 사관 사이의 갈등은 그 후에도 계속되었다.

임금을 몰래

미행한

사관

　　　　　　　　　　자고로 임금들은 사관을 꺼렸다. 사관의 직필을 참을 수 없었던 것이다. 임금이 학문이나 기술을 강론, 연마하고 더불어 신하들과 국정을 협의하던 경연經 筵에 사관이 참석하기를 청했지만 태조가 윤허하지 않은 적이 있다.

　2대 임금 정종도 부왕을 닮았는지 처음에는 사관을 가까이하지 않았다. 버틸 만큼 버티다가 문하부門下府의 대신들이 거듭 청하자 그제야 마지못해 사관이 경연에 들어오는 것을 허락하였다. 정종 1년 1월에 올린 문하부의 상소를 보면 임금이 도저히 거부할 수 없는 명분을 제시하고 있다.

"사관의 직책은 임금의 언동과 정사의 득실을 직필하여 숨기지 않고 후세에 전하여, 관성觀省에 대비하고 권계勸戒를 남기자는 것입니다. 고려 말년에 임금이 황음무도荒淫無度하여 부녀자와 내시를 가까이하고 충성스럽고 어진 신하를 멀리하였으며, 사관의 직필을 꺼리어 가까이 모시지 못하게 하였으니, 너무나 도리에 어긋난 일이었습니다. 마땅히 고려의 실정을 거울삼고 관직을 설치한 의의를 생각하십시오. 특히 사관이 날마다 좌우에 입시하여 언동을 기록하고 그때그때의 정사를 적게 하여 만세의 큰 규범을 삼도록 하십시오."

관성은 반성하고 교훈을 삼음을 말하고, 권계는 선을 권장하고 악을 징계함을 말한다. 고려가 망한 것은 사관을 멀리한 때문이라고 일갈하는 상소에 임금도 그대로 따르지 않을 수 없었던 것이다.

지경연사知經筵事 조박趙璞은 이보다 한 발 더 앞서 나갔다.

"임금이 두려워할 것은 하늘이요, 사필史筆입니다. 하늘은 푸르고 높은 것을 말함이 아니라 천리天理를 말할 뿐입니다. 사관은 임금의 착하고 악함을 기록하여 만세에 남깁니다. 어찌 두렵지 않습니까?"

모름지기 임금 된 자는 사관을 두려워할 줄 알아야 한다는 경고였다. 임금은 속으로는 부글부글 끓어올랐겠지만, 겉으로는 고개를 끄덕이지 않으면 안 되었다.

선대 임금들보다 더욱 사관을 멀리하고자 한 임금은 3대 임금 태종이었다. 사관들은 경연은 물론 임금이 편히 쉬는 생활 공간인 편전便殿에까지 들어가려 하였으나, 태종은 이를 막으려 하였다. 태종 1년 4월에 사관 민인생閔麟生이 편전에 들어가려고 하자 도승지 박석명이 말리면서 말하였다.

"어제 사관 홍여강洪汝剛이 섬돌 아래에 들어왔는데, 주상主上께서 '무일전無逸殿 같은 곳이면 사관이 마땅히 좌우에 들어와야 하지만 편전에는 들어오지 말라'고 말씀하셨다."

만류에도 불구하고 뜰로 들어서는 민인생을 보고 임금이 말하였다.

"사관이 어찌 들어왔는가?"

"전날에 문하부에서 사관이 좌우에 입시하기를 청하여 윤허하셨기에 들어왔습니다."

"편전에는 들어오지 말라."

"비록 편전이라 하더라도 신들이 만일 들어오지 못한다면 대신이 아뢰는 일과 경연에서 벌이는 강론을 어떻게 갖추어 기록하겠습니까?"

임금이 웃으며 말하였다.

"이곳은 내가 편안히 쉬는 곳이다. 들어오지 않는 것이 좋겠다. 사필은 곧게 써야 한다. 비록 대궐 밖에 있더라도 어찌 내 말을 듣지 못하겠는가?"

민인생이 다시 대들었다.

"신이 만일 곧게 쓰지 않는다면 위에 하늘이 있습니다."

민인생은 여기서 그치지 않고 그 다음 달에도 경연에 참석하여 편전에 입시하게 해 달라고 청하였다.

"전하께서 비록 편전에 앉아 정사를 들으실 때라도 사관이 입시하여 아름다운 말을 기록하게 하십시오."

임금은 경연에 참석한 동지사同知事 이첨李詹 등의 신하들에게 의견을 물었다.

"경연에 입시하는 것은 가능하지마는 어찌 정사를 듣는 때에 들어오려고 합니까? 신들도 역시 고려의 사관이었는데, 두렵고 위축되어 감히 임금을 뵙지 못하였습니다."

신하들도 반대의 입장을 표하였다.

이후에도 민인생은 여러 번 편전에 들어가려고 시도하여 물의를 일으켰다. 한번은 임금이 편전에서 정사를 보는데 문 바깥에서 엿보았다. 임금이 그를 보고 좌우의 신하들에게 물었다.

"저게 누구냐?"

"사관 민인생입니다."

임금이 노하여 아래와 같이 명하기에 이르렀다.

"앞으로는 사관이 날마다 입궐하지 말고 아일조회 때에만 입시하라."

며칠 후 간관인 문하부 낭사郎舍가 민인생의 직첩을 거두고 귀양 보내야 한다는 건의까지 올렸다.

"입시하며 여러 번 예禮를 잃고 휘장을 걷어 엿보기까지 하여 심히 불경스럽습니다."

그러면서도 문하부 낭사는 사관을 아일에만 입시케 한 명령을 거두고 종전같이 매일 입시하게 해 달라고 요구하였다.

"한 사관이 실례한 일로 만세의 좋은 법을 폐지하시어 신 등은 전하를 위하여 애석히 여깁니다. 사관이 매일 일을 아뢸 때마다 따라 나오고 따라 물러가게 하여 모범을 만세에 남기십시오."

태종과 민인생의 악연은 이미 한 달 전부터 시작되었다. 당시 판문하부사判門下府事 조준, 좌정승 이거이李居易, 우정승右政丞 하윤 등과 함께 임금이 들에서 잔치를 베풀었다. 임금은 무신 10여 명을 거느리고 강 연안에서 사냥을 하고 날이 저물어서 환궁하였다. 이때 사관 민인생이 얼굴을 가리고 계속 뒤를 따랐다. 무엄하게도 임금을 몰래 미행하였던 것이다. 결국 민인생을 보게 된 임금이 내시를 시켜 눈짓으로 무엇하러 왔느냐고 물었다. 그러자 민인생이 대답하였다.

"신이 사관으로서 감히 직무를 폐할 수 없기에 온 것입니다."

총제 이숙번李叔蕃이 아뢰었다.

"사관의 직책이 매우 중하오니 묻지 마십시오."

이로 인해 민인생은 태종에게 미움을 사게 되었던 것이다. 태종은 민인생의 행위를 오랫동안 잊지 않고 있었다. 태종 12년 7월에 지신사 김여지金汝知 등에게 아래와 같이 말했다.

"예전에 사관 민인생이 경연 때 병풍 뒤에서 엿듣고 잔치에도 들어왔다. 또 내가 들에 나가 매사냥을 할 때는 얼굴을 가리고 따라왔다. 이런 일은 모두 음흉한 짓이다."

태종은 10여 년 전의 일을 불쾌한 기억으로 간직하고 있었던 것이다.

끈질기고 강직한 성품의 민인생은 이런저런 일로 출셋길이 막히는 불운을 당하고 말았다. 태조 2년 식년式年 문과에 급제하면서 사관이라는 요직에 발탁되어 전도가 양양했으나, 자기 소신을 끝까지 관철시키려다 임금의 미움을 받아 밑바닥으로 굴러떨어지고 말았다. 그가 귀양을 갔는지는 확실치 않지만, 출셋길이 막혀 지방의 현령이나 한성부漢城府의 판관 등 한직을 전전하다 쓸쓸히 생을 마감해야 했다.

민인생의 소동을 계기로 오랫동안 사관이 편전에 들어갈 수 없었다. 그러다 사간원司諫院에서 여러 번 청하자 드디어 태종 10년에 사관의 편전 입시를 허락하였다. 3년 뒤에는 조계朝啓에 사관이 입시하는 것도 허락하였다. 조계는 매일 아침에 중신重臣 등이 편전에서 임금에게 업무를 보고하는 일이었다. 그에 따라 사관들은 매일 임금의 정사를 기록할 수 있게 되었다. 민인생이 그렇게 갈망하던 사관으로서의 소망이 드디어 모두 성취되었던 것이다. 임금과 사관 간의 지루한 싸움에서 최종적인 승리는 용기 있고 끈질기게 자기의 사명을 다하고자 했던 사관의 몫이었다.

조선의 세자와

명나라 황녀를

혼인시키려 하다

우리가 잘 모르는 사실 중의 하나지만, 태종의 장남 양녕대군과 명나라 황제의 딸을 혼인시키려는 움직임이 일어나 조정이 한동안 발칵 뒤집힌 일이 있다. 혼인을 처음 제기한 사람들은 조정 중신들이었다. 태종 3년 10월에 명나라 사신 황엄黃儼이 왔는데, 중신들이 황제의 딸을 맞아들이라고 임금에게 진언하면서 처음 공론화하였다.

"황엄은 황제의 총애를 받는 환관입니다. 만일 황엄을 통하여 황제께 청해서 세자가 황제의 딸을 맞게 하면 우리나라의 다행이겠습니다.”

임금은 처음에는 호의적이었다. 그리하여 가만히 황엄에게 뜻을 전하게 하였다.

“얼마나 다행하겠는가? 얼마나 다행하겠는가?”

황엄 역시 동조하였다고 한다. 다만 당시에는 더 이상 진전이 없이 황엄이 돌아가면서 그냥 없던 일이 되어 버렸다.

태종 6년 4월 황엄이 재차 입국하였지만 세자와 황녀의 혼인에 대해서는 한 마디 말도 내비치지 않았다. 임금은 혼인 얘기를 꺼내었던 일을 후회하면서 세자를 전 총제 김한로의 딸과 정혼시켜 버렸다. 세자와 황녀와의 혼인은 완전히 물 건너가 버린 것이다.

이듬해 5월에 황엄이 또다시 입국하게 되었다. 임금이 통역을 믿은 우군동지총제右軍同知摠制 이현李玄을 시켜 황엄에게 말하였다.

“황제께서 나를 대접하기를 심히 후하게 하신다. 내가 친히 알현하고자 하나 감히 나랏일을 버리고 갈 수가 없다. 세자가 이미 장성했고 이미 장가를 들었으니, 나를 대신하여 알현하게 하려고 한다.”

세자가 황제를 뵈러 가는 편이 좋겠다는 뜻을 전하면서 그 사이에 이미 결혼을 했다고 말한 것이다. 검교한성부윤檢校漢城府尹 공부孔俯가 임금의 말을 듣고 가만히 이현에게 말하였다.

“세자가 장차 황제를 알현하려는데 먼저 혼례를 행하면 좋지 않은 것 같다. 지금 황제의 딸 중에 아직 출가하지 않은 자가 두서너 명이나 된다. 만일 황실과 혼인한다면 비록 북쪽으로 여진족의 핍박이 있고 서쪽으로 명나라 왕구아王狗兒의 군사들이 있다 하더라도 무엇이 두려우랴?”

공부는 세자와 황녀와의 혼인을 재차 추진하는 것이 좋겠다는 의견을 제시하였다.

이처럼 임금과 대신들이 세자와 황녀의 혼인을 원한 진짜 이유는 여진족 등 외적의 압박을 막아 줄 든든한 후원자를 얻고자 하는 데 있었다. 조선 왕실과 명나라 황실이 혼인 관계로 맺어진다면 두 나라 사이에 더욱 끈끈한 유대가 맺어져 나라의 안전을 담보받을 수 있다는 지극히 정치적이고 현실적인 고려가 깔려 있었던 것이다.

공부의 말을 들은 이현이 동의하였다. 두 사람은 함께 임금의 장인인 여흥부원군驪興府院君 민제閔霽의 집에 가서 계책을 말하였다. 민제는 손사래를 쳤다.

"이것은 내가 알 바 아니다."

다음에는 참찬의정부사 조박과 형조 참의參議 안노생安魯生과 의논하였다. 두 사람이 모두 동조하였다. 이현이 말하였다.

"그렇다면 내가 장차 사신에게 '지난번에는 일이 많아 우리 전하의 말씀을 잘못 전하였다. 세자께서는 지금까지 혼인하지 않았다'고 말하겠다."

세자가 이미 혼인하였다고 임금이 황엄에게 한 말은 잘못 전한 것이고, 실은 세자가 아직 혼인하지 않았다고 알려 황녀와의 혼인을 추진해 보겠다는 의견이었다. 그들은 임금께 계책을 전달해 달라고 다시 민제에게 요청했지만 역시 응하지 않았다. 민제의 아들인 민무구閔無咎와 민무질閔無疾도 거부하였다.

"이 일은 내가 감히 전하에게 아뢰지 못하겠다."

그럼에도 공부 등이 여러 번 요청하자 민제가 그들의 뜻을 좌정승 하윤에게 전했다. 하윤이 민제에게 말하였다.

"만일 대국의 원조를 얻는다면 같은 성씨든 다른 성씨든 누가 감히 난을 일으키며, 난신亂臣이며 적자賊子가 어떻게 생기겠습니까? 고려 시대에 원나라에서 공주를 결혼시켜 백 년 동안 안팎으로 근심이 없었습니다. 이것은 지난날의 경험입니다."

하윤은 세자와 황녀의 혼인을 지지하였다. 하윤이 조박과 참지의정부사參知議政府事 정구鄭矩 등을 시켜 영의정 성석린과 우정승 조영무趙英茂에게 의논하도록 하였다. 성석린이 말하였다.

"내가 늙고 혼미하여 국가의 대의에 참여하지 않는다. 지금 이 일에 어찌 감히 홀로 결단하겠는가?"

성석린은 부정적인 견해를 나타내었다. 조영무도 반대의 의견을 제시하였다.

"주상의 뜻이 이미 정해졌다. 어찌 감히 다른 의논이 있겠는가?"

의논이 분분하여 결론이 나지 않자 전 목사牧使 황자후黃子厚가 나서서 김한로에게 임금께 아뢰어 달라고 부탁하였다. 김한로가 겸판순금사사兼判巡禁司事 이숙번을 통해 임금께 아뢰었다. 그러자 임금이 격노하였다.

"중국과의 결혼은 나의 소원이지만, 부부가 서로 뜻이 맞기는 인정상 어려운 일이다. 또한 중국의 사신이 반드시 끊이지 않고 왕래하여 도리어 우리 백성들을 불안하게 할까 염려스럽다. 옛적에 기씨奇氏가 들어가 원나라의 황후가 되었다가 일족이 남김없이 살육되었으니, 어찌 족히 보존할 수 있으랴? 군신君臣이 일체가 된 연후에야 나라가 다스려져서 편안해지는 것이다. 지금 조박 등이 사사

78

로이 서로 모여서 이처럼 큰일을 의논하고도 과인이 알게 하지 않았다. 그러니 내가 누구와 더불어 나라를 다스리겠는가? 하물며 내가 황엄에게 세자가 이미 장가들었다고 분명히 말했는데, 나중에 고칠 수 있겠는가?”

임금은 눈물을 흘리며 울었다. 임금이 울자 이숙번 등의 신하들도 땅에 엎드려 함께 울었다고 한다. 임금은 뜻이 맞지 않는 사람들끼리 혼인하면 서로 불행해질 수 있고, 백성들이 동요할 가능성도 있다는 점을 거론하며 세자와 황녀의 혼인에 거부 의사를 밝힌 것이다.

동시에 기황후奇皇后의 예를 들어 우려를 표하기도 했다. 기황후는 고려 말에 공녀로 선발되어 원나라에 끌려갔다가 순제順帝의 총애를 받아 황후에까지 오른 인물이다. 그녀는 30여 년 동안 원나라 조정의 실권을 장악하였고, 그 때문에 오빠인 기철奇轍 등의 친족이 모두 고관에 올라 부귀영화를 누렸다. 그러다가 공민왕恭愍王이 반원反元 정책을 펼치면서 친원파의 거두인 기철 일당이 제거되고 기씨 일족이 일망타진되었다.

눈물을 흘린 임금은 세자와 황녀의 혼인을 의논한 죄로 관련자들을 순금사巡禁司에 가두고 겸판순금사사 이숙번, 형조 판서 김희선 등으로 하여금 국문하도록 명하였다. 순금사에 하옥된 사람들은 참찬의정부사 조박, 참지의정부사 정구, 우군동지총제 이현, 평강군平江君 조희민趙希閔, 검교한성부윤 공부, 형조 참의 안노생 등이었다. 국문을 명하면서 임금은 지시하였다.

“여흥부원군은 중전의 가까운 친족이고, 하윤은 공신이며 수상首相이고, 민무구와 민무질도 모두 공신이니, 체포하여 심문하지 말라.”

대간에서 민제와 하윤 등을 탄핵하자 그들은 아래처럼 해명하였다.

"국가를 위해서 한 일이다. 다른 뜻은 없었다."

조박 등을 국문한 순금사에서 진술서를 올렸다.

"그들의 계책이 비록 그릇되었지만, 정상을 캐어 보면 나랏일을 위함일 뿐이다. 간사한 꾀를 품은 것은 아니다."

임금은 하옥된 중신들을 모두 석방토록 하였다. 다만 조박만은 처음부터 숨기는 바가 있어 임금이 옳지 않게 여겨서 경기도 양주의 농장으로 내쫓았다.

조정을 떠들썩하게 했던 세자와 황녀의 혼인 문제는 이렇게 일단락되는 듯했다. 하지만 얼마 뒤에 의정부 찬성사贊成事 권근權近이 임금의 처사를 비판하는 글을 올려 다시 분란을 일으켰다. 그 글에서 권근은 세자가 혼인하였다고 한 임금의 말을 뒤집었다는 이유로 하윤 등의 중신들에게 내린 처벌을 비판하였다. 임금은 권근의 주장을 반박하면서 자기의 본뜻을 다음과 같이 설명하였다.

"권근이 아직도 내 마음을 알지 못하는구나! 내가 '사사로이 서로 모의해서 이미 정해진 일을 저지하려 했다'고 한 말은 다른 뜻이 아니다. 이미 사신에게 세자가 혼인하였다고 말하였는데 다시 상국과 혼인하려고 한다면 내가 이전에 한 말은 거짓말이 된다. 그리고 세자가 아직 성혼도 하지 않았는데 내가 급하게 사신에게 이미 성혼하였다고 말한 뜻은 상국과 혼인으로 친척이 되는 것을 두려워했기 때문이다. 만약 혼인을 허락하더라도 혹시 황제의 친딸이 아니거나, 비록 친딸이라 하더라도 언어가 통하지 못하고 우리의 겨레가 아니다. 세력을 믿고 교만 방자하여 시부모를 멸시하거나, 혹은 질투하여 짧은 말과 글로 사사로이 상국과 통하면 불화를 일으킬 걱정이 없지 않다. 또한 여러 민씨閔氏들이 장차 세자 배우자의 세력을 믿고 잘난 척하면 더욱 제재하기 어려울 것이다. 이것이 내가 '사사로운 의논이라 하고 혼례를 저지하고자 한 것을 그르다' 한 본뜻이었다."

임금은 세자가 명나라의 황녀와 결혼하는 것을 내심 두려워하고 있었다. 황녀로 인해 오히려 명나라와 틈이 벌어지거나, 세자의 외가인 민씨 집안사람들이 발호할 가능성이 있다는 정치적인 고려였다. 혹시 황녀라는 여인이 황제의 친딸이 아닐 수도 있고, 진짜 황제의 딸이라고 해도 외국인이라 말과 풍습이 달라 여러 가지 어려움이 있을 것이라는 지극히 현실적인 이유도 있었다.

한동안 큰 홍역을 치른 두 달 후 세자의 혼인이 급하게 이루어졌다. 세자의 혼인을 급하게 서두른 것은 관료들과 백성들의 동요를 시급히 가라앉히려는 의도로 보인다. 그해 7월 세자가 김한로의 집에 가서 그의 딸을 직접 신부로 맞이하여 세자빈으로 삼으면서 혼인 절차가 모두 끝났다.

조선 세자와 중국 황녀와의 혼인 관련 파문을 한때의 해프닝이라고 가볍게 넘길 수는 없다. 이로 인해 야기된 국왕과 중신들 간의 갈등의 중심에는 무엇보다 나약한 신생 왕조를 위한 고뇌 어린 우국충정이 가로놓여 있었다. 현재 우리나라 정치인들도 곱씹어 보아야 할 대목이라고 생각한다.

고려 우왕의 왕비를

조선의 신하가

아내로 삼다

일반인이 왕비를 부인으로 삼는다면 개인적으로 엄청난 영광일 수도 있다. 조선 초기에 실제로 이런 일이 있었다.

고려 32대 왕으로 공민왕의 아들인 우왕은 잘 알려져 있듯이 이성계의 위화도 회군 이후 폐위되었다가 죽음을 당하였다. 우왕에게는 모두 9명의 왕비가 있었는데, 그녀들은 남편과 운명을 같이하였다. 남편이 폐위된 후 대부분 궁궐에서 쫓겨나 본가로 돌아갔다. 본가로 쫓겨난 왕비 중에는 전공판서典工判書 왕흥王興의 딸로 우왕의 제8비였던 선비善妃 왕씨도 포함되어 있었다.

선비 왕씨가 우왕의 왕비가 된 과정도 애절하다. 처음에 왕흥은 딸을 변안열邊安烈의 아들 현顯에게 시집보내기로 약속하고 혼인날을 정하여 두었다. 변안열은 공민왕 때 홍건적과 왜구를 격퇴한 공신으로 문하찬성사門下贊成事를 역임한 권세가였다. 그런데 우왕이 혼인 전날 찾아와 딸을 내놓으라고 했다. 왕흥은 딸이 집에 없다고 둘러댄 뒤 이튿날 가족 모두 집을 비우고 피신하였다. 우왕이 격노하여 처자에게까지 벌을 내리겠다고 위협하자 왕흥은 어쩔 수없이 딸을 내주었다고 한다.

선비가 본가로 쫓겨났으나 운명의 여신이 다시 그녀를 희롱하여 다른 남자와 재혼하게 되었다. 그 남자는 바로 판통례문사判通禮門事를 지낸 유은지柳殷之였다. 유은지 개인적으로는 영광이었겠지만, 당시의 여론은 매우 부정적이었다. 한때 자기가 섬기던 왕의 부인을 아내로 삼은 것은 군신의 예에 어긋날 뿐만 아니라 강상을 어지럽히는 짓이라는 주장이었다. 왕비였던 여자가 수절하지 않고 결혼한 것도 부도婦道를 잃은 행동이라고 비난받았다. 태종 3년 윤11월 사간원의 상소를 보자.

"군신의 분수는 하늘이 세우고 땅이 베푼 것과 같아서 어지럽힐 수 없습니다. 이미 폐백幣帛을 잡고 북면北面하여 섬기었으면 그 신하가 된 것입니다. 어찌 신하로서 감히 분수를 범하고 인륜을 어지럽히는 일이 있겠습니까? 신 등이 보건대 신씨辛氏가 비록 고려의 임금이었지만, 한 나라에 군림하기를 16년 동안이나 하였고, 판통례문사 유은지는 그의 작록을 받고 북면하여 섬기어 진실로 군신의 분수가 있습니다. 신씨가 일찍이 죽은 상의문하부사商議門下府事 왕흥의 딸을 받아들여 비로 봉했습니다. 신씨가 망한 뒤에 유은지가 전날의 군신의 대의를 돌아보지 않고 그의 비 왕씨를 자기 아내로 삼아 강상을 더럽히고 예의를 파괴하였습니다. 실로 천지에 용납될 수 없고 고금에도 용서할 수 없는 것입니다. 또 왕씨는 일찍이 국왕의 비가 되었습니다. 비록 부모가 그 정을 빼앗아서 시집보내려고 하더라도 마땅히 예로써 스스로를 지켜 절개를 잃지 않고 몸을 마쳐야 했습니다. 그런데도 도리어 절개를 버리고 남을 따라서 크게 부도를 잃었으니, 또한 용서할 수 없습니다.”

임금에게 바치는 물건인 폐백을 잡았고 신하로서 임금을 섬기는 북면을 하였다면 신씨, 즉 우왕의 신하가 된 셈이다. 사헌부에서는 여론을 수렴하여 전 왕비와 결혼한 유은지와 그 부인을 강하게 비난하였다. 그러면서 유은지의 직첩을 회수하고 왕씨와 함께 국문한 후 죄를 판단하여 만세에 군신의 분수를 밝히고 신하의 더럽고 어지럽히는 마음을 막아야 한다고 주장하였다.

임금은 사헌부의 주장을 받아들여 두 사람이 이혼할 것을 명령하고, 유은지와 왕씨를 각각 황해도 봉산과 배천으로 귀양 보내었다.

유은지는 왕비를 부인으로 삼았다가 불행한 말로를 맞이하고 말았다. 자고로 지나친 욕심을 자제하고 자기의 분수를 지키는 것이 화를 당하지 않는 지름길이다. 일찍이 노자老子도 ‘족함을 알면 욕됨을 당하지 않고, 그칠 줄을 알면 위태로움을 겪지 않는다’고 하지 않았던가.

아이들이 왕과 왕자를 희롱하다

조선 시대에는 지금의 광화문우체국 건너편에 혜정교惠正橋라는 다리가 놓여 있었다. 이 다리는 탐관오리들에 대한 팽형烹刑을 집행한 곳으로 알려져 있다. 팽형은 본래 죄인을 가마솥에 넣고 뜨거운 물에 삶아 죽이는 형벌이지만, 조선 시대에는 진짜 팽형을 집행하지는 않고 죄인을 가마솥에 앉혀 놓고 삶는 시늉만 하였다고 한다.

태종 13년 2월 혜정교 근처의 거리에서 곽금郭金, 막금莫金, 막승莫升, 덕중德中 등의 어린이들이 타구打毬 놀이를 하고 있었다. 타구 놀이는 양편으로 나뉜 사람들이 막대기를 가지고 공을 쳐서 일정한 금 밖으로 내보내는 놀이였다.

아이들이 가지고 놀던 공의 칭호를 하나는 주상이라 하고, 하나는 효령군孝寧君이라 하고, 하나는 충녕군忠寧君이라 하고, 하나는 반인伴人이라고 붙였다. 주상은 태종을, 효령군은 태종의 둘째 아들을, 충녕군은 태종의 셋째 아들을, 반인은 수행하는 호위 군졸을 의미했다. 아이들이 서로 공을 치다가 공 하나가 다리 밑의 물로 굴러떨어지자 한 아이가 외쳤다.

"효령군이 물에 빠졌다."

효령군의 유모가 마침 이 소리를 듣고 쫓아가 아이들을 잡아서 효령군의 장인인 대사헌 정역鄭易에게 고하였다. 정역이 형조에 알려 아이들을 모두 옥에 가두어 심문하였다. 모두들 다음과 같이 대답하였다.

"곽금이가 제일 먼저 제창하여 장난을 하게 되었는데, 장난한 지 이미 3일째입니다."

답변을 들은 형조에서는 세상을 어지럽히는 요사스러운 말을 퍼뜨린 자들에게 적용하는 요언률妖言律로 다스려야 한다고 아뢰었다. 임금은 생각이 달랐다.

"아이들은 모두 10세에 불과하다. 요언을 조작한 것으로 처벌하기는 불가하며, 동요童謠라고 말할 수도 없다. 예전의 동요란 이런 것이 아니었다. 비록 동요라 하더라도 무죄이다."

임금은 이어서 형조에서 올린 문서를 모두 불태우라고 명하였다.

"다시는 이 일을 말하지 말라."

임금은 아이들이 장난삼아 한 일이라 처벌해서는 안 된다고 생
각했던 것이다.

왕조 시대에 지엄한 왕과 왕자들을 희롱하는 놀이를 했다면 아
무리 어린이들이 한 짓이라 하더라도 결코 용납될 수 없었다. 다
행히 임금의 너그러운 배려로 어린이들은 모두 무사할 수 있었다.

이전에 왕자들을 조롱했다가 벌을 받은 군인이 있었다. 태종 9년
11월 국왕을 호위하는 특수 군인인 갑사甲士 황하식黃河湜이 어가御
駕를 호위하다가 길에서 두 명의 왕자를 보고 비아냥거렸다.

"살찐 말을 타고 놀기만 하니 나중에 어찌될 것인가?"

옆에 서 있던 갑사가 이를 임금에게 아뢰자 황하식을 옥에 가두
라고 명하였다.

이런 일이 흔치 않아선지 당시에는 그에게 적용할 법령이 마련
되어 있지 않았다. 그렇더라도 그냥 풀어 줄 수는 없었기에 순금사
에서는 궁여지책으로 '속은 보잘것없으나 겉은 그럴듯한 말을 하
여 여러 사람을 선동하고 현혹시킨 자는 참한다'는 법령에 준한다
고 아뢰었다. 임금은 황하식을 참수형에서 한 등급을 감하여 곤장
100대를 때려 귀양 보내게 하였다.

황하식은 말 한번 잘못했다가 그야말로 인생을 망친 것이다. 누
구보다도 왕자에 대한 언행은 더욱 신중해야 할 터였다. 왕자를
조롱하는 짓은 왕을 조롱하는 죄에 버금가는 행위였으니 말이다.

쑥갓과 거여목은

왕의 식탁에

올리지 말라

태종 16년 3월 임금이 경기도 포천군에 있는 보장산에서 사냥을 하고 저녁에 소요산 아래에 머물렀다. 그날 임금이 타는 어가를 따르던 사람들 중 6명이 숙소에서 독초를 잘못 먹고 갑자기 죽는 일이 벌어졌다. 임금이 그들이 죽은 상황을 묻자 어떤 신하가 대답하였다.

"나물을 먹은 지 순식간에 몽롱해져 정신을 차리지 못하고 귀, 눈, 입, 코에서 피가 흐르듯이 나왔습니다."

임금이 매우 비통해하며 측근의 신하들에게 말하였다.

"사람들이 반드시 말하기를 '강무 때문에 일어난 일이다'라고 할 것이다."

임금은 수행하던 찰방察訪 등으로 하여금 시체를 깊은 골짜기에 단단히 묻게 하고, 죽은 사람들의 집에는 쌀과 콩 각각 2석씩을 주게 하였다.

그날 죽은 사람들이 먹은 독초는 국화과에 속하는 망초莽草로, 민간에서는 대조채大鳥菜라고 불렀다. 뿌리는 콩과에 속하는 거여목과 같고, 줄기는 쑥갓과 같았다. 거여목은 자주개자리, 혹은 목숙苜蓿이라고도 부른다. 날로 먹기가 좋고, 국을 끓이면 향기롭고 맛이 좋다고 한다.

신하들에게 입단속을 단단히 시킨 임금은 궁중의 음식을 담당하던 사옹원司饔院에 명하였다.

"이제부터 어선御膳에는 쑥갓과 거여목을 올리지 말라."

임금이 얼마나 놀랐으면 쑥갓과 거여목을 더 이상 자신의 식탁에 올리지 말라고 했을까. 사람들이 망초를 먹고 죽었는데, 그와 비슷한 쑥갓과 거여목마저 올리지 말라고 했다. 자라 보고 놀란 가슴 솥뚜껑 보고 놀란 격이었다. 애매하게도 이 소동으로 궁궐 안에서 쑥갓과 거여목이 사라지게 되었던 것이다.

제2부

관리들이
감히
이런 일을!

개국

공신들의

맹약

조선은 이성계가 혼자 건국한 나라가 아니라 수많은 개국 공신들이 함께 이룩한 공동 정부였다. 공동 정부의 성공을 위해서는 구성원들의 결속과 단결이 무엇보다 필요하다.

조선 왕조에서는 건국 직후인 1392년 8월에 공신도감功臣都監을 설치하고 모두 43명의 개국 공신을 확정했다. 그들은 조선 건국에 핵심적인 역할을 한, 그야말로 실세 중의 실세들이었다. 1등 개국 공신은 배극렴裵克廉, 조준, 정도전, 남은, 이지란李之蘭 등 16명이다.

2등은 박포朴苞 등 11명, 3등은 이직李稷 등 16명이다.

개국 공신들에게는 논공행상論功行賞에 따라 고위 요직이 부여되고, 막대한 토지와 노비가 내려졌다. 권력과 부와 명예가 한꺼번에 주어진 것이다. 목숨을 걸고 쟁취한 영예를 그 누가 함부로 버리겠는가.

오늘날도 새로운 정권을 탄생시키는 데 큰 공을 세운 사람들이 모여서 서로 간의 긴밀한 협력을 다짐하는지는 잘 모르겠다. 조선을 건국한 개국 공신들은 왕조를 오랫동안 유지함으로써 어렵게 획득한 기득권을 끝까지 지키기 위한 맹약을 하였다. 겉으로는 끈끈한 유대 관계의 강화를 내세운 맹약은 개국 공신으로 책봉된 1개월 후에 이루어졌다. 당시 문하부 좌시중에 오른 배극렴 등의 개국 공신들이 왕세자와 여러 왕자들이 회동한 자리에서 맹세하였다.

"우리 주상 전하께서는 하늘의 뜻에 응하고 사람의 마음에 따라서 대명大命을 받았으므로 신들이 힘을 합하고 마음을 같이하여 함께 큰 왕업을 이루었습니다. 이미 일을 같이했으므로 함께 한 몸이 되었으니, 다행함이 이보다 큰 것이 없습니다. 그러나 '누구나 처음은 있지만 종말은 있기 드물다'고 옛날 사람이 경계한 바 있습니다."

그들은 대업을 같이한 사람들은 마땅히 다음과 같은 약속을 지켜야 한다고 약속하였다. 맹약의 내용은 현대인들에게도 많은 시사점을 던져 주리라 생각한다.

'임금을 성심으로 섬긴다.
친구를 신의로 사귄다.

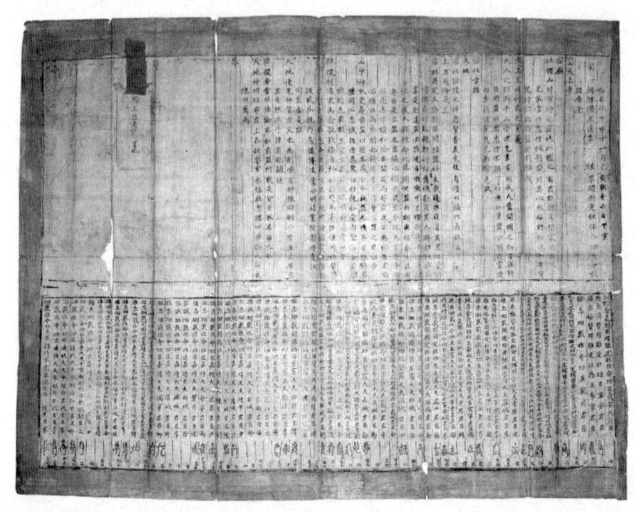

◀ 공신회맹록功臣會盟錄, 국립중앙박물관

부귀를 다투어 서로 해치지 않는다.

이익을 다투어 서로 꺼리지 않는다.

다른 사람의 이간하는 말로 생각을 움직이지 않는다.

말과 얼굴빛의 조그만 실수로 마음에 의심을 품지 않는다.

등을 돌려서는 미워하면서도 얼굴을 맞대서는 기뻐하지 않는다.

겉으로는 서로 화합하면서도 마음속으로는 멀리하는 짓을 하지 않는다.

과실이 있으면 바로잡아 준다.

의심이 있으면 물어본다.

질병이 있으면 서로 부조한다.

환란이 있으면 서로 구원해 준다.'

서로 맹세한 다음 끝으로 약속이 자손 대대로 이어질 것을 기대하였다.

"우리의 자손에게 이르기까지 대대로 이 맹약을 지킬 것입니다. 혹시 변함이 있으면 신神이 반드시 죄를 줄 것입니다."

동시에 개국 공신들의 자손과 동생, 사위들도 서로 모여 충효계忠孝契를 맺고 맹약을 지킬 것을 서약하였다.

개국 공신들뿐만 아니라 자신의 자손들도 영원히 협력하고 유대를 공고히 하자고 맹세하였다. 하지만 얼마 지나지 않아 왕자의 난 등으로 인해 곧 산산조각 나 버리고 말았다. 정치인들이나 권력자들의 신의나 약속은 영원하지도 않고, 믿을 바도 못 된다는 사실을 다시금 느끼게 한다.

젖비린내 나는 아이가 관리가 되다

조선 건국 직후에는 나이가 많고 적음을 가리지 않고 관직을 주었다. 간혹 입에서 겨우 젖내가 가시자마자 관리가 되어 조정의 반열에 참여하는 일도 있어 명나라 사신에게 희롱을 당하기까지 하는 실정이었다. 결국 태조 6년에 편찬된《경제육전經濟六典》에 다음과 같은 법령이 실렸다.

"부조父祖의 덕으로 벼슬을 하는 음자제蔭子弟는 나이가 18세 이상 되어야 처음으로 벼슬을 주고, 만약 젖비린내 나는 자제가 관직에 임명되면 그 부형父兄을 죄주라."

태종 1년 8월에는 사간원의 건의에 따라 더욱 강화하여 25세가 되어야 관리가 될 수 있도록 하였다.

"예전 중국에서 40세에 비로소 벼슬하던 이유는 그 나이가 되어야 도가 밝고 덕이 서서 정치에 참여할 만하기 때문이었습니다. 원나라 때는 사람의 나이가 25세가 된 연후에야 비로소 처음으로 벼슬에 나아가는 것을 허락하였으니, 또한 그 지위에 임하여 그 일을 행할 수 있기 때문입니다."

상소에 따라 나이가 25세가 되지 못한 자는 관리로 임용하지 않았고, 이미 관리가 된 자들은 파직하게 하였다.

조치에도 불구하고 여전히 어린 나이에 관리가 되는 사람들이 나타났다. 태종 2년 2월 정발鄭發이 나이 14세에 전농시典農寺 직장直長을 제수받았다는 이유로 사헌부에서 그의 할아버지인 전 참찬문하부사 정요鄭曜가 탄핵을 받은 적이 있다.

과거 시험에서도 권세가의 어린 자제들이 합격하고 관리가 되는 경우가 많아 문제가 되었다. 태종 5년 3월 사헌부에서 우대언 김과와 대사성大司成 정이오鄭以吾를 탄핵하였다. 생원시生員試를 관장하면서 세력가의 어린 자제들을 많이 뽑았기 때문이다.

당초에 시험에 응시한 생도가 1천여 명이었다. 나이가 장성하고 재주가 있는 자는 많이 떨어지고, 나이가 어린 아이들은 합격된 자가 많았다. 좌의정左議政 하윤이 시험의 불공정성에 노해서 사헌부로 하여금 탄핵하게 하였다. 조선 초기에는 나이 어린 권세가의 자제들을 과거 시험에 합격시키고 관리로 임명하는 풍조가 임금도 어쩌지 못할 정도로 광범위하게 퍼져 있었던 것이다.

천거를

잘못한 자를

처벌하라

오늘날 우리나라에서는 장관 등의 고위 관료를 임용하면서 누가 누구를 천거했다는 말을 자주 듣곤 한다. 지금은 천거가 제도화 내지 시스템화되어 있지는 않지만, 조선 시대에는 천거가 아예 일정한 제도로 확립되어 있었다.

당시에는 유능한 인재를 관리로 임용하기 위하여 3년마다 기존의 문무 관리들이 후보자를 몇 명씩 천거토록 하는 제도를 마련해서 시행하였다. 학문과 덕행을 아울러 갖추고 있으면서도 오랫동안 등용되지 못한 재야의 인재들은 특별히 시기에 구애받지 않고 언제든지 천거하여 임용에 대비하도록 하였다. 천거된 자들은 이조에서 관직과 품계에 따라 분류, 기록해 두었다가 관리를 임명할 때 임금에게 보고하여 활용토록 하였다.

태조 6년에 편찬된 《경제육전》에 다음과 같은 대목이 나온다.

"문관 6품 이상과 무관 4품 이상의 관리는 3년마다 한 차례씩 현임과 전임을 막론하고 매 과科마다 한 사람씩을 천거한다. 만일 개인의 정에 따라 잘못 천거하여, 천거된 자가 탐오한 짓으로 정사를 어지럽혀 백성에게 해를 미치게 하면 법에 따라 죄를 매겨 용서하지 않는다."

'매 과'란 시무에 능통함 등 7과를 뜻하였다. 따라서 조선 초기에는 6품 이상의 문관과 4품 이상의 무관들은 3년마다 7명씩의 관리 후보자들을 천거하도록 되어 있었다. 천거 규정은 그 후 《경국대전經國大典》에서 다음과 같이 변경되었다.

"중앙과 지방의 3품 이상의 문관과 무관들은 3년마다 정월에 각각 3품에서 무직無職까지의 인재를 천거한다. 천거받은 사람이 만약 장오贓汚와 패상敗常의 죄를 범하면 천거한 자도 함께 책임을 진다."

《경국대전》에서는 그 전에 비하여 천거할 수 있는 범위가 문무 3품 이상으로 축소되었으나, 천거받을 수 있는 자격은 관직이 없는 무직자까지 확대되었다. 천거받은 자를 처벌하는 범죄는 탐오에서 장오와 패상으로 구체화되었다. 장오는 불법으로 뇌물을 받거나 직권을 남용하여 재물을 횡령하는 죄를 말하고, 패상은 삼강오륜 등 사람이 지켜야 할 도리를 어긴 죄를 뜻한다. 유교 윤리가 차츰 정착해 가는 과정을 보여 준다.

천거를 받고 관리가 된 자들 중에는 실제로 부정한 행위로 재물을 횡령, 착취하거나 백성을 학대하는 자들이 많았다. 그들을 처벌함과 아울러 천거해 준 사람, 즉 거주擧主를 함께 처벌토록 하는 이른바 거주연좌제擧主緣坐制를 함께 실시하였다. 천거의 공정성을 확보하기 위하여 거주를 처벌하는 법을 만들긴 했지만 제대로 운용되지는 못했다. 특히 거주가 고관이나 권세가이면 적용이 더욱 어려웠다.

태종 11년 윤12월 전 만호萬戶 이양수李養修가 관아의 재물을 도둑질한 죄를 범하여 사헌부의 탄핵을 받고 파직되었다. 남성군南城君 홍서洪恕와 회령군會寧君 마천목馬天牧이 이양수를 천거하여 3품 만호의 직에 임명토록 하였다. 사헌부에서는 이양수가 군사를 관할하고 무리를 이끄는 데 합당하지 않은데도 '홍서와 마천목이 어찌 알지 못하고 천거하였겠습니까? 법을 두려워하지 않고 사정에 따라서 그릇 천거한 것이 분명합니다'라고 하면서 엄중하게 징계하라고 요구하였다. 임금이 모두 논하지 말라고 하여 홍서와 마천목은 아무런 벌을 받지 않았다.

같은 시기에 전라도 임실의 감무監務 최점崔漸은 나주 판관 유익지柳翼之와 공주 판관 최진성崔進誠이 천거한 자인데, 백성을 괴롭히는 등 폐단을 일으키다가 파직되었다. 사헌부에서는 유익지와 최진성을 엄중히 처벌해야 한다고 주장하였다. 임금은 처음에는 반대의 뜻을 나타내다가 사헌부의 거듭된 청이 있자 그제야 파직하라는 명을 내렸다.

예나 지금이나 사람을 천거하고 임용하는 일은 어려운 과제임이 틀림없다. 인사는 만사라고들 하는데도 말이다.

한편 조선 시대에는 천거와 관련된 엽관獵官 운동을 강력하게 금지하였다. 엽관이란 관직을 얻으려고 갖은 방법으로 노력함을 말한다. 어떤 사람들은 관직을 얻고 승진을 하기 위해 힘 있는 자들에게 천거를 부탁하는 청탁에 목을 맨다. 인사 청탁을 막지 못하면 국정이 혼탁해질 수밖에 없다. 조선 시대에도 예외 없이 인사 청탁을 막으려고 여러 가지 방안을 강구해서 시행하였다. 그중의 하나가 분경奔競을 금하는 것이었다.

분경은 관직을 얻으려고 서로 다투고 청탁을 하는 엽관 운동을 말하는데, 초기부터 강력하게 단속하려 하였다. 심지어는 권력자의 집에 드나드는 자들을 무조건 체포하여 감옥에 가두기까지 하였다.

태종이 즉위한 직후에 권력을 잡고 있는 집정자執政者나 무신武臣의 집에 분경하는 것을 금지하는 명령을 내렸다. 구체적으로는 사헌부와 삼군부三軍府에서 아전衙前을 시켜 집정자들이나 무신들의 집을 지키게 하였다. 사람이 그 집에 이르면 신분의 존비와 이유를 묻지도 않고 무조건 잡아 가두도록 하였다. 그러자 사람마다 서로 의심하고 두려워하여 여론이 떠들썩하였다고 한다.

태종 1년 5월에 분경 금지의 범위를 완화하였다. 친가든 외가든 5세世, 즉 고조 대까지의 친족 이외 사람은 집정자나 무신의 집에 출입하는 것을 금하는 조치를 취하였다. 만약 위반할 경우 관직이 있는 자는 임금에게 보고하지 않고 바로 파직하고, 관직이 없는 자는 귀양을 보내도록 하였다.

분경 금지법은 제정 직후에는 비교적 잘 시행되었다. 실제로 태종 1년 6월에 지의흥삼군부사知義興三軍府事 김영렬金英烈이 판상서사사判尙瑞司事 이무李茂의 집에 가서 분경을 하였다가 사헌부의 탄핵을 받고 파직된 바 있다. 한 달 뒤인 7월에도 상장군上將軍 박순朴淳이 이무에게 분경하였다가 파직되었다. 그러다 차차 해이해지면서 엽관 운동이 계속 발생하였다.

비록 여러 가지 문제점도 있었지만, 천거 제도는 어디까지나 덕망과 재능을 겸비한 인재를 등용한다는 좋은 취지를 가지고 있었다. 주로 지식이나 기술 수준만으로 인재를 뽑는 우리 공공 기관이나 대기업 등에서도 부분적이나마 천거 제도를 채택한다면 좋은 성과를 거두지 않을까 생각한다. 대기업이 신입 사원을 채용하면서 인성을 반영하려는 경향이 확대되고 있는 점은 그런 면에서 다행이라고 하겠다.

조선 시대에도

인사 청문회가

있었다

새 정부가 출범하면 신임 각료 후보자들에 대한 인사 청문회가 열린다. 국무총리나 각 부의 장관 등은 국회의 인사 청문회를 거쳐야 한다. 투기나 편법 증여 등의 불법적인 재산 축적, 자신과 자녀들의 부정한 군 면제, 논문 표절, 부적절한 처신 등으로 청문회의 두꺼운 벽을 넘지 못하고 낙마하는 사람들이 속출하곤 한다. 낙마한 공직 후보자들은 남들이 다들 부러워하는 고위직에 거의 접근하였다가, 청문회라는 복병을 만나 거의 이룬 꿈을 내려놓아야 해서 아마도 땅을 치고 후회하였을 것이다.

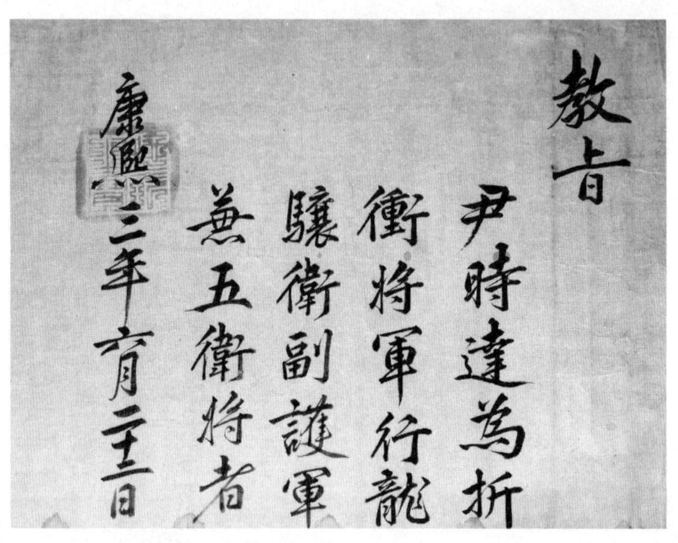

← 윤시달尹時達 교지敎旨, 국립중앙박물관

　요즈음은 국회 청문회 이전에 이미 언론이 비리를 낱낱이 파헤치는 바람에 스스로 물러나는 공직자들도 많다. 언론에 의한 검증이 국회 청문회보다 무섭다고도 한다. 철저한 자기 관리가 얼마나 중요한가를 새삼 절감하게 된다. 무리한 재산 욕심 등이 자신을 옥죄는 사슬이 될 수도 있다는 사실을 다시금 깨닫는다. 더 이상 예전의 관행이었다는 이유로 비리가 합리화되는 일이 있어서는 안 되겠다.

　조선 시대에도 현대의 인사 청문회와 같은 제도가 있었다. 물론 지금의 인사 청문회와는 많이 다르지만, 관리로 진출하기 위해서는 정식으로 임명되기 전에 서경署經이라는 일종의 청문회를 거쳐야 했다. 서경이라는 심사 과정을 통해 부적격자를 걸러 내고자 했던 것이다. 서경 과정은 현대의 인사 청문회 못지않게 까다롭고 엄격하게 진행되었다. 서경을 통과하지 못하여 관직에 임명되지 못하는 경우도 많았다.

먼저 이조 같은 인사 담당 기관에서 관원을 선발하여 오늘날의 사령장에 해당하는 고신告身을 작성하면, 고신과 4대 조상을 기록한 단자單子를 대간, 즉 사헌부와 사간원에 보낸다. 대간에서는 각각 관원 2~3명씩을 보내 양사가 합좌하여 신임 관원의 가계와 전력, 인물 됨됨이 등을 심사하는데, 전원이 찬성하면 고신에 서명했다. 부결되면 서명하지 않았다. 서경을 통과하지 못하면 관원은 해당 관직에 취임할 수 없었다. 고려 시대에는 1~9품의 전 관원이 서경을 받아야 했지만, 조선은 초기에 5품 이하 관원만 서경을 받도록 했다.

서경이 얼마나 까다로웠는지를 보여 주는 실례를 하나 소개하겠다. 태종 11년 2월 사헌부 지평持平 김최金最를 좌천시켜 재령 현령으로 임명했다. 임금이 그를 지방의 수령守令으로 내보낸 이유는 본관이 분명하지 않아 사헌부에서 고신에 서명하지 않을까 염려하였기 때문이라고 한다. 원래는 중앙의 관직으로 승진시키려고 했으나, 그의 본관이 불분명하여 서경에 통과하지 못할 것 같자 상대적으로 쉬운 수령으로 임명하였다. 서경에 걸리면 관직을 내놓아야 하니까 관직을 유지시켜 주기 위하여 궁여지책으로 지방직을 주었던 것이다.

서경이 임금도 어쩌지 못할 정도로 엄격한 절차였음을 알 수 있다. 오늘날에도 엄정한 인사 청문회가 이루어져야 할 것이다. 다만 한 개인의 인격을 송두리째 파괴할지도 모르는 '아니면 말고' 식의

무차별적인 인신공격만은 자제해야 하리라. 예수도 일찍이 죄 없
는 자가 창녀에게 돌을 던지라고 하지 않았던가.

천인이

재상에

오르다

전통 시대는 엄격한 신분제 사회여서 귀족이나 양반만이 관리로 임용되고 노비 등의 천인은 절대 관리가 될 수 없었다고 다들 생각하기 쉽다. 그러나 조선 건국 직후에는 각종 법규 등이 제대로 정비되지 못해서였는지 천인이 관리가 되기도 했던 모양이다.

조선 건국 직후 궁중에서 잡일을 하는 노비인 내노內奴 이덕시李德時가 의성고義成庫 별감別監, 한장우韓長祐가 보화고保和庫 별감, 이생李生이 의순고義順庫 별감에 임명된 적이 있다. 정종 1년 10월 사헌부

107

에서 공인, 상인, 노비 등에게 벼슬을 주지 말고 관직을 해임할 것을 청하였다.

"공인, 상인, 종들이 조정에 뒤섞이는 것을 허락하지 마십시오."

임금의 윤허를 받지는 못했다.

태종 때는 가죽을 다루는 장인이었던 임지의林之義가 충청도 보령 감무에 임명되기도 하였다. 그는 집안 계통이 분명치 않다는 이유로 사간원의 탄핵을 받고 파직되었다.

천한 신분으로 재상까지 오른 인물도 있었다. 양홍달楊弘達이라는 의관醫官이었다. 비록 천인이었지만 태조의 병을 잘 치료하면서 총애를 받아 검교승녕부윤檢校承寧府尹까지 올랐다. 검교는 공이 많은 사람들에게 주는 관직으로 일종의 명예직이었다. 명예직이긴 해도 엄연히 매월 봉급을 받는 정식 관원이었다. 거기에다가 승녕부의 윤이라는 직책은 종2품의 재상 신분이었다. 신분을 뛰어넘어 오직 의술로 고관까지 오른 것이다.

고관까지 올랐으나 양홍달은 너무 욕심을 부렸다. 직함만 가지고 있는 명예직에 만족치 않고 일정한 직무가 있는 실직實職을 얻으려 했다. 실직에 제수하는 것을 진배眞拜라 하였는데, 이것만은 양반 사대부들이 결코 용납할 수 없는 일이었다. 급기야 태종 5년 11월에 사헌부에서 그의 관직을 빼앗아야 한다고 주장하기에 이르렀다.

"홍달은 천인인데 의술로 벼슬이 2품에 이르러 극진합니다. 마침내 분수에 넘치는 마음을 먹고 있으니 직첩을 거두고 국문하십시오."

사헌부에서는 관직 박탈만이 아니라 국문까지 해야 한다고 주장하고 나섰다. 임금은 그에 대한 총애가 남아 있어 다만 작위만을 빼앗는 것으로 그치게 하였다.

양홍달 외에도 천인으로 간주되던 맹인 승려가 판서까지 오른 경우도 있었다. 맹인 승려 유담柳湛은 법명이 선명善明이었는데, 점을 잘 쳐서 이름이 나 있었다. 태종이 검교호조전서檢校戶曹典書라는 관직을 하사하였다. 전서는 판서와 같은 벼슬로 요즈음의 장관 자리이다. 명예직인 검교라 해도 맹인이 지금의 재정경제부 장관과 같은 관직에 올랐으니 놀라운 일이다. 공신에게 주는 훈직을 받은 것도 파격적인 일이었다. 그가 무슨 일로 관직을 받았는지는 알려져 있지 않지만, 태종의 상당한 총애를 받을 만큼 큰 공을 세웠던 것 같다.

그렇다고 신하들이 가만히 있을 리가 없었다. 사간원에서 총대를 메고 유담을 파직하라고 요청하였다. 태종 5년 1월 사간원에서 상소를 올렸다.

"우리나라의 검교직은 훈구지친勳舊之親으로 인해 있습니다. 이제 맹인 유담을 검교호조전서로 삼아서 점치는 사람을 훈친의 반열에 있게 하셨습니다. 벼슬을 마련한 뜻에 어그러질 뿐만 아니라, 후세에 전해질 법에도 이지러짐이 있습니다. 청컨대 그의 벼슬을 거두어 벼슬로 상을 주는 공정함을 보이십시오. 만약 작은 공이 있다면 곡식과 비단으로 상을 줌이 옳습니다."

사간원의 요청을 접한 임금은 처음에는 윤허하지 않다가 다시 청하자 마지못해 관직을 삭탈하라는 명을 내렸다. 유담의 관직은 오래가지 못했지만, 공로가 있는 사람이면 신분을 가리지 않고 우대한 태종의 개방적인 성격이 엿보인다.

출근하지 않은

관리에게

매를 쳐라

지금은 이런 공무원이 거의 없겠지만, 조선 초기에는 관청에 출근하지 않거나 늦게 나오는 관리들이 많았다. 그리하여 이른바 궐사파직闕仕罷職이라는 규정까지 만들지 않으면 안 되었다.

조선 초기에 형법의 구실을 했던 《대명률大明律》에는 출근하지 않은 날이 1일이면 태笞 10대를 치고, 1일이 늘어날 때마다 1등의 죄를 더하여 최고 곤장 80대까지 치고 나서 부과付過하도록 규정되어 있었다. 태형笞刑은 긴 막대기나 회초리로 볼기를 치는 형벌이었다.

110

부과는 관리들이 잘못을 저지르면 표에 적어 인사 자료인 정안政
案에 붙여 두었다가 인사 고과에 참조하는 벌칙을 말하는데, 표부
과명標付過名이라고도 했다.

　태조 6년에 편찬된《경제육전》에는 출근하지 않은 날이 1일이면
관리의 이름 아래에 점을 찍고, 3일이면 그의 종을 가두고, 20일이
면 파직하도록 되어 있었다. 태종 14년 10월 사헌부에서는 관리가
출근하지 않는 날이 1일이면 그의 종을 가두고, 3일이면 부과하고,
5일이면 파직해야 한다는 방안을 제시하였다. 임금은 세 가지를 검
토하여 아뢰도록 이조에 명하였다.

　명을 받은 이조에서 사헌부의 방안은 너무 무겁고,《경제육전》의
규정은 너무 가벼우며,《대명률》은 파직하는 조문이 없다고 하면서,
임금의 재가를 기다린다고 아뢰었다. 어떤 대신은《경제육전》을 준
수해야 한다고 주장하고, 황희 정승 등은《대명률》을 따라야 마땅하
다고 하여 결론이 잘 나지 않았다. 나중에 많은 대신들이《경제육전》
을 따르자고 청하자 임금이 윤허하였다. 사헌부의 방안과《대명률》
의 규정을 절충한 안을 채택한 것이다. 마침내《경제육전》의 규정에
따라 출근하지 않은 날이 최대 20일이면 파직하도록 결정하였다.

　결정이 난 이후에도 하루 결근한 자에게는《대명률》의 규정에 따
라 태형 10대를 부과하였던 것 같다. 그러다 보니 지각이나 조퇴한
자와의 형평성이 문제가 되었다. 당시 해가 길 시기에는 관리들이
묘시卯時인 오전 6시경에 출근하여 유시酉時인 오후 6시경에 퇴근하
고, 해가 짧을 시기에는 진시辰時인 오전 8시경에 출근하여 신시申
時인 오후 4시경에 퇴근하도록 했다.

사실 결근한 사람만이 아니라 늦게 출근한 자와 일찍 파하고 돌아간 관리들도 많았다. 그들에게는 위령죄違令罪를 적용하여 태형 50대를 부과하였다. 결근한 자에게 태형 10대를 때리도록 한 규정과 비교하면 지각이나 조퇴한 자에 대한 벌이 오히려 더 무거웠다. 이에 세종 13년1431 3월에 지각이나 조퇴한 관리에게 위령죄를 적용하지 말라고 지시하였다.

"당연히 가벼워야 할 것이 무겁기도 하며, 응당 무거워야 할 것이 가볍기도 하다. 죄를 부과하는 데 있어 정당성을 잃었다."

결근자에 대한 처벌 규정에도 불구하고 여전히 출근하지 않은 관리들이 많았다. 성종 13년1482 1월에도 마찬가지였다. 당시 대사헌 김승경金升卿이 결근자에 대한 벌이 너무 가벼우니 다른 법을 정하여 처벌의 강도를 높여야 한다고 건의하였다.

"신이 여러 관청을 조사해 보니 출근하지 않은 자들이 많습니다. 모두 태 10대로 다스려 죄를 부과함이 지나치게 가볍기 때문입니다. 청컨대 다른 법을 세우십시오."

임금이 신하들에게 의견을 물었다. 영사領事 노사신盧思愼은 새로운 법에 반대 의견을 제시하였다.

"비록 다른 법을 세우지 않더라도 이미 부과하는 법이 있습니다. 결근을 많이 하는 자는 파직시키는 것이 옳을 듯합니다."

"부과하는 법이 매우 좋다."

결근자에 대한 처벌 강화 조치는 결국 이루어지지 않았다.

출근하지 않았다고 볼기짝을 까고 매까지 맞아야 했던 당사자들은 매우 수치스러웠을 것이다. 그런데도 결근자가 줄어들지 않

았다면 매가 약했기 때문만은 아닐 것이다. 오늘날 결근하는 공무
원들에게 태형을 가한다면 아마도 결근하는 사람이 한 사람도 없
을 텐데 말이다.

부모의 병을

핑계로

관직을 내던지다

우리 사회에서는 공무원 같은 공직을 흔히 철밥통이라고 부른다. 그만큼 직업이 안정되고 선망의 대상이 되고 있다는 얘기이다. 조선 시대에는 이렇게 좋은 직업을 아무 미련도 없이 던져 버리는 이들이 많았다. 관직을 떠나도 먹고살 걱정이 없어서 과감한 행동이 가능했는지는 모르겠지만, 때로는 유교 사회라는 특수한 환경이 부추기기도 했다.

유교 사회에서 가장 중시한 덕목이 충이요, 효가 아니던가. 충효를 위해서라면 목숨이 아니라 그보다 더한 것이라도 내놓을 자세가

114

갖추어진 사람이 진정한 충신이며 효자이다. 당시에는 효자가 되기 위해 관직을 내던져 버리는 사람들이 많았다. 오로지 관직을 사임하기 위해 효도를 가장했던 가짜 효자들도 있기는 했지만 말이다.

태조 7년 윤5월에도 관직을 던지고자 한 인물이 있었다. 75세의 병든 노모를 봉양하기 위해 제주 판관에서 물러나게 해 달라고 청한 김과이다. 그는 제발 관직을 해임시켜 달라고 임금에게 진정서까지 올렸다. 그는 태조가 임금이 되기 전부터 막하에 발탁해 썼고, 조선이 건국된 후에는 친군위親軍衛 도사와 호조 좌랑을 지냈다. 그는 이미 2년 전에도 아버지가 병이 들어 간호해야 한다면서 관직에서 물러나게 해줄 것을 요청한 적이 있었다. 그가 올린 진정서의 내용은 이러했다.

"의리는 군신보다 큰 것이 없고 정리情理는 모자보다 급한 것이 없습니다. 군신의 의리와 모자의 정리를 함께 행하면서 서로 어긋나지 않는다면 천하 국가의 도리가 어찌 이보다 나은 것이 있겠습니까? …… 또한 어머니도 신을 생각하여 더욱 병이 심할까 염려됩니다. 신의 마음이 어찌 맡은 직책에 편안할 수가 있겠습니까? 고대의 기록에 '효도를 미루어 충성을 한다'고 하였는데, 지금 신의 나이는 38세입니다. 신하로 전하를 섬길 수 있는 시일은 장구하고, 자식으로서 늙은 어머니에게 효도할 수 있는 시일은 짧습니다. 이것이 신이 사면할 의사를 우러러 진술하는 까닭입니다."

김과의 간절한 진정서를 접수한 임금은 드디어 사직을 허락하였다. 병든 어머니를 수발하기 위해서 사직하겠다는데 임금도 말릴 명분이 없었던 것이다.

김과처럼 부모의 병구완 등을 이유로 사직하려는 관리들이 많아지자 조정에서는 아예 노부모가 있는 자는 제주도의 수령에 임명하지 말라는 규정까지 만들었다. 태종 16년 9월 제주도 대정 현감縣監 박욱朴彧, 정의 현감 신치申緻에게 부임하지 말도록 명하였다. 두 사람 모두 늙은 부모가 있기 때문이었다. 그러면서 앞으로 노부모가 있는 자는 제주 목사와 판관, 현감에 임용하지 말도록 하였다.

조선 시대에는 중앙 관리들이 지방으로 전출되는 것을 몹시 꺼렸다. 지방은 아무래도 여러 가지 생활 여건이 서울보다 열악하고 왕래하는 길이 위험해서 근무를 기피했을 것이다. 특히 변방이나 제주도 같은 곳은 더욱 심해서 여러 가지 방법을 동원하여 임지로 떠나지 않고 미적거리는 이들이 많았다. 태종 7년 3월 조정에서는 새로운 법까지 제정해야만 했다. 지방으로 가라는 명을 받은 관리는 부모와 자신의 질병을 제외하고는 연고를 핑계 대며 가지 않으려고 꾀하거나 사직하지 못하게 하고, 어기는 자는 법률에 따라 처벌토록 하였다.

그 외에도 태종 8년 1월에는 경상도 관찰사 안성安省이 아버지의 병으로 사직하여 권진權軫이 대신 맡도록 했다. 태종 18년 5월에는 강원도 관찰사 홍여방洪汝方이 어머니의 병 때문에 사직하려고 하자 윤허하였다.

지방관의 사임은 허락한 경우가 많았지만, 중앙의 고위 관료는 대부분 윤허하지 않았다. 태종 11년 3월에 참지의정부사 안등安騰이 어머니의 병으로 사직을 청하자 임금이 사직서를 돌려주고 약을 내리어 역마驛馬를 타고 고향에 다녀오도록 하였다. 태종 17년 3월에는 대사헌 김여지가 어머니의 병 때문에 사퇴를 청원하였으나 임금은 역시 윤허하지 않고 약을 내려 주었다.

태종 17년 4월 예조 판서 맹사성孟思誠이 충청도 온수에 살던 부친 맹희도孟希道의 병을 간호하기 위해 사직하였다. 임금은 윤허하지 않고 역마와 약과 술을 하사하며 당부하였다.

"부친의 병이 낫거든 즉시 올라오라."

이듬해 8월에도 맹사성은 아버지의 병 때문에 공조工曹 판서를 사임하고자 했지만, 임금은 이번에도 궁궐의 약을 하사하고 역마를 주어 다녀오도록 했다.

조선 초기에는 관직에 복무하던 관원 중에 긴급하지 않은 사사로운 일로 갑자기 관직을 사임하고 지방으로 내려가 버리는 자들이 많았다. 태종 12년 2월 의정부에서 단속을 요청하였다.

"이것은 원래 믿고서 맡긴 의리가 아닙니다."

요청을 받아들여 부모의 질병, 사망, 장례식 외에는 관원들의 사직을 허락하지 말도록 하였다.

부모의 병이나 장례식 등이 있으면 사직할 수 있도록 허용하여 이를 악용하는 관리들도 많았다. 역시 조선 왕조는 충효를 제일 중요한 덕목으로 여긴 유교 국가였다.

2품 이상의 관리들은

지방에

거주하지 말라

우리들은 자기가 살고 싶은 곳이면 어디든지 가서 거주할 수 있는 좋은 세상에 살고 있다. 조선 시대에는 그렇지 못했다. 일반 백성들은 물론이고 양반 사대부들도 마찬가지였다. 조선 초기에는 특히 2품 이상의 전현직 고관, 즉 현직 재상이나 재상을 역임한 사람들은 지방에서 살 수 없었다. 국정에 참여하고 있거나 참여하였던 관리들은 항상 한양에 거주하며 임금의 부름에 응할 태세를 갖추고 있으라는 뜻이었던 것 같다.

아예 재상들의 지방 거주를 금지하는 법도 만들어졌으나, 법을 어기고 그대로 지방에서 사는 재상들이 많았다. 태종 13년 7월 사헌부에서 검교한성윤檢校漢城尹 손가흥孫可興 등 9명을 처벌하라고 청하였다.

"2품 이상의 관원은 지방에서 살 수 없다는 법이 이미 마련되어 있습니다. 그러나 이들이 항상 지방에 거주하고 있어 매우 옳지 못합니다. 그들의 직첩을 거두고 다른 도로 옮기십시오."

임금은 처벌은 하지 말고 서울로 올라오게만 하라고 명하였다.

그해 1월에도 비슷한 일이 있었다. 전 개성 유후留後 유담이 늙었다는 이유로 농장이 있는 시골로 돌아가겠다고 청하였으나 임금은 다음과 같은 말로 불허하였다.

"유담은 곧 여흥부원군의 바둑 벗이다. 그 청을 따름이 마땅하지만, 2품 이상은 지방에서 사는 것을 불허한다는 법령이 있다. 사적으로 이를 폐함은 옳지 못하다."

여흥부원군은 태종의 장인인 민제를 말한다. 재상들이 지방에 거주하지 못하도록 한 법은 이때까지만 해도 임금조차 어쩌지 못할 정도로 아주 엄격하게 시행되었다.

2년 뒤에 법은 다소 완화되었다. 정2품 이상 전직 관리에게 농장 왕래를 허용하였고, 60세 이상의 검교한성윤 등의 지방 거처는 원하는 바에 따르도록 했다. 이에 따라 60세 이상의 현직 재상과 대부분의 전직 재상은 사실상 지방 거주가 허용되었다.

신하들은

세 번 이상

간하지 말라

조선 시대는 왕과 신하들의 말싸움의 연속이었다. 말싸움에 지친 태종은 급기야 16년 6월 교지를 내려 신하들이 한 가지 사안을 세 번 이상 간하지 못하도록 하는 특단의 조치를 내렸다.

"세 번이나 간하여도 듣지 않으면 가 버린다는 것은 옛 법이다. 지금 대소 신료와 대간과 형조에서 간언과 상소를 세 차례 이외에 난잡하게 신청하는 것은 옛 제도에 어긋난다. 또 여러 사람들이 보고 듣는 데에도 심히 좋지 않다. 이제부터 이와 같은 사람이 있으면 교지부종敎旨不從으로 처벌하라.”

“모든 진언과 상소는 세 번 간하고 즉시 그친다. 세 번 간하여도 듣지 않으면 물러가고, 세 번이나 간한 뒤에 다시 간하는 자는 처벌한다.”

교지부종이란 교지를 따르지 않은 죄를 말한다. 이러한 왕명이 나온 이유는 사헌부와 사간원의 관원, 즉 대간 등의 신하들이 한 가지 사안에 대해 여러 번 진언하고 상소를 올려 임금을 번거롭게 하였기 때문이다.

당시 대간은 한 번 상소를 올려 임금이 윤허하지 않으면 계속해서 윤허를 받을 때까지 간하곤 하였다. 어떤 때는 한 가지 일에 10여 번 이상 줄기차게 상소를 올린 적도 있다. 물론 대간의 주요한 임무가 간쟁諫爭이어서 주장이 관철되도록 최선을 다해야 하지만, 때로는 너무 지나쳐 국왕의 국정 처리를 저해하는 경우도 많았다. 국왕의 바르지 못한 행동이나 과실을 고치도록 간절히 말하는 언론 활동이 간쟁이라 해도 그 정당성을 확보해야만 인정받는 것이다.

간쟁의 횟수를 세 번으로 제한하려 하자 당연히 대간들이 반기를 들고 나왔다. 먼저 사간원에서 격한 반응을 보였다.

“말하는 책임에 있는 자는 말해야 할 것이 있으면 마땅히 여러 번 청해야 할 것입니다. 종묘와 사직에 관계되는 일이라면 어찌 세 번 간하는 데에 구애받겠습니까?”

사헌부에서도 가만히 있지 않고 따지고 들었다.

“이것은 성대한 조정에서 행할 법이 아닙니다. 옛사람이 얼굴을 마주 대하여 임금의 옳지 못한 주장을 반박하고, 뜰에 서서 간하여 싸우고, 임금의 옷깃을 당기며 간하고, 임금이 물리쳐도 끝까지 버티며 간절히 간한 것 또한 죽음으로써 간쟁함이었습니다. 그 마음을 따져 보면 모두 임금을 사랑한 것이었습니다. 아들이 아버지를 섬기다가 허물이 있으면 간하고, 간함을 받아들이지 않는다 하더라도 거듭 공경하고 효도하여야 합니다. 신하가 임금에 대해서도 이와 같은데, 만약 세 번 간하고 그만두는 것을 나라의 법으로 삼는다면 신하에게 아첨하는 풍습을 열어 주는 길입니다.”

세자 양녕대군도 대간의 의견에 동조하였다. 언로를 막는 것은 부당하다고 대간이 세자에게 말하자 세자 역시 ‘간언을 막는 것은 불가하다’고 말하였다. 그러고 나서 임금에게 아뢰었는데, 세자의 말을 들은 임금은 역정을 냈다.

“내가 따르지 않겠으니 번거롭게 굴지 말라.”

태종이 세 번 이상 간하는 것을 금하였으나 그 후에도 대간들은 굴하지 않고 꿋꿋이 간쟁을 계속했다. 마침내 태종 사후에는 간쟁 횟수를 3번으로 제한하는 규제는 사라지게 되었다. 국왕과 대간의 싸움에서 마침내 대간이 이겼던 것이다. 국왕은 유한하나 대간은 영원하다!

신臣 자를

쓰지 않았다고 하여

파직되다

왕조 시대에는 신하가 임금에게 글을 올리면서 자기의 이름 앞이나 자기를 지칭하는 경우 반드시 신臣 자를 붙이도록 되어 있었다. 조선 시대에는 이를 소홀히 하여 처벌을 받은 관리가 있었다. 태종 7년 12월에 파직된 안주 목사 홍유룡洪有龍이다. 동지를 축하하는 글인 〈동지하전冬至賀箋〉을 임금에게 올리면서 신 자를 쓰지 않았기 때문이다.

먼저 홍유룡의 하전을 본 의정부에서 그를 처벌하라고 주청하자 임금이 윤허하지 않았다.

"무지한 무인武人이니 거론하지 말라."

이번에는 사간원이 나섰다.

"홍유룡이 무녀巫女의 소생으로 글자를 알지 못하고, 무예의 능력도 없습니다. 다만 아첨하고 뜻을 맞추어 외람되게 직임을 받아 조정의 관원에 섞였습니다. 그럼에도 어리석게 부끄러움을 알지 못하고 이욕利欲만을 자행하여 전라도 조양 병마사兵馬使로 있을 때에 관물官物을 도적질하였습니다. 그 근본 심술이 밝은 시대의 등용에 합당치 않습니다. 지금 지위가 가선대부嘉善大夫에 올라 큰 고을을 맡았으니, 마땅히 공손하고 삼가해 전하께서 더러움을 포용하시는 덕에 보답하여야 할 것입니다. 홍유룡은 이것을 생각지 않고 신하의 예를 잃었습니다. 잘못을 깨닫지 못하면서 어떻게 백성을 다스리겠습니까?"

사간원은 법에 따라 홍유룡을 징계해야 한다고 주장하였다. 아무리 신분이 천하고 무식한 자라도 신하의 예를 따르지 않음은 용서할 수 없다는 주장이었다. 사간원에서 이 정도까지 주청하자 임금은 더 이상 두둔하지 못하고 파직시키라는 명을 내리고 말았다.

홍유룡은 파직된 후 곧 복직되어 전라도 병마도절제사兵馬都節制使로 임명되었다. 이때에도 전라도 경차관敬差官 이지강李之剛이 홍유룡의 잘못 몇 가지를 아뢰었다.

"이 소임을 감당할 사람을 얻기가 어렵다. 지금 홍유룡이 범한 것은 모두 작은 잘못이다. 그대로 두는 것이 마땅하다."

임금은 이번에도 용서하여 주었다. 얼마 후에 이지강이 다시 나서서 강력하게 처벌을 주장하였다.

← 진충귀陳忠貴 개국원종공신開國原從功臣 녹권錄券, 국립중앙박물관

"홍유룡은 직무를 부지런히 행하지 않으며, 육지에 관아를 지어 기생첩을 많이 거느리고 음탕한 짓을 하고 있습니다. 사냥하기를 좋아하고, 역마를 타고 자주 본가가 있는 고향에 왕래하였습니다."

임금은 더 이상 어쩌지 못하고 마지못해 홍유룡의 파면에 동의하였다. 그러나 얼마 지나지 않아 다시 용서하여 전라도 수군도절제사水軍都節制使에 임명하고, 말이나 비단을 하사하는 등 전보다 더 두터운 대우를 하였다.

홍유룡이 임금의 각별한 총애를 받은 이유는 무인으로서 조선의 건국에 참여한 개국원종공신開國原從功臣이며, 제1차 왕자의 난에서도 공을 세웠기 때문이다. 공신들은 원래 대역 모반 등 죽을죄를 짓지 않는 이상 대개 용서하도록 되어 있었다.

시호를 잘못 정했다가

교수형을

당할 뻔하다

조선 시대에는 재상이나 유명한 유학자들이 죽으면 공덕을 칭송하여 임금이 시호를 내려 주었다. 시호는 한 인물에 대한 후대의 평가가 내포된 명칭이라고 할 수 있다. 조선 초기에는 정2품 이상의 문무관과 공신에게만 주었으나, 점차 대상이 확대되어 고명한 유학자들에게도 시호를 내렸다. 대체로 문신이나 학자는 문文, 무신은 무武, 전쟁 등에서 공을 세운 무장은 충忠 자가 앞에 붙여졌다. 조선 초기에는 대개 봉상시奉常寺에서 주관하여 시호를 정한 다음 임금에게 올려 재가를 받도록 했다.

시호를 결정하는 일은 매우 민감한 사안이어서 여러 가지 문제를 야기하기도 했다. 조선 건국 직후에 시호를 잘못 정했다가 봉상시의 관원이 교수형을 당할 뻔한 적도 있었다. 태조 5년 7월에 개국 공신 정희계鄭熙啓가 죽자 시호를 정하는 문제로 임금이 격노하여 봉상시 관원들이 곤욕을 치러야 했다.

정희계는 이성계를 도와 조선 건국에 참여하여 개국 공신 1등에 책록되고, 계림군鷄林君에 봉해졌다. 나중에 좌참찬左參贊과 판한성부사判漢城府事를 지냈다. 건국 당시 정도전, 정총, 정희계 등 세 정씨가 삼한三韓을 멸한다는 도참설이 널리 퍼져 있었다. 정희계의 부인은 태조의 계비인 신덕왕후神德王后 강씨康氏의 조카딸이었다. 그야말로 그는 태조가 아끼고 총애하는 측근 중의 측근이었다.

정희계가 죽고 한 달이 지나 봉상시에서 시호를 안양安煬, 안황安荒, 안혹安惑 등으로 정하여 임금의 재가를 청하였다. 임금이 시호를 정한 봉상시 박사博士 최견崔蠲을 불러서 물었다.

"희계는 나라에 큰 공을 세운 신하인데, 시호를 왜 이다지도 심하게 지었느냐? 그의 허물만을 논하고 공은 말하지 않은 까닭은 무엇인가?"

시호란 한 사람에 대한 역사적 평가여서 공로와 과실이 균형 있게 반영된 시호를 정해야만 한다. 볕에 바래다는 뜻의 '양', 거칠다 또는 어리석다는 뜻의 '황', 미혹하다는 뜻의 '혹' 등의 부정적인 단어들이 들어가 너무 과오만 강조한 시호라는 지적이었다.

태조는 불만을 표출한 다음 즉시 최견을 순군옥에 가두어 국문하게 하고 봉상시 소경少卿 안성, 승 김분金汾, 대축大祝 민심언閔審言 등과 녹사錄事 이사징李士澄 등을 하옥하였다. 이어서 형조에서 산기상시散騎常侍 전백영全伯英과 이황李滉 등을 탄핵하고, 봉상시에서 잘못 마련한 시호를 반박하지 않은 죄로 예조 의랑 맹사성과 좌랑 조사수趙士秀 등을 탄핵하였다. 형조는 그들의 형량을 정하여 올렸는데, 최견은 교수형, 안성과 김분 등은 곤장 100대에 도형徒刑 3년이었다. 도형이란 죄인을 중노동에 종사시키는 형벌을 말한다.

좌정승 조준이 최견을 불쌍히 여겼다.

"견의 죄가 이에까지 이르겠는가?"

조준은 판삼사사 설장수偰長壽, 전서 당성唐誠과 함께 상의하여 다시 형량을 조정했다. 그런 다음 조준이 법전을 가지고 들어가서 임금에게 아뢰자 그대로 따랐다. 조견은 곤장 100대를 쳐서 김해로 유배하고, 그 밖의 관리들은 차등 있게 곤장을 때린 후 안성은 경상도 축산으로, 김분은 경상도 각산으로, 민심언은 전라도 순천으로, 이사징은 경상도 강주로 유배하였다. 전백영, 이황, 맹사성, 조사수 등은 모두 파직하였다. 정희계의 시호는 다시 논의하여 양경良景이라고 지었다.

정희계의 시호에 태조가 불만을 가진 이유는 총애를 내린 측근이었기 때문이기도 하지만, 그를 너무 부정적으로만 보려고 한 봉상시의 관리들에게도 문제가 있었다. 혹시 학식이 부족하여 사람됨이 가벼웠다는 세상 사람들의 비판을 지나치게 믿지 않았을까.

그 후에도 같은 일이 있었다. 태종 8년 4월 이조에서 한 달 전에 죽은 완평군完平君 이조李朝의 시호를 정하여 올렸는데, 모두 악명惡名인 데다 장례가 임박하여 임금이 재가를 하지 않았다. 임금은 사헌부로 하여금 시호 결정을 지체한 죄를 탄핵하게 하여 이조 정랑正

郎 박관朴冠과 좌랑 유미柳渼를 파면시켰다.

이조는 태조의 이복형인 이원계李元桂의 아들로 태조의 조카였다. 태조 때 상장군 등을 지냈는데, 종친의 위세를 내세워 횡포한 짓을 많이 저지르는 바람에 대간에게 탄핵받고 귀양을 가기도 하였다. 이러한 점이 그의 시호 결정에 영향을 미쳤으리라.

시호 문제는 우리에게 많은 시사점을 던져 준다. 요즈음에는 과거의 인물을 평가하면서 잘못한 부분만 집중적으로 부각시켜 역사적으로 매장시켜 버리려는 경향이 있다. 시정되어야 하리라 생각한다. 이념이나 정치적 계산을 떠나 공정하고 객관적인 평가가 이루어져만 할 것이다.

이름을

두 번 바꾼

공신

최근 이름을 바꾸는 사람들이 많다고 한다. 부모님이 지어 주었다는 이유로 자기 마음에 들지 않거나 친구들의 놀림감이 되는 이름을 평생 그대로 가지고 산다는 것은 본인들에게는 불행한 일이다. 그래선지 몇 년 전부터 재판을 거쳐 개명을 할 수 있도록 허용하였다.

개명 풍습은 옛날부터 있었다. 역대 왕의 이름이나 자기 집안의 조상과 부모, 공자와 맹자를 비롯한 중국과 우리나라의 선현들의 이름을 따서 작명하는 것을 삼가는 관습이 삼국 시대부터 있었다.

이것을 '기휘忌諱' 또는 '피휘避諱'라고 하였다. 휘諱는 주로 임금이 살아생전에 쓰던 이름을 말한다.

조선 시대에는 일반 백성들이 이름을 지으면서 임금이나 세자의 이름을 피하도록 했다. 존엄한 임금이나 세자의 이름을 함부로 부를 수 없다는 이유였다. 태조 5년 1월에는 형조 정랑 김온金穩이 재판 판결문에 세자의 이름을 썼다가 순군옥에 하옥된 일도 있었다. 자기의 이름이 만약 새로 즉위한 임금이나 세자의 이름과 같다면 당연히 고쳐야 했다. 똑같지 않더라도 비슷하기만 해도 바꿔야 했다. 그러다 보니 본의 아니게 개명하는 사람이 많아질 수밖에 없었다.

한 번도 아니고 두 번씩이나 개명을 해야만 했던 사람이 있다. 태조의 부마이면서 태종의 공신인 상당군上黨君 이애李薆이다. 그는 태종 때 영의정을 지낸 이거이의 아들로, 태조의 맏딸 경신궁주慶愼宮主에게 장가를 든 부마이고, 왕자의 난에 참여하여 정사공신定社功臣, 좌명공신佐命功臣에 올라 권세도 매우 높았다.

그는 원래 이름이 백경伯卿이었는데, 경卿 자가 정종의 휘인 경曔과 소리가 비슷하여 이름을 저佇로 고쳤다. 나중에 저가 세자인 양녕대군의 휘인 제禔와 소리가 비슷하여 애로 고쳤다고 한다.

야간 통행금지를 어겼다가

파직된

대사헌

통행금지 하면 지금도 기억이 생생한 사람들이 많을 것이다. 해방 이후부터 1982년 1월까지 우리나라 전역에서 야간 통행금지가 실시되었다. 해방 직후에는 밤 8시~새벽 5시 사이에 실시되었던 통행금지는 1961년부터는 밤 12시부터 새벽 4시까지로 변경되었다.

통행금지 조치는 이미 조선 시대에도 있었다. 조선은 건국 직후부터 치안과 화재 예방 등을 위해 서울을 비롯한 주요 도시와 국경 지방에 야간 통행금지를 실시하였다.

태종 1년 5월에 마련된 순작법巡綽法에 의하면, 초경初更 3점인 저녁 7시 50분경부터 5경 3점인 새벽 4시 15분경 이전에 돌아다니는 자들은 모두 순라군巡邏軍이 잡아서 하옥하도록 하였다. 대략 8시간 정도가 통행금지 시간이었다. 그 후 세조 초기부터는 2경인 밤 9시부터 4경인 밤 3시까지로 통행금지 시간이 축소되었다.

태종 14년 6월에는 통금이 끝나는 파루罷漏에 종을 치는 법을 제정하여 5경 3점에 대궐 문에서 별자리 28수宿에 따라 종을 28번 치도록 하였다. 중국에서는 저녁에 종을 치지 않는다는 건의에 따라 당시에는 통금이 시작되는 저녁에는 종을 치지 않았다. 그러다 세종 때부터는 통금이 시작되는 인정人定에도 종을 치도록 하였다. 나중에는 인정 시간이 이경으로 바뀌어 28번의 종을 치고, 파루에는 33번의 종을 치게 되었다.

한양에서는 인정 시간이 되면 숭례문 등의 도성 문을 닫고 도성 출입이나 시내 통행을 하지 못하게 하였는데, 이를 어긴 대사헌이 파직되는 사건이 일어나기도 하였다. 야간 통행금지를 위반하고 통행한 죄로 고위 관리가 엄한 벌을 받았던 것이다.

태종 1년 9월 대사헌 이원李原이 통행금지 시간에 집으로 돌아가는 중이었다. 마침 단속을 하던 순관巡官 윤종尹琮이 이원의 근수根隨, 즉 관원을 따라다니며 시중을 드는 종을 체포했다가 도로 놓아주었다. 이튿날 이원은 사헌부에 알려 윤종을 탄핵하도록 하고, 자신은 여러 날 동안 출근을 하지 않았다. 임금이 이원을 불러서 출근하라고 명하자 이원이 말하였다.

"전일에 신이 초경 3점 이전에 집으로 돌아가는데, 윤종이 통행금지를 어겼다 하여 신의 근수를 잡았습니다. 윤종이 만일 초경 3점 전에 단속하였다면 그에게 죄가 있으며, 신이 만일 초경 3점 후에 통행하였으면 신에게 죄가 있습니다. 이 일이 결론 나기 전에는 공무를 수행하기가 어렵습니다.”

“나는 경이 출근하면 좋겠다. 경의 말이 이치에 합당하지만, 일의 잘잘못은 내가 알지 못한다.”

그럼에도 이원이 이튿날에도 출근하지 않아 사간원에서 상소하였다.

“대사헌 이원은 직책이 사헌부의 우두머리여서 출입과 행동을 구차히 할 수 없습니다. 이달 16일에 통행금지를 어기고 돌아다니다가 순관 윤종에게 욕을 당하기까지 하였습니다. 윤종은 순관으로서 법을 어긴 사람을 보고 마땅히 가두어 놓고 보고했어야 하는데, 다만 근수만을 잡았다가 곧 놓아주었습니다. 사사로움을 따르고 법을 무시한 일입니다. 원컨대 두 신하를 파직시키십시오.”

통행금지를 어긴 이원과 제대로 단속하지 않은 윤종을 함께 처벌해야 한다는 상소였다. 임금이 윤허함에 따라 두 사람은 파직을 당하였다.

대사헌은 지금으로 치면 감사원장에 해당하는 어마어마한 벼슬이다. 벼슬 높은 관리가 통행금지를 지키지 않았다가 하루아침에 목이 날아간 것이다. 요즈음이라면 과연 이런 잘못에도 감사원장이 해임당할까? 온갖 불법적인 일을 저지른 공직자들을 제대로 처벌하지도 않고, 당사자들도 버젓이 공직을 수행하는 세태를 보면 오히려 조선 시대가 더 나았다는 생각이 든다.

벼가

떠내려가게 한 수령을

파직하다

조선 시대에는 생각도 못 할 일로 관리가 해임 등의 처벌을 받는 어이없는 일이 흔했다. 먼저 태종 17년 8월 경상도 관찰사 박습朴習이 의령 현감 성계成蹊를 파직하고 곤장 100대에 처한 일이 있다. 큰 비가 오는데 물가에 베어 놓은 벼를 거두어들이지 않아 떠내려가게 했기 때문이다.

다음 달에는 평안도 별패別牌 나인경羅仁冏과 정득량鄭得良이 근무를 마치고 갑옷을 입은 채 집으로 돌아갔다가 곤장 100대를 속贖받았다. 별패란 조선 초기 임금과 대신들의 행차에서 경호를 담당하던 군사이며, 속받다는 돈을 내고 죄를 사면받는 것을 말한다.

이듬해 정월 초하루 밤에는 임금이 환궁하여 내전에 들어가는데 사재감司宰監에서 바친 생솔 횃불이 밝게 타오르지 않는 일이 생겼다. 사재감 주부 장정필張貞弼, 직장 김인덕金忍德을 파직하고 사약司鑰 권거權巨를 의금부에 가두었다.

당시에는 말을 타고 궁궐에 들어가면 안 되었다. 태조 4년 4월 예문춘추관 태학사太學士 이염李恬이 말을 타고 궁궐에 들어갔다가 사헌부의 탄핵을 받고 파직되었다.

짐승 때문에 애매하게 처벌을 받은 자들도 있었다. 태종 10년 8월 왕이 타는 내구마內廐馬를 잘못 치료하여 다리를 절게 하였다고 하여 사복시의 책임자인 판사복시사判司僕寺事 고신부高臣傅를 순금사에 가두었다. 태종 11년 1월에는 임금이 사냥하며 쓰는 매를 사육하는 응방鷹坊의 관원 지백안池伯顏을 함경도 경원부慶源府의 군졸로 편입시켰다. 사냥에 쓰는 매를 실성하게 만들었다는 이유였다. 매를 미치게 했다는 이유인데, 참으로 어처구니없는 일이었다. 태종 18년 1월에는 동지총제同知摠制 왕인王麟이 파직되었다. 말을 나라에 바치지 않으려고 말의 귀를 잘랐기 때문이라고 한다.

궁궐 문이나 성문은 국가나 왕실의 안위에 매우 중요하여서 여닫는 일을 아주 철저하게 해야만 했다. 그 일을 맡은 관리들이 근무를 소홀히 하여 처벌을 받는 일이 종종 일어났다.

태종 11년 12월 호군護軍 오부吳溥가 도성의 동쪽 문을 닫지 않았다. 원래 곤장 90대에 해당하였으나 임금이 감형하여 곤장 60대를 속받으라 명하였다. 경복궁景福宮 제공提控 신양申揚도 경복궁의 서쪽

문을 닫지 않았다가 처벌을 받았다. 곤장 100대에 군사로 편입시키게 되어 있었지만, 곤장 70대를 속받도록 하였다.

반대로 궁문을 함부로 열어 주어 처벌받은 사람도 있었다. 태종 11년 4월 창덕궁을 지키는 창덕궁 직直 임생의任生義가 함부로 궁문을 열어 주었다. 법령에 의하면 교수형에 해당되었으나, 1등을 감해 곤장 100대를 때리고 지방으로 귀양을 보내게 하였다.

기생 때문에

화를 당한

관리들

기생은 노래와 춤 등의 기예와 성性으로 남성들에게 기쁨을 주며 삶을 유지해 가는 여성이었다. 조선 시대에는 기생 때문에 화를 입은 관리들이 많았다.

태조 때 황해도 관찰사를 지낸 송문중宋文中의 아들 송개석宋介石이 기생 양대陽臺를 사랑했는데, 대호군大護軍 송거신宋居信이 빼앗아 갔다. 송개석이 분을 이기지 못하여 개국 공신인 판승추부사判承樞府事 조영무의 집에다 투서를 던져 넣었다.

"거신이 영무를 죽이고 난을 일으키려고 한다."

조영무가 임금께 아뢰자 임금이 송거신을 불러 물었다.

"너를 원수로 여기는 자가 누구냐?"

"기생 때문에 개석이 나를 원수로 여깁니다."

임금이 순금사에 명하여 송개석을 가두고 심문하게 하였다. 과연 투서를 넣었다고 자백하였다. 그러자 송개석의 늙은 어머니가 임금에게 탄원하였다.

"큰 아들인 개신介臣은 일찍 죽고 오직 개석만 남아 있습니다. 죄를 면해 주시어 제사를 잇게 하여 주십시오."

임금이 불쌍히 여겨 송개석의 죽음을 면하여 주고 순금사에 명령하였다.

"개석의 죄는 죽어 마땅하지만, 그 어미를 위하여 용서한다. 곤장을 치되 죽게 하지는 말라."

송개석은 곤장 100대를 맞고 경상도 합포로 귀양 갔다.

하마터면 관찰사까지 지낸 인물이 기생 때문에 목숨을 잃을 뻔한 사건이었다. 모름지기 남과 원수지간이 될 정도로 척지고 살아서는 곤란하다. 나중에 반드시 후환이 있기 마련이니까.

뱃놀이를 하다가 기생이 죽는 바람에 파직당한 수령도 있었다. 태종 2년 10월 어느 날 단양 군사郡事 박안의朴安義가 청풍 군사 황보전皇甫琠, 강릉 판관 김질金晊, 제천 감무 유여柳洳 등과 함께 단양강에 배를 띄우고 술을 먹다가 배가 기울어서 기생 한 명과 아전 한 명이 물에 빠져 죽고 말았다. 충청도 관찰사 함부림이 사건을 조사하여 박안의 등에게 태형을 치고 본직으로 돌려보냈다. 사헌부는 박안의 등을 처벌해야 한다고 주장하고 나섰다. 마침 대사면이 있어서 단양 사람인 우정승 이무 등이 장계를 올려 박안의를 용서해 주기를 청하였다. 장계를 본 임금이 노하여 말하였다.

"사람이 죽었으면 어찌하여 일찍이 아뢰지 않고 지금 사면할 시기에 용서를 청하는가? 매사가 이와 같다면 내가 국사를 보지 않는 것이 옳다. 함부림이 박안의를 파직시키고 의정부에 보고하고 나서 사헌부에 알렸어야 마땅하다. 다만 태형만 가하여 본직으로 돌려보냈으니, 어찌 알지 못하여 그렇게 한 것인가? 사욕이 끼어 있었기 때문이다. 죽고 사는 것은 큰일이다."

관찰사에게 사심이 있어 사람을 죽게 한 수령들을 제대로 처벌하지 않았다고 임금이 질책하였다. 결국 박안의는 임금의 단호한 뜻에 따라 파직되고 말았다.

도덕을 중시했던 조선 왕조의 유교 질서 속에서 기생 때문에 여러 가지 문제가 발생하자 몸을 파는 기생인 창기娼妓를 없애려는 움직임이 초기부터 일었다. 창기는 주점을 중심으로 지체가 낮은 양인이나 천인 남성들을 상대하며 직업적으로 매춘 행위를 한 가장 하급의 기생이었다.

창기 폐지 움직임은 태종 때 활발히 나타났다. 태종 10년 10월 임금이 전국의 창기를 없애라고 명하면서 강력한 의지를 표명하였다가 금방 철회한 적도 있었다. 여러 신하들은 모두 임금의 뜻에 맞추어 창기를 없애자고 청하였으나, 영의정 하윤이 홀로 불가하다고 하였다. 임금이 웃고 그대로 따랐다는 것이다. 하윤이 어떤 말을 하였는지는 알려지지 않았으나, 아마도 창기의 필요성과 제거의 어려움 등을 지적하지 않았을까 생각된다. 하윤은 역시 혜안을 지닌 늙은 정승이었나 보다.

그 후에도 창기를 없애야 한다는 주장이 여러 차례 나왔지만, 성공하지 못했다. 오히려 시대가 내려올수록 창기의 수는 더욱 증가하였다. 최근 우리나라에서도 매춘을 없애려고 무진 애를 쓰고 있다. 소위 집창촌을 없애고 창녀들을 내쫓아 매춘을 뿌리 뽑으려 한다. 집창촌을 없애면 문제가 해결될 줄 알았으나, 풍선 효과가 나타나 매춘은 오히려 주택가 등으로 파고들어 더욱 교묘하게 번성하고 있지 않은가. 지금이나 예전이나 세계에서 가장 오래된 직업 중 하나라는 창녀와 매춘을 없애기가 얼마나 어려운 일인가 다시금 실감하게 된다.

선임자가

후임자를

괴롭히다

직장에 먼저 입사한 사람이 신입 사원이나 후임자를 괴롭히는 모습을 흔히 본다. 특히 군대에서 하루라도 먼저 입대한 선임병이 후임병을 구타하는 일이 발생하여 사회적인 문제가 되기도 한다. 조선 시대에도 그런 일이 많았다. 지금보다 심하면 심했지, 덜하지는 않았다.

조선 초기 성균관, 교서관校書館, 예문관 등 삼관에서는 인사 고과에 구애되지 않고 관직을 처음 받은 차례를 따랐다. 관청의 좌석에 앉을 때에도 관직의 고하를 따지지 않고 임명된 순서에 따라 상하의 차례를 삼았다. 세종 14년1432 1월 예조 판서 신상이 이러한 풍습을 고쳐야 한다고 건의하였다.

"이것은 바로 고려의 폐습입니다. 마땅히 속히 고쳐야 함에도 지금까지 오히려 개혁하지 않았습니다."

임금은 당분간 고칠 뜻이 없음을 내비치었다.

"삼관에서는 비록 직임이 있는 자라도 선진先進과 후진後進의 구분을 중하게 여겨서, 후진은 반드시 선진의 아래 차례에 위치하였다. 그런데 논의하는 이가 말하기를 '관작은 지극히 중한데 어찌 그 선진, 후진을 따질 것이냐' 하였다. 그런 까닭에 원래 관직에 있던 자에게는 자신이 원하는 경우에만 삼관에 나누어 배치하였다. 관작을 중하게 여기기 때문이었다. 지금 상정소詳定所에서 아뢰기를 '이것은 예로부터 전해 오는 풍습이어서 갑자기 고칠 수 없습니다'고 하기에 내가 당분간 그대로 따를 뿐이다."

임금도 전통으로 내려온 풍습을 하루아침에 쉽사리 고치기가 어려움을 이해하고 있었던 것이다.

선배를 공경하는 마음을 갖도록 하기 위한 의도에서 출발한 풍습은 여러 가지 폐단을 야기하였다. 태종 6년 4월 삼군三軍의 녹사 이전李甸과 김득강金得剛이 옛 풍습을 따라 새로 임명된 녹사를 흉물이라고 부르고, 베와 돈을 많이 긁어내어 술과 음식을 먹는 값으로 썼다. 신임 녹사 조관趙琯과 진맹경秦孟卿이 견디지 못하여 사헌부에 고소를 하였다. 교지를 따르지 않은 죄로 사헌부에서 이전과 김득강을 탄핵하여 먼 지방으로 귀양을 보냈다.

이전에도 녹사 오치吳致가 다른 녹사들과 함께 조관과 진맹경의

머리채를 잡아끌
고 발로 구타하여
내쫓은 적도 있었
다. 사헌부는 난폭
한 짓을 자행하여
죄가 심히 크므로
엄하게 처벌해야
한다고 건의하였
다. 오치는 곤장
60대를 맞고 파직
되었다.

처벌에도 불구
하고 선임자가 후
임자를 괴롭히는
풍습은 근절되지
않고 계속되었고,
과거 시험 합격자
들 사이에도 존재
했다. 과거 급제자
들은 급제 후에 일

종의 축하 퍼레이드라고 할 유가遊街를 행하였다. 급제의 기쁨을 주
위 친척, 친구 등과 함께 나누는 의미의 유가는 대개 합격 발표 후
3일 내지 5일간 행하여졌다. 급제자들은 말을 타고 어사화를 머리

144

에 꽂은 채 사내아이들을 앞세워 길을 간다. 악대가 풍악을 울리고 광대가 춤을 추며 따랐다.

새로이 과거에 급제한 자는 유가하는 날에 먼저 급제한 선진자를 만나면 반드시 예를 행하며 선진의 지시를 따르는 것이 일종의 관례였다. 신구의 구분을 엄격히 하려는 취지에서 나온 관례로, 나중에 급제한 후배가 비록 관직이 높더라도 엄격하게 지켜야만 했다.

성종 8년1477 3월 새로 문과에 급제한 대사간大司諫 이세좌李世佐 등이 유가를 하다 이미 2년 전에 문과에 급제한 주부 최융 등 몇 사람을 길에서 만났다. 후배인 이세좌를 수행하던 사간원의 나장羅將들이 대사간의 행차 앞을 피하지 않았다고 하여 선배인 최융의 하인들을 붙잡아 머리를 휘어잡고 욕을 보였다.

이 사실이 알려지자 사헌부에서 이세좌의 처벌을 요구하고 나섰다. 신구 급제자 사이에 예를 행하는 일이 오래되어서 세상의 교화를 유지하는 데에 도움이 되는데, 통행하는 길거리에서 선진자를 능욕하여 고풍을 무너뜨렸으니, 국문하여 벌을 주어야 한다는 요구였다. 사헌부의 요구는 임금의 윤허를 받아 이세좌는 태형 40대의 벌을 받았다.

상관에게

욕을 하면

처벌받는다

조선 시대에는 하위 관리가 상관에게 욕을 하면 처벌을 받아야만 했다. 태종 15년 11월 하급 관리가 상관을 모욕하면 처벌하는 법을 만들어 시행에 들어갔기 때문이다. 법에 따라 3품 이하 9품 이상의 관리가 2품 이상의 관리를 욕하고 꾸짖으면 곤장 80대를 때리고, 7품 이하의 관리와 양민이 6품 이상의 관리를 욕하고 꾸짖으면 태형 50대를 내렸다.

태종 17년 5월 내시가 부마의 아들에게 욕했다가 곤욕을 당한 일이 있었다. 내시 이원봉李元奉이 길창군吉昌君 권규權跬의 아들에게 욕을 했다가 곤장 80대에 도형 3년의 벌을 받았다. 권규는 태종의 셋째 딸인 경안궁주慶安宮主의 남편이었다. 따라서 그의 아들은 태종의 외손자인 셈이다. 내시가 감히 임금의 외손자에게 욕을 하였다가 큰 벌을 받았던 것이다.

판서가

졸병과 함께

보초를 서다

　　　　　　　　건국 직후에는 육조六曹의
판서에 해당하는 전서들이 일반 병졸들과 함께 임금을 호위하거나
궁궐을 수비하는 시위侍衛 임무를 맡기도 했다. 지금으로 말하면 국
방부 장관이 육군 일등병과 함께 대통령을 경호하거나 청와대 경
계를 위한 보초를 서는 것과 마찬가지라고 하겠다.

　태종 1년 6월 문하부의 상소를 보자.

　"우리 조정의 육조 전서는 곧 주나라의 육경六卿과 같은 관직입
니다. 지금 육경의 중요한 직위로서 방패를 잡고 칼을 차고 군졸과

148

더불어 어깨를 나란히 하여 시위하고 있습니다. 이것은 관청을 설치한 뜻에 어긋날 뿐 아니라, 임금이 사대부를 대우하는 예가 아닙니다. 원컨대 이제부터는 전서가 군졸의 임무를 겸하지 말게 하여 벼슬자리를 중하게 하십시오."

상소가 윤허를 받아 이후로는 전서들이 시위를 하지 않게 되었다.

오늘날 장관을 비롯한 고위 공무원들을 현장으로 내려보내 일정 기간이라도 하급 공무원들과 함께 일하게 한다면 어떨까? 하급자들의 고충이나 민심을 제대로 파악하는 데 큰 도움이 되지 않을까 생각한다.

코끼리에게 밟혀

죽은

판서

동물원에 가면 코끼리를 흔하게 보지만, 예전에는 코끼리가 매우 귀했다. 원래 아프리카나 인도 등에서 기르던 코끼리가 우리나라에 처음 들어온 것은 조선 태종 때였다. 길들인 코끼리, 즉 순상馴象 한 마리를 일본에서 보내주어 기록상에만 보이던 코끼리의 실물을 처음으로 대하였다. 태종 11년 2월 일본 국왕이 코끼리 한 마리를 보내자 사복시에서 기르게 하였다. 코끼리는 날마다 콩 4~5말을 먹어 치웠다고 한다.

코끼리가 들어온 이듬해 12월에 공조 전서를 지낸 이우李瑀가 기이한 짐승이라 하여 코끼리를 보고는 꼴이 추하다며 비웃고 침을 뱉었다. 코끼리가 화가 나서 그를 밟아 죽였다고 한다. 성격이 온순한 코끼리가 자기를 모욕한다고 여기고 응징을 하였다니, 화가 나도 엄청나게 났던 것 같다. 그 후에도 코끼리를 기르던 종이 채여서 죽는 일도 있었다.

코끼리가 사람을 해치고 곡식을 먹어 치우자 신하들은 모두 코끼리를 싫어하여 완전히 애물단지 취급을 했다. 급기야 2년 후인 태종 13년 11월에 병조兵曹 판서 유정현柳廷顯이 코끼리를 전라도의 섬으로 옮겨야 한다고 진언하여 윤허를 받기에 이르렀다.

"일본에서 바친 길들인 코끼리는 성상이 좋아하는 물건도 아니요, 또한 나라에 이익도 없습니다. 두 사람을 해쳤는데, 만약 법으로 논한다면 사형이 마땅합니다. 일 년에 먹이는 꼴은 콩이 거의 수백 석에 이릅니다. 주공周公이 코뿔소와 코끼리를 몰아낸 고사를 본받아 전라도의 해도로 옮겨 두도록 하십시오."

임금이 좋아하지도 않고, 먹이를 너무 많이 소비하며, 더구나 사람까지 죽인 코끼리를 섬으로 추방해야 한다는 말이었다.

불쌍한 코끼리는 귀양을 가듯이 섬으로 쫓겨나 전라도 순천부順天府의 장도에 방목되었다. 수초水草를 잘 먹지 않아 날로 수척해지고, 사람을 보면 눈물을 흘렸다고 한다. 전라도 관찰사가 코끼리 상태를 보고하자 임금은 이듬해 5월에 코끼리를 육지로 내보내게 하였다. 섬에서 잘 적응하지 못한 코끼리는 거의 반 년 만에 육지로 나오게 되었던 것이다.

육지로 나온 코끼리는 전라도의 네 고을에서 돌아가면서 기르다가, 세종 2년1420 12월부터는 다시 충청도와 경상도에서도 번갈아 기르도록 하였다. 그러다 육지로 나온 지 네 달 만에 충청도 관찰사의 건의에 따라 다시 섬으로 쫓겨나는 신세가 되었다. 세종 3년1421 3월에 충청도 관찰사가 올린 장계는 이러했다.

"공주에서 코끼리를 기르는 종이 코끼리에 채여서 죽었습니다. 나라에 유익함이 없고, 먹이는 꼴과 콩이 다른 짐승보다 열 갑절이나 되어 하루에 쌀 2말, 콩 1말씩이 듭니다. 1년에 소비되는 쌀이 48석이고, 콩이 24석입니다. 화를 내면 사람을 해쳐 이익이 없을 뿐 아니라 도리어 해가 됩니다. 바다 섬 가운데 있는 목장에 내놓으십시오."

사람을 죽이고 곡식을 과소비하며 이익도 없어 도로 섬으로 돌려보내야 한다는 내용이었다.

"물과 풀이 좋은 곳을 가려서 코끼리를 내놓고 병들어 죽지 말게 하라."

임금이 윤허여 코끼리는 육지로 돌아온 지 7년 만에 다시 섬으로 추방되어야 했다.

조선에 딱 한 마리 있었던 코끼리는 불우한 일생을 살아야 했다. 자기들이 보낸 코끼리가 푸대접을 받고 있다는 소식을 들었는지, 일본에서는 더 이상 코끼리를 보내지 않았다. 일본에서 조선으로 보내진 것만도 서러운데, 그것도 부족하여 조선에서 괄시를 당하고 육지와 섬으로 쫓겨 다니며 살아야 했던 코끼리에게는 참으로 기구한 운명이었다.

카르타고의 영웅 한니발 장군은 코끼리를 이끌고 알프스 산맥을 넘어 로마로 진격했고, 중국에서는 코끼리가 궁궐 문을 시위하

도록 했다고 한다. 조선의 위정자들은 희귀한 코끼리에게 먹이도
제대로 주지 않고 방치하다시피 했다. 참으로 아쉬운 일이 아닐 수
없다. 잘 길러서 요긴하게 활용하거나, 백성들에게도 구경시켜 주
려는 생각을 왜 안 했는지 모르겠다.

이제현의 증손자가

미친개에게

물려 죽다

이제현李齊賢은 고려 후기의 대표적 정치가, 학자, 시인이다. 호는 익재益齋와 역옹櫟翁이다. 과거 합격으로 관직을 시작하여 여러 요직을 거쳐 공민왕 때 수상인 문하시중門下侍中을 4차례나 역임한 인물이다.

학자로서의 이제현은 뛰어난 유학자로 성리학의 수용과 발전에 매우 중요한 구실을 하였다. 고려의 한문학을 한 단계 끌어올렸다는 평가를 받고 있으며, 역사학에도 많은 업적을 남겼다. 그의 많은 저술 가운데 《익재난고益齋亂藁》와 《역옹패설櫟翁稗說》이 남아 있다.

그는 다양한 업적으로 후세에 커다란 존경을 받았다.

그런 이제현의 증손자가 미친개에게 물려 죽었다. 정말 아이러니한 일이다. 위대한 분의 후손이 왜 하필 허무한 죽음을 맞았을까. 어이없게 죽은 이제현의 증손자는 이담李擔이다.

이담은 태조 2년 문과에 3등이라는 우수한 성적으로 급제한 전도양양한 젊은이였다. 글씨를 잘 써서 이조의 전신인 상서사尙書司의 벼슬을 맡았고, 사헌부 장령掌令 등 요직을 두루 역임하며 임금의 총애를 받았다. 태종 2년에는 직예문관直藝文館으로서 명나라에 사은사謝恩使로 가서 황제로부터 안장을 얹은 말을 하사받기도 했다. 조선에서는 그가 중국에서도 널리 알려진 이제현의 후손이라고 하여 사신으로 보냈고, 그래선지 명나라에서도 우대하였던 것 같다.

그야말로 장래가 촉망되는 젊은 관료인 이담은 임금의 측근인 우부대언右副代言으로 있던 태종 5년 4월 35세의 젊은 나이에 그만 집에서 기르던 미친개에게 물려 죽고 말았다. 미친개에게 물린 상처 때문인지, 혹은 치사율이 매우 높은 광견병에 걸려 죽었는지는 확실하지 않다.

그가 사망했다는 소식을 들은 임금은 부의로 종이 1백 권, 미두 30석, 관곽을 내려 주고 사람을 보내 치제致祭하여 깊은 애도의 뜻을 표하였다. 우부대언은 정3품 벼슬로 원래 임금이 부의를 내리는 대상은 아니었다. 이제현의 증손자이고 임금의 총애를 받는 신하였기에 특별히 부의를 한 것으로 보인다.

말값을 떼어먹은 수령

조선 초기에는 파발마를 조달하거나 중국에 보낼 말을 충당하기 위하여 관리들의 품계에 따라 말을 징발했다. 관리들로부터 거두어들이던 말을 품마品馬라고 했는데, 고의든 형편이 어려워서든 말을 바치지 않는 자가 매우 많았다. 태종 10년 2월 의정부의 건의에 따라 말을 징발하는 규정을 만들었다. 규정에 의하면 말을 바치지 않은 경우, 나라에서 토지를 받은 사람은 해당 토지를 회수하고, 토지가 없는 사람은 수군에 편입하도록 하였다.

나라에서는 말을 무조건 무상으로 징발하는 것이 아니라 약간의 말값을 주었다. 그런 말값을 떼어먹었다가 귀양을 간 사람이 있었다. 태종 10년 4월 박인간朴仁幹이 강릉 대도호부사大都護府使로 있을 적에 전 판사 최운보崔云寶의 큰 말을 강제로 빌려 품마로 바쳤다. 나중에 박인간이 말값으로 명주실 7필과 무명 3필을 받았는데, 명주실 2필을 떼어먹고 주지 않았다. 최운보가 관찰사에게 호소하자 박인간이 작은 말을 최운보에게 주었다. 나중에 평창 군수 서종준徐宗俊이 그 사실을 적발하였다. 사헌부에서 박인간이 탐욕스럽고 청렴하지 못하여 사풍士風을 오염시켰다고 탄핵하여 지방으로 귀양을 가게 되었다.

품마는 제주도에서도 거두었는데, 말을 싣고 오던 배가 침몰하는 일이 자주 발생하였다. 태종 9년 10월에도 말의 징발과 수송을 위해 파견한 제주 경차관 조원趙源이 품마를 싣고 오다 배 한 척이 난파하여 50필의 말이 죽은 적이 있었다. 배가 침몰하여 말만이 아니라 수군 등의 사람들도 많이 희생되었을 텐데, 전라도 관찰사 허주許周는 죽은 말의 수효만 보고하고 희생된 사람은 알리지 않았다. 1년 뒤에도 역시 조원이 징발한 말을 실은 배 한 척이 해상에서 침몰하였다. 허주는 전과 같이 보고하였다. 보고를 받은 임금은 매우 놀라서 다음과 같이 말하였다.

"말을 실은 배가 또 침몰하였느냐? 전에 침몰한 배도 죽은 사람 수는 아뢰지 않았다. 말은 중하게 여기고 인명은 경하게 여긴 것이다. 만일 조원이 말의 수를 참작하여 알맞게 배에 싣고 날을 가려 순풍을 타서 일시에 함께 출발하였다면 이런 변이 없었을 것이다.

기미를 보아 잘 도모하지 못하여 사람과 말을 많이 손실한 것이다."

말의 수송을 담당한 관리에게는 사람보다 말이 더 소중했겠지만, 만백성의 어버이인 임금은 말보다 사람을 더 귀중하게 여겼던 것이리라.

이웃사촌끼리

격렬하게 싸운

관리

아파트 층간 소음 문제로 이웃끼리 다투거나 심지어 살인까지 일어나고 있다. 조선 시대에도 이웃끼리 싸우는 일이 있었다.

태종 때 내섬시內贍寺 소윤少尹 조수趙須의 집이 전 수군첨절제사水軍僉節制使 김소金紹의 집과 이웃하고 있었다. 밤에 조수의 집에 돌이 날아드는 일이 자주 있어서 그릇이 깨지기까지 하였다. 조수는 김소의 종인 김연金連의 소행이라 의심하고, 김연을 붙잡아서 묶어 놓고 매질하였다. 매를 맞던 김연은 거짓으로 죽은 체하고 있다가 조수가 다리미로 배꼽을 지지고 약을 콧구멍에 넣자 일어나서 달아났다.

밤중에 김소의 아내 설씨薛氏가 노비를 거느리고 조수의 집에 가서 사립문을 부수고 들어가 크게 꾸짖었다. 조수가 잠을 자다가 놀라 일어나서 알몸뚱이로 달아나 피하였다. 태종 9년 4월 형조에서 양쪽을 고발하고 처벌하기를 청하였다. 조수는 파직하고 설씨는 논하지 말도록 명하였다.

이웃과의 갈등이 파직이라는 불행한 사태로까지 번졌다. 모름지기 이웃을 잘 만나야 한다. 일단 이웃사촌이 되었으면 조금씩 양보하고 참으면서 내내 잘 지내고 볼 일이다.

참나무로

석회를 만들려고 한

어이없는 대신

석회石灰는 수중 동물의 뼈나 조개껍데기 등이 쌓여 생긴 석회석을 태워 이산화탄소를 제거하면 얻어지는 물질이다. 뼈나 껍질이 석회석이 되려면 엄청나게 오랜 세월이 걸려야만 한다. 조선 초기에 석회를 참나무로 만들 수 있다고 생각한 사람이 있었다.

태종 12년 5월 안성군安城君 이숙번이 배의 수명을 늘리는 방법에 대해 건의하면서 피력했던 생각이다. 이숙번은 1, 2차 왕자의 난에서 큰 공을 세운 공신으로, 태종의 강력한 신임을 얻어 병조 판서와

의정부 찬성贊成 등의 요직을 지낸 당대의 실력자였다.

"우리나라가 변방을 방어하는 데는 전함戰艦에 힘입는데, 반드시 큰 재목을 써야 합니다. 재목이 자라려면 수십 년을 기다려야 해서 참으로 쉽지 않습니다. 배는 항상 바다에 떠 있으므로 벌레가 먹어 몇 해가 못 되어 썩어 버립니다. 신이 듣건대 중국에서는 석회로 배 밑을 발라 벌레가 먹지 않는다고 합니다. 우리나라의 충청도, 경상도, 전라도 3도에 참나무가 많아 석회를 만들 수 있습니다."

이숙번은 참나무로 석회를 만들어 배 밑에 바르면 벌레가 먹지 않아 배의 수명을 연장시킬 수 있다고 건의하였다. 단기간에 참나무로 석회를 만들기는 어려운 일이다. 아니, 불가능한 일이다. 나무로 석탄을 만든다고 한다면 몰라도. 과학이 발달하지 않은 시대라고 하여도 정말 어이없는 말이다.

당시에도 석회에 대한 과학적 지식은 널리 알려져 있었다. 고려 말에 도입되어 조선 초기 사대부들에게 큰 영향을 끼친 주자朱子의 《주문공가례朱文公家禮》에 의하면 '회는 나무뿌리를 막고 물과 개미를 방지한다. 석회는 모래를 얻으면 단단해지고 흙을 얻으면 들러붙어서, 여러 해가 되면 굳어져 진식磚石이 되어 개미와 도적이 모두 가까이 오지 못한다' 하였다. 이숙번은 이에 의하여 석회를 배에 바르면 벌레가 먹지 않으리라고 생각했을 것이다.

이숙번의 건의에 임금이 답하였다.

"그러나 석회의 용도가 넓다. 궁궐을 꾸미는 것은 다만 미관을 위함이라 쓰지 않아도 되지만, 분묘를 만드는 데는 꼭 필요하다. 개성, 장단, 강화 등지에 석회가 있다고 한다. 장인을 보내어 사실인

162

지 알아보도록 하라."

지금도 그렇지만 당시에도 석회는 궁궐 건축이나 분묘 조성에 필수적으로 사용되었다. 태종은 이숙번의 건의에 회의적인 반응을 보이면서, 석회는 배에 바르기보다 분묘를 조성하는 데 사용되어야 한다고 생각했다.

이숙번과는 다르게 배에 연기를 쏘여 썩는 것을 막아 보자는 생각을 한 사람도 있었다. 태종 17년 4월 전 도총제 김을우金乙雨가 병선兵船을 보수하는 방안을 임금에게 건의한 글에 이런 대목이 나온다.

"근래에 왜적이 우리 변방을 침범하지 못하는 이유는 비록 전하의 지극한 덕 때문이라 하지만, 또한 병선에 힘입은 것입니다. 병선을 관리하는 자들이 제대로 마음을 쓰지 않아 병선이 썩어서 못 쓰게 되었고, 해마다 자주 배를 만들어 소나무가 거의 없어져 남지 않았습니다. 장래의 우환이 심히 염려됩니다. 이제부터는 만호, 천호千戶 등으로 하여금 제때에 연훈煙熏하여 오래도록 망가지지 않게 한다면 배를 만드는 폐단을 덜며, 소나무도 거의 없어지지 않을 것입니다. 만일 연훈에 마음먹지 않는 자는 법으로 엄격히 징벌하도록 하십시오."

"김을우는 비록 나이가 많다 하나 뜻이 장하고 기운이 웅혼하며 말도 채택할 만하다."

임금이 칭찬하며 그 방안을 채택할 뜻을 비쳤다. 연훈이란 배의 물에 잠기는 부분이 썩지 않게 하기 위하여 생나무를 태워서 연기를 쐬는 것을 말한다. 김을우는 병선을 보수하고 소나무를 보존하는 방안으로 연훈을 제안했던 것이다.

이숙번은 참나무로 만든 석회를 이용하여 병선을 보수하자고 제
안하였다. 두 사람이 병선을 수리, 보존하자는 데는 뜻이 같았지만,
방법은 서로 달랐다. 이숙번은 참나무를 베어야 한다고 했고, 김을
우는 소나무를 보존하자고 주장하였다. 두 사람 중 과연 누구의 생
각이 보다 과학적이고 자연 친화적일까?

왕의 명령을

잊어버린

관리

지금 같으면 있을 수 없는 어처구니없는 실수나 어이없는 짓을 한 관리들이 많았다. 그중에는 왕의 명령을 잊어버린 사람도 있었다. 왕의 명령은 지엄하여 해당 관청이나 관원에게 정확히 전달되어야만 했다. 왕명을 전달하는 관리가 잊어버리고 제대로 전달하지 못한다면 매우 중대한 실책이 아닐 수 없다. 나사가 빠져도 한참 빠진 턱이다.

태종 10년 4월 의정부 사인舍人 신개가 왕의 명령을 받았는데, 다른 기관에 전달하지 않고 깜빡 잊어버리고 말았다. 이로 인해 왕명이 제대로 전해지지 못하여 일이 시행되지 못하였다. 사헌부에서 신개를 파직하고 벌을 주어야 한다고 청하였다.

"신개가 왕명을 받고도 잊어버려 왕명이 시행되지 못하였습니다. 그런데도 신개는 자기 죄를 면하기 위하여 말을 꾸며 억지로 변명하였습니다. 마음이 간사할 뿐만 아니라, 왕명을 공경히 받드는 뜻이 전혀 없습니다."

의정부 사인은 의정부의 사무를 통할하는 임무를 지닌 관리였다. 임금은 신개를 파직하라는 명령을 내렸다.

태종 8년에도 어이없는 짓을 한 관리가 있었다. 임금의 의복 등을 관리하던 상의원尙衣院 별감 고용림高用霖이 임금이 세자로 있을 당시 입었던 홍포紅袍를 사사로이 임금의 처남인 민무구에게 빌려주었던 것이다. 대간에서 고용림을 탄핵하고 나섰다.

"불경한 죄 가운데 이보다 더 큰 죄가 있겠습니까? 신하가 된 자는 임금의 수레를 끄는 말도 공경해야 하거늘, 하물며 임금이 입으시던 물건을 사사로이 빌려 줄 수 있습니까?"

그러면서 그의 직첩을 회수하고 국문해야 한다고 주장하였다. 임금은 그의 죄가 사면하기 전에 있었다 하여 거론하지 말라고 명하였다.

사람을 쌀로 눌러놓아 거의 죽게 만든 정말 어처구니없는 관리도 있었다. 태종 2년 7월 중앙의 모든 경비에 관한 일을 맡아보던 관아인 풍저창豊儲倉의 하인 한 명이 어떤 죄를 저질렀다. 풍저창 사使 김명윤金明允과 감찰監察 전엄田渰이 쌀 3석으로 그를 눌러놓아 거의 죽게 하였다. 쌀 1석이 대략 144kg에 해당한다. 약 430kg 무게의 쌀

을 사람 몸에 올려놓았으니 오죽했겠는가. 자기 몸무게보다 몇 배
나 무거운 물건이 배 위에 올려져 숨이 막히고 뼈가 으스러질 뻔하
였다. 판승추부사 조영무가 임금에게 아뢰었다.

"참혹하기 그지없는 일이다."

임금은 두 사람을 순위부巡衛府에 하옥하도록 했다.

칼을 들고

대궐에 들어간

내시

내시가 감히 대궐에 칼을 들고 들어가다니. 조선 초기에 실제로 이런 황당한 일이 있었다. 태종 16년 9월 내시 이세李世가 숙직하는 날 밤에 환도環刀를 보자기에 싸서 돈화문敎化門을 무사통과하여 창덕궁에 들어갔다가 적발되었다. 그가 왜 칼을 지니고 대궐에 들어갔는지는 나와 있지 않다. 비록 내시라도 국왕과 왕족들이 거처하는 대궐에 칼을 들고 들어가는 행위는 대역 모반에 버금가는 엄청난 범죄였다.

사건을 보고받은 임금은 즉시 의금부가 관련자들을 국문하도록

168

명하였다. 왕명에 따라 국문을 한 의금부는 관련자에 대한 형량을 아뢰었다. 이세는 교수형, 이세와 함께 숙직하면서 보고하지 않은 내시 이수李壽와 기인其人 말을건未乙巾 역시 교수형, 돈화문을 지키는 임무를 띠고 당직을 서던 파직把直 주맹인周孟仁은 곤장 100대와 귀양 3천 리, 궁궐의 열쇠를 관리하는 액정서掖庭署 사약 김사진金思震은 곤장 80대에 처해야 한다는 내용이었다.

보고를 받은 임금이 모두 감형하라고 명하여 이세는 곤장 100대를 때리고, 주맹인과 이수와 말을건은 곤장 60대를 때리고, 사약 김사진은 파직하였다. 칼을 가지고 들어갔다가 당사자만이 아니라 같이 숙직을 하던 자들과 파수를 서거나 궁궐의 열쇠를 맡아보던 자들까지 함께 벌을 받았다. 도대체 이세는 왜 칼을 들고 궁궐에 들어갔을까.

임금의 은혜를 입어 죽음을 면하고 살아남은 이세는 세자가 거처하는 동궁東宮에서 내시 일을 계속하다가 9년 뒤에 다시 대형 사고를 치고 말았다. 세종 7년1425 5월 동궁 사약으로 있던 이세는 동료 내시인 임경任敬과 함께 동궁에서 탄알을 쏘다가 후궁인 장의궁주莊懿宮主의 처소를 범하였다. 탄알이 날아가 후궁의 처소에 박힌 것이다. 자칫하면 왕의 부인이 내시가 쏜 탄알에 맞아 죽거나 다칠 수도 있는 위급한 상황이었다.

이세와 임경은 형조의 탄핵을 받았는데, 본래 교수형에 처해질 중대 범죄에 해당하였다. 이번에도 임금이 특별히 감형을 해주어서 곤장 100대를 맞고 3천 리 밖으로 귀양을 가게 되었다. 두 번이나 사형당할 죄를 지었으나 용케 죽음을 면한 이세는 참으로 목숨이 끈질긴 사람이었다. 어찌 보면 굉장히 운이 좋은 사람인데, 과연 얼마나 오래 살았을지 궁금해진다.

이세와 달리 화살을 대궐 안으로 쏘았다가 죽을 뻔한 사람들도 있었다. 태종 17년 5월 전 호군 권호權護가 활쏘기를 연습하다가 화살이 대궐의 담장 안으로 들어가 버렸다. 법령에 의하면 교수형에 해당되는 중벌을 받아야 했다. 임금은 권호가 태조 때의 원종공신인 권충權衷의 아들이라는 이유로 용서해 주었다.

이전에도 비슷한 일이 있었다. 태종 11년 5월 갑사 조신曹信이 새를 잡으려고 쏜 화살이 대궐 안으로 들어가 버렸다. 죄는 교수형에 해당되었으나, 1등을 감형받아 죽음을 면하였다.

서울 사람을

장원으로

뽑아라

모든 시험이 그렇듯 조선 시대의 과거 시험도 성적순으로 합격자를 정한다는 것이 원칙이었다. 다만 태종 때는 원칙을 버리고 응시자의 거주 지역으로 장원 급제자를 결정하려는 움직임이 있었다. 지역 안배와는 거리가 먼 움직임이었다.

태종 2년 4월에 실시한 식년 문과 시험의 2차 시험인 복시覆試를 실시한 후 임금이 신하들에게 물었다.

"과거에 응시한 자들 가운데 서울에 사는 사람을 장원으로 삼는

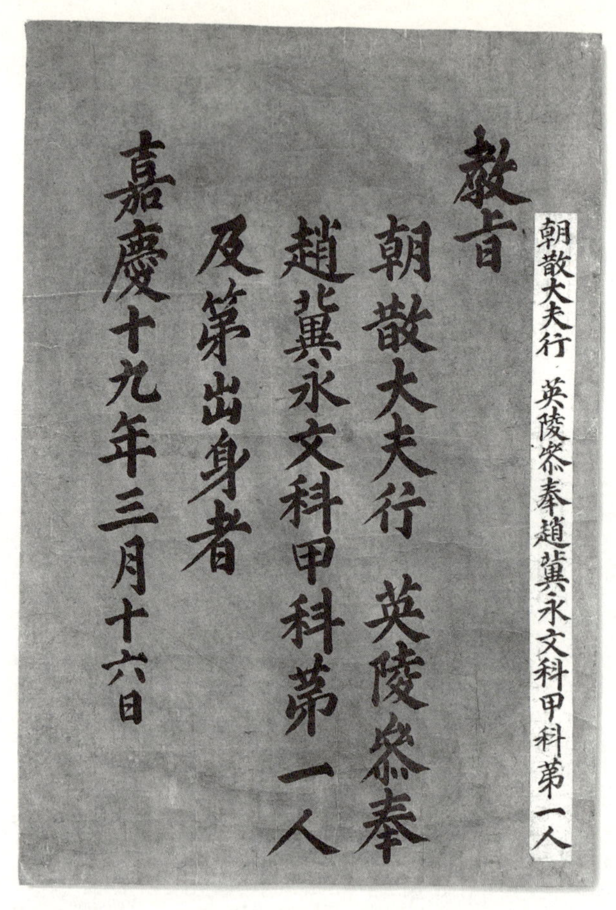

◀ 조기영趙冀永 문과文科 장원壯元 홍패紅牌, 국립중앙박물관

것이 좋겠다."

승지承旨 이응李膺이 대답하였다.

"글로써 인재를 뽑는데 서울과 지방을 어찌 분별하겠습니까?"

172

임금은 한 발 후퇴하여 동점이라면 서울 사람을 장원으로 뽑는 것이 좋겠다고 말했다.

"글의 좋고 나쁨이 같다면 서울에 사는 사람을 장원으로 뽑거나, 또는 글씨를 잘 쓴 사람을 으뜸으로 하는 것이 좋겠다."

이응은 다시 반대하였다.

"복시 성적의 높고 낮음을 가지고 논하는 것이 옳겠습니다."

신하의 반대로 서울 사람을 장원으로 삼으려는 태종의 뜻이 관철되지는 못했지만, 서울 사람을 우대하고자 한 그의 의지는 확인할 수 있다. 태종의 이러한 의지는 공무원이나 대기업 사원 채용 시 출신 지역을 고려하고자 하는 현재의 지역 안배 정책과는 정면으로 배치된 조치였다.

과거 시험은 공정성이 생명이었다. 공정성에 의문을 품게 하는 웃지 못할 사례가 하나 더 있다. 태종 14년 3월 영춘추관사領春秋館事 하윤, 지춘추관사知春秋館事 정탁鄭擢, 예조 판서 설미수偰眉壽 등에게 명하여 문과 복시의 답안지인 시권試券을 읽고 채점하도록 하였다. 하윤 등이 시권 3통을 뽑아 승지 탁신卓愼을 통해 임금에게 바치면서 장원을 정해 주도록 청하였다.

"세 시권의 잘되고 못된 등급은 어떠한가?"

탁신이 대답하였다.

"두 시권은 서로 비슷하고 하나의 시권은 조금 아래입니다."

"내가 집는 것이 장원이다."

임금이 두 시권을 바치도록 하여 능숙한 솜씨로 하나를 잡았다. 바로 정인지鄭麟趾의 시권이어서 그가 장원이 되었다.

정인지는 나중에 영의정까지 올랐다. 장원이 출세에 얼마나 영
향을 미쳤는지는 모르지만, 만일 조금이라도 영향을 미쳤다면 일
정 부분 임금님의 손가락 덕분이 아니었을까.

왕실과의

혼인을 거절했다가

역적으로 몰리다

　　　　　　　왕조 시대에 왕실과의 혼인은 가문의 영광이어서 은근히 바라기도 했겠지만, 오히려 당당히 거절하였다가 패가망신한 사람이 있었다.

　태종 17년 9월에 임금이 후궁 신녕옹주信寧翁主 신씨辛氏 소생의 맏딸 정신옹주貞信翁主를 시집보내기 위해 점치는 맹인 지화池和에게 태종 7년 이전에 출생한 남자들의 사주팔자를 구해 운수를 판단하여 아뢰라고 명하였다. 지화가 전 춘천 군수 이속李續의 집에 가서 아들의 사주팔자를 물었다.

"무슨 까닭으로 묻는가?"

"이것은 왕명을 받은 것이다."

"왕실의 혼례가 이미 끝났는데, 또 공주가 있는가? 만일 권權 궁주의 딸이 결혼한다면 내게 자식이 있지만, 만일 궁녀의 딸이라면 내 자식은 죽었다. 나는 이런 혼인을 맺고 싶지 않다."

이속은 사주팔자를 써서 주지 않았다. 권 궁주는 정의궁주貞懿宮主가 되었다가 나중에 의빈懿嬪으로 봉해진 태종의 후궁이었다. 자기 아들을 권 궁주, 즉 후궁의 딸과는 혼인시킬 수 있지만, 평범한 궁녀의 딸과는 혼인시킬 수 없다는 말이었다. 아마 이속은 정신옹주의 혼례가 이미 끝나서 평범한 궁녀의 딸을 자기 아들과 혼인시키려 한다고 잘못 알았던 것 같다.

지화가 이속이 한 말을 아뢰자 임금이 크게 노하였다.

"이속의 가문이 본래 바르지 못하다. 나도 혼인을 맺고 싶지 않다. 그러나 이속의 말이 매우 불공하다."

이속의 매부 하형河逈의 딸 옥생玉生은 강원도 금화 현감 유복중柳復中의 아내인데, 5촌 당숙인 강원도 회양 부사 김사문金士文과 남몰래 정을 통하였다. 임금이 이속의 가문이 바르지 못하다는 말을 한 까닭이다. 이속은 위인이 거만하고 포학하여 남들의 미움을 받았다고 한다.

"이속에게 아들이 있어 내가 궁인宮人의 소생을 출가시키고자 사람을 시켜 사주팔자를 물었다. 이속이 '내 아들은 이미 죽었다. 만일 권 궁주의 소생이라면 내 자식이 살아날 수 있다' 말하고 사주팔자를 바치지 않았다. 이것이 무슨 심보인가? 한쪽은 비록 천하지만 한쪽은 임금이다. 이속이 왕실과 관계하지 않으려는 마음은 무엇인가? 남의 신하가 되어서 이러한 자가 있으리라고는 생각지 못하였다.”

임금은 이속의 행위가 매우 괘씸하다고 하면서 서운한 심정을 피력하였다. 그날 당장 이속을 잡아와서 전옥서典獄署의 옥에 가두었다가, 혼사를 속인 죄로 곤장 100대를 때리고 서민으로 강등하였다. 신하들은 임금의 처벌이 너무 가볍다면서 일제히 강력한 처벌을 요청하고 나섰다. 먼저 사헌부에서는 이속을 불충不忠의 죄로 처벌해야 한다고 주장하다가 다시 반역으로 처벌해야 한다고 목소리를 높였다.

“신하의 죄는 반역보다 더 큰 것이 없습니다. 반역죄는 천지가 용납하지 않고 종사가 용서하지 않아 전하께서 사사로이 할 수 있는 것이 아닙니다. 신하가 속으로 다른 뜻을 품어도 마땅히 정상을 캐어서 엄하게 법으로 다스려야 합니다. 이속은 반역의 마음이 이미 나타났으니 마땅히 법에 의하여 죄를 밝혀 바르게 하여야 합니다. 그런데도 전하께서 감형하여 다만 곤장 100대를 때리고 폐하여 서인을 만들었습니다. 신들이 통분할 뿐만 아니라 천지신인天地神人이 함께 분해합니다. 전하는 대의로써 결단하여 법대로 처치하여 공손하지 못함을 징계하십시오.”

사헌부에 이어 사간원에서도 같은 청을 하였고, 도승지 조말생趙末生 등도 아뢰었다.

“이속의 죄가 대역에 관계됩니다. 대역의 죄인은 삼족三族을 멸하여야 합니다. 온 나라의 신하들이 누가 베고자 하지 않겠습니까? 감형은 너무 지나칩니다. 비록 법령에 의하여 벌하지는 않더라도 재산을 몰수하고 지방에 안치하십시오.”

임금은 이속을 먼 지방에 귀양 보내도록 명하였다.

이속이 귀양을 간 것은 이번이 처음이 아니었다. 태종 11년에 태종의 형인 이방간李芳幹이 왕자의 난에서 패하고 역적으로 몰려 강원도 홍천으로 귀양을 갔다. 그곳에서 충주 목사를 지낸 박도간朴道幹의 딸을 취하여 몰래 혼인을 하였다. 당시 춘천 군수로 있던 이속이 이를 조정에 보고하지 않은 죄로 충청도 괴산으로 귀양을 갔던 것이다.

이속이 귀양을 간 뒤에도 사헌부와 사간원에서는 반역죄로 처벌해야 한다고 재차 주장하였다.

“반역죄는 법에 의하여 마땅히 목을 베고 가볍게 용서할 수 없습니다. 악한 짓을 하는 자는 비록 함정이 앞에 있고 도끼를 목에 대더라도 기탄없이 행합니다. 이것을 놓고 목을 베지 않으면 후대에 무엇을 경계하겠습니까? 전하께서 이속이 저지른 반역죄를 법률에 의하여 시행하여 신하 노릇 하지 않는 마음을 징계한다면 공평하고 바른 도리에 맞겠습니다.”

곧 대간에 이어서 의정부도 나섰다.

“이속의 죄는 죽어도 용서할 수 없습니다. 목을 베고 집을 몰수하여 신하와 백성의 분을 풀어 주십시오.”

육조에서도 강력한 처벌을 요구하였다

“이속이 신하로서 군주의 명령을 거역한 죄가 첫째요, 불성실한 말로 자식이 죽었느니 살았느니 하여 하늘을 속이고 임금을 속인 죄가 둘째요, 사심을 가지고 망령되게 공주의 계통을 의논한 죄가 셋째입니다. 이속이 무례하게 한 말은 실로 마음이 불충함으로 말미암은 것입니다. 죄가 막대하여 절대 용서할 수 없습니다.”

신하들이 파상적으로 이속의 처벌을 주장하였다. 임금도 더 이상 그냥 두지 못해 창원부昌原府의 관노로 삼고 재산을 몰수하도록 하였다.

관노로 전락한 후에도 무사하지 않았다. 5년이 지난 세종 4년1422에 사헌부에서 이속은 왕실을 업신여겼으니 죽여야 한다고 주장하였다. 임금이 윤허하지 않아 목숨은 건졌지만, 왕실과의 혼인을 거절하였다가 반역으로 몰리고 노비로 전락하는 엄청난 화를 당했던 것이다.

수난은 여기에 그치지 않고 친척에게도 미쳤다. 이속이 하옥된 날 사헌부에서 김사문을 체포하여 인륜을 어지럽힌 죄로 직첩을 빼앗고 국문하였다. 3년 전인 태종 14년 어느 날 어머니 상중에 있던 김사문이 이속의 집에서 이속, 유복중과 더불어 밤새 마시었다. 또 유복중의 아내 하옥생과 더불어 윷놀이를 하였다. 이때 김사문이 하옥생이 간음하였다는 것이다.

사헌부에서 국문하였으나 두 사람이 끝내 자백하지 않았다. 사헌부에서 고문을 청하자 임금이 김사문은 상중에 놀이를 한 죄로, 하옥생은 김사문과 윷놀이를 하여 남녀의 분별을 어지럽혔다는 죄로 처벌하게 하였다. 김사문은 곤장 80대를 때리고, 하옥생은 곤장 80대를 속받았다. 이속 때문에 3년 전에 있었다는 확실하지도 않은 일을 구실로 김사문과 하옥생이 억울하게 벌을 받은 셈이다.

한편 이속의 아들에게 시집을 보내려던 정신옹주는 이듬해인 태종 18년 1월에 형조 판서 윤향尹向의 아들 윤계동尹季童에게 시집갔다. 이속의 문제가 조금 잠잠해진 얼마 후에 임금은 다시 맹인 지화를 시켜 신하들의 아들의 사주팔자를 갖추어 아뢰게 하였다. 지화가 윤향의 아들 사주를 가져왔다. 윤향은 왕명을 따르지 않은 죄로 경기도 파주에 귀양을 가 있는 상태였다. 사주를 받은 임금이 말하였다.

"윤향이 내 말을 들으면 비록 물불이라도 피하지 않을 것이고, 또한 참으로 혼인을 하고자 한다 하니 급히 부르라."

즉시 윤향은 귀양지에서 소환되어 형조 판서로 임명되었고, 혼사도 급하게 추진되기에 이르렀다. 임금의 노여움을 사서 귀양을 간 그로서는 혼사를 거절할 수 없었다. 한 사람은 왕실과의 혼인을 거절하였다가 엄청난 벌을 받았지만, 반면 어쩔 도리 없이 혼인을 수용한 사람은 귀양에서 풀리어 영전하는 혜택을 받았던 것이다.

후처를

박대한

재상

변계량下季良은 20여 년 동안이나 대제학大提學을 맡으면서 조선 초기의 문신을 대표할 만한 위치에 이르렀고, 외교 문서 작성에 탁월한 능력을 보여 한중 외교에 많은 공을 세우기도 한 인물이다. 밖에서는 관료들의 표상이었지만, 집안에서는 그리 존경을 받지 못했다. 후처를 너무 박대하여 탄핵을 받았고 소송에 휘말리기도 했다.

변계량이 일찍이 이촌李村의 딸을 취하여 후처로 삼았는데, 그녀를 부부의 예로 대접하지 않았다. 통제가 너무 심하여 방 가운데에 가두어 두고 창구멍을 내어 음식을 주고, 소변도 자유롭게 보지 못하게 하였다. 사실을 알게 된 이촌이 노하여 변계량을 욕하고 딸을 빼앗은 뒤 사헌부에 고소하였다. 사헌부는 변계량을 탄핵하기에 이르렀다. 고소를 당한 검교판한성부사 변계량은 태종 12년 6월 사직을 청하는 글을 임금에게 올렸으나 윤허하지 않았다.

"전달에 사헌부의 탄핵을 받았습니다. 아내가 있으면서 다른 아내를 얻었기 때문입니다. 그 뒤 사헌부에서 다시 대질하여 물었고, 그달 그믐께 전처의 아비 이촌의 고소로 인하여 집안의 추한 행실을 물어서 입에 담지 못할 지경에 이르렀습니다. 신이 평소의 행실을 삼가지 못해서 여러 소인의 비방을 부른 것입니다. 그러나 사헌부에서 끝내 심문하여 신에게 죄를 가하지 않은 것은 전하가 특별히 일을 보라고 명하여 두터운 사랑을 보내 주셨기 때문입니다. 공이 없어도 전하가 신을 총애하시고 죄가 있으면 용서하시니, 비록 천지의 어짐과 부모의 사랑으로도 어찌 비교하겠습니까? 또한 부부는 오륜五倫의 근본이요, 만사의 근원입니다. 신이 집안 도리에 있어 이러하니 나머지야 무슨 말을 하겠습니까? 엎드려 바라건대 전하는 신을 해임하여 사람을 알아보는 전하의 밝음을 나타내 주십시오."

임금이 글을 돌려주고 다시 직책에 나오라고 명하였다. 그런 다음 사헌부를 불러 지시하였다.

"비록 성인이라도 작은 허물이 있을 수 있다. 하물며 그 아래 가는 사람이 아닌가? 만일 지금 변계량을 파직하면 글 짓는 업무를 누가 감당하겠는가?"

성인이 아닌 이상 실수를 하기 마련인데, 이런 일로 조정에서 막중한 책임을 맡고 있는 신료를 어찌 징계하겠느냐는 말이다. 임금의 의견에 따라 변계량은 아무런 처벌도 받지 않고 살아남았다. 이후 그는 예문관과 집현전集賢殿 대제학, 예조 판서 등을 역임하면서 많은 업적을 남기었다.

변계량의 경우를 보면 안팎에서 두루 존경받는 완벽한 인간이 되기가 얼마나 어려운 일인가 새삼 느끼게 된다. 우리 모두는 성인이 아니기에 다만 완벽한 인간이 되기 위해 노력할 뿐이다.

궁녀를 감히

첩으로

삼다

궁궐에서 임금을 모시는 궁녀는 모두 왕의 여인이며, 한번 궁녀는 영원한 궁녀였다. 궁녀들은 18세가 되면 성년식과 결혼식을 겸한 관례冠禮를 치렀다. 이때의 결혼식은 임금과의 혼인을 의미하였다. 모두가 임금과 잠자리를 함께하지는 못할지라도 형식적으로는 임금과 혼인한 것이나 마찬가지였다. 따라서 늙거나 부득이한 일로 궁에서 나가더라도 다른 사람과 결혼할 수가 없었다. 출궁出宮한 궁녀를 데리고 살면 곤장 100대를 맞아야 했다.

그럼에도 감히 궁녀를 첩으로 삼은 사람이 있었다. 태종 임금의 총애를 받으며 막강한 권력을 행사하던 조영무였다. 그는 태종 이방원의 명을 받고 정몽주鄭夢周를 죽여 개국 공신으로 봉해졌고, 조선 건국 후에는 태종을 도와 1, 2차 왕자의 난에서 큰 공을 세워 정사공신과 좌명공신에 올랐다. 그야말로 당시 실세 중의 실세였다.

그런 조영무가 출궁한 궁녀를 첩으로 삼았다가 사헌부의 탄핵을 받는 등 곤욕을 치러야 했다. 우정승으로 있던 그가 처음 탄핵을 받은 때는 태종 12년 6월이었다. 임금이 조영무가 탄핵을 당했다는 말을 듣고 사헌부 지평 이하李賀를 불러 물었다.

"내가 즉위한 지 2년에 김주의 기생첩의 딸 관음觀音이 겨우 열 살이었는데 궁중에 들어왔다. 기생의 소생인 까닭으로 다섯 달 동안 있다가 도로 나가서 시집가는 것을 허락하였다. 이미 십여 년이 되었고 조영무가 첩을 삼은 지도 오래이다. 무슨 까닭으로 지금에 이르러 탄핵하였는가?"

궁녀 관음은 천민인 기생의 딸이어서 출궁시켰고, 임금이 시집가는 것을 허락했는데 무엇이 문제인가라고 반문한 것이다. 이하가 대답하였다.

"역役을 피하는 관노비官奴婢를 붙잡다가 진양의 기생 벽도碧桃의 딸 관음이 조영무의 첩이 된 사실을 알게 되어 탄핵하였습니다."

역을 피하는 관노비를 잡아들이는 도중에 관음이 조영무의 첩이 된 사실을 늦게나마 알게 되어 탄핵하였다는 것이다. 그러면서 조영무를 벌하기를 청하였으나 윤허하지 않았다. 이번에는 대사헌 유정현이 나섰다.

"조영무가 신하의 예를 크게 잃어 전날에 처벌을 청하였으나 윤허를 얻지 못하였습니다. 이 여자는 주상이 비록 가까이하지 않았더라도 궁중에 있은 지 다섯 달 만에 나가서 궁녀임이 분명합니다."

"조영무는 공신이라 죄를 줄 수 없다. 내가 그만두는데 경들이 굳이 청한다면 어떻게 죄를 줄 것인가?"

"불경한 마음을 지닌 신하가 있는데 신이 법을 잡은 관원으로서 그의 죄를 청하지 않으면 죄가 같아지게 됩니다. 이것이 신이 굳이 청하는 까닭입니다. 이제 명하시기를 '어떻게 죄를 주느냐'고 하셨습니다. 신하가 불경한 죄가 있으면 어찌 법령이 없겠습니까? 조영무가 이와 같은 행실이 있으면서 모든 벼슬아치의 수장으로 있습니다. 신 등이 한 나라의 신하가 함께 되었음을 진실로 마음 아파 합니다."

"관음이 일찍이 궁내에 들어왔지만, 임금을 가까이 모시지 않은 자이다. 또 일찍이 풍문공사風聞公事를 행하지 말라는 명이 있었는데, 경들이 풍문으로 굳이 청해도 되는가? 다시는 말하지 말라."

풍문공사란 소문을 듣고 탄핵하는 것을 말한다. 이어서 임금은 좌승지左承旨 이관李灌을 조영무의 집에 보내었다.

"사헌부에서 죄를 청하더라도 내가 따르지 않을 터이다. 경은 근심하지 말라."

조영무가 머리가 땅에 닿도록 절을 하며 사례하였다.

"성은이 흡족하시니, 신이 기쁘고 감사한 마음을 말로 다하기 어렵습니다. 신이 재주도 없이 의정부에 있은 지 이미 7년이 되었는데, 여러 번 사헌부의 탄핵을 받아 부끄러워서 얼굴이 붉어짐을 그칠 수 없습니다. 신의 직책을 파면하여 어진 사람으로 대신하십시오."

조영무의 말을 들은 임금이 승지들에게 이르렀다.

"우정승이 지금 교체되면 사람들이 '이 죄 때문이다'고 할 것이다."

이번에는 사간원에서 조영무를 징계해야 한다고 주장하였다.

"조영무가 궁인 관음을 첩으로 삼아 사헌부에서 탄핵하여 불경한 죄를 바로잡고자 하였으나, 전하가 특별히 너그러운 은혜를 베풀어 윤허를 내려 주지 않았습니다. 전에 이르기를 '남의 신하가 되면 공경恭敬에 그친다'고 하였습니다. 만일 공경이 없으면 어떻게 군신이 되겠습니까? 관음이란 자가 출궁한 지 얼마 되지 않았는데도 조영무가 감히 첩으로 삼았습니다. 정욕을 부리고 예를 어기어 임금을 공경하지 않은 것입니다. 어찌 대신의 행실이라 하겠습니까? 원컨대 사헌부의 주청에 따라 불경한 죄를 징계하십시오."

궁녀를 첩으로 삼은 것은 자신의 정욕을 채우기 위해 임금에게 불경을 저지른 죄라고 하면서 처벌을 요구하였다. 임금은 이번에도 윤허하지 않았다. 사헌부는 굽히지 않고 며칠 후 다시 조영무를 탄핵하였다.

"지금 조영무가 나라를 위해 가장 큰 공을 세운 공신으로서 직책이 소임에 있는데 불경 무례한 죄를 범하였습니다. 조금도 재상의 체면이 없습니다. 어찌 뻔뻔하게 의정부의 우정승에 앉아 있겠습니까? 엎드려 바라건대 비록 견책은 가하지 않더라도 관직을 파하여서 조정을 무겁게 하고 강상을 바로잡으십시오."

"상소에 '비록 견책을 가하지 않더라도 관직을 파하라'는 말이 있다. 견책을 가한다는 뜻이 무엇인가. 관직을 파하면 견책을 가하는 것이 아닌가? 사헌부에서 어찌 사람의 죄를 청하면서 말이 곧지 않은가? 조영무는 이씨 사직의 신하이고 나의 원훈이다. 영구히 등용하지 않을 수 있겠는가?”

대사헌 유정현이 나와 아뢰었다.

“조영무의 행실이 모든 벼슬아치의 수장에 합당치 않은 까닭으로 다만 파직만을 청하였습니다. 뒤에 다시 쓰는 것은 전하에게 있습니다.”

“지금 불량하다고 하여 파직하면 영구히 벼슬길을 막는 것이다.”

임금이 이어서 말하였다.

“이 여자의 일은 내가 아주 잘 안다. 궁에 뽑혀 들어온 지 다섯 달 동안에 하루도 가까이 모신 일이 없고 오래도록 행랑에 있었다. 궁중 사람들이 모두 어리석고 미혹하다고 말하기에 나가서 시집가라고 명하였다. 그때 마침 내가 개성에 거둥하여 다섯 달을 머물렀다. 개성에 나가서 있은 지 여러 달 만에 조영무가 취하였으니 무슨 허물이 있는가? 또 당나라 태종이 후궁 6천 명을 놓아 보냈는데, 그 뜻이 모두 여승이 되리라고 생각하였겠는가? 대간은 그 뜻을 자세히 진달하라.”

궁녀 관음이 궁궐에 들어와 있던 다섯 달 동안 임금은 개성에 있어서 그녀와 가까이하지 않았으므로 조영무가 첩으로 삼아도 문제가 없다는 말이었다. 사간원의 사간 이육李稑이 나서서 아뢰었다.

“지금 조영무가 대신이 되어서 불경을 범하여 청한 것입니다. 조영무의 충의가 이 일로 인해 결함이 생겼습니다.”

“내가 이미 안다.”

임금이 유정현에게 말하였다.

"지금 관음을 특별히 조영무에게 주면 어찌하겠는가? 그러나 내가 군왕이 되어서 어찌 감히 신하와 더불어 희롱하겠는가?

"특별히 관음을 주신 뒤에 장가드는 것은 가능합니다. 지금 하사를 받지 않고 장가들었기 때문에 감히 청하는 바입니다."

임금이 유정현을 간곡히 책망하였으나, 유정현이 꼬박꼬박 대답하는 바람에 묻고 대답하다가 아침을 보내었다. 유정현이 마침내 사직하겠다고 으름장을 놓기에 이르렀다.

"신이 어리석어서 관직을 감당하지 못하겠습니다."

임금이 웃으며 말하였다.

"경이 충성하고 곧은 까닭으로 말이 여기에 이르렀다. 대간의 말을 내가 모두 좇으면 아래에 온전한 사람이 없을 것이다. 조금만 하자가 있어도 모두 벌을 주면 사람이 모두 성인일 수 있겠는가? 다시는 청하지 말라."

그리고 나서 조영무에게 직무에 나오도록 명하였다. 태종은 총애하는 공신에게 무한 애정을 표하며 면죄부를 주었던 것이다.

임금은 여러 명의 궁녀들 중 한 사람을 총애하는 공신에게 주었다고 무엇이 문제냐며 대수롭지 않게 생각하였다. 반면 신하들은 임금의 권위에 도전하고 나라를 어지럽히는 중대한 범죄로 여겼다. 이와 같은 군신 사이의 충돌은 조선 시대 내내 줄기차게 이어져 조선 정치의 한 특징이 되었다.

기생의 딸을
후처로 삼았다가
패가망신한 양반

조선 왕조는 신분 차별이 엄격한 사회였다. 신분이 다르면 서로 결혼도 하지 못하도록 했다. 특히 노비 등의 천인과 양인 간의 결혼은 건국 초기부터 엄히 금지하였다.

그래도 건국 직후에는 노비 같은 천인 남자들과 양인 여자들 사이에 결혼이 많이 이루어졌다. 태종 1년 7월 예천부원군醴泉府院君 권중화權仲和의 상소를 보자.

"많은 흉포한 천인이 양인 여자에게 장가들어 그 소생은 모두 사

190

노비私奴婢가 됩니다. 이 때문에 천민은 날로 늘고 양민은 날로 줄어서 나라의 공사에 동원할 자가 크게 감소하고 있습니다."

당시에는 종부법從父法에 따라 아버지가 천인이면 자식도 천인이 되었다. 천인 남자와 양인 여자의 결혼이 많아질수록 노비는 늘고 양인은 줄어들 수밖에 없었다. 조세와 부역의 의무를 감당하는 양인의 감소를 초래하여 재정상 막대한 손실을 의미하였다.

조정에서는 권중화의 상소를 받아들여 천인이 양인과 서로 결혼하지 못하게 하였다. 양인 여자로서 이미 천인의 아내가 된 자는 이혼하게 하고, 명령을 어기는 자가 있으면 종의 주인을 처벌하게 하였다.

태종 6년 정월부터는 더욱 구체화하여 천인 남자가 양인 여자에게 장가드는 것을 금하는 법을 만들어 시행에 들어갔다. 천인은 대개 노비여서 남자 종과 양인 처녀와의 결혼이 금지된 것이다. 만약 법을 어기고 결혼하면 결혼 당사자, 혼사를 주관한 자, 정상을 알고도 결혼을 금하지 않은 노비의 주인을 처벌하도록 하였다. 금지된 결혼을 한 남자와 여자는 강제로 이혼시킨 다음 공노비로 삼고, 그 자식들도 공노비로 만들도록 하였다. 다만 결혼의 정상을 알지 못한 노비의 주인은 처벌하지 않고, 그 노비도 공노비로 삼지 않게 하였다. 금지된 결혼 사실을 안 사람은 관청에 신고하도록 하고, 신고한 사람에게는 결혼을 주선한 자 등에게 베 2백 필을 받아서 상으로 주도록 하였다. 종으로 태어난 것도 불행한 일이건만 결혼도 마음대로 할 수 없었던 당사자들은 얼마나 원통했을까.

기생도 천인으로 간주되어 양반과 결혼할 수 없었다. 더구나 고관을 지낸 양반이 기생과 결혼하기는 아주 어려운 일이었다. 이러한 사회적 제약을 뛰어넘어 결혼을 하였다가 그야말로 패가망신한 사람이 있었다. 그는 모든 관직을 잃어버리고 신분마저 평민으로 떨어져 버렸다.

태종 6년 12월 첨절제사를 지낸 정복주鄭復周가 본처를 버리고 화산군花山君 장사길張思吉의 기생첩인 복덕福德의 딸과 정식으로 혼례를 치러 후처로 삼았다. 천인인 기생의 딸도 천인이었다. 사실을 알게 된 사헌부에서 물고 늘어졌다.

"정복주는 벼슬이 3품에 이르러 혼인의 예절을 잘 알 텐데 제멋대로 행하여 선비의 기풍에 누를 끼쳤습니다."

정복주의 직첩을 거두고 벌을 내려 풍속을 바로잡아야 한다고 주장하였다. 임금도 덩달아서 동조하였다.

"정복주는 나와 동년배라 이미 늙었다. 그런데 조강지처를 버리고 천인을 배필로 삼았으니, 또한 가증스럽지 않은가? 만일 폐하여 평민을 삼으면 복덕의 사위도 될 수 있을 것이다."

평민이 되면 천인과도 결혼할 수 있으므로 정복주의 신분을 떨어뜨려야 한다는 말이었다.

사헌부와 임금의 공격을 동시에 받은 그는 더 이상 무사하지 못했다. 모든 관직을 빼앗기고 평민으로 강등되어야 했다. 신분 차별을 뛰어넘어 본처까지 버리며 사랑을 좇았다가 신세를 망친 것이다.

돌을 던지며

싸우는

군인

조선에는 돌을 던지며 싸우는 놀이가 있었고, 돌을 가지고 전투를 하는 군인들도 있었다. 태조 이성계는 돌을 던지며 싸우는 놀이인 척석희擲石戱를 무척 즐겼다. 척석희는 석전石戰이라고도 했다. 주로 음력 5월 5일 단오에 마을 사람들이 두 패로 나뉘어 넓은 거리에서 돌을 던지고 막대기로 치며 서로 싸워서 승부를 겨루던 돌싸움 풍속이었다.

애초에는 일종의 무술 연마로 행하여졌다. 지방에서는 향전鄕戰이라고도 불렀다. 이웃 마을끼리 일정한 날을 정하여 서로 싸우며 놀았다. 특히 평양에서는 정월 대보름날에 행하였다.

실록에 의하면 태조가 척석희를 구경하였다는 기록이 자주 보인다. 태조 2년 5월에 개성 수창궁의 청심정淸心亭에서, 이듬해 5월에 수창궁의 동량청東凉廳에서 돌싸움을 구경하였다. 태조 6년 5월에도 경복궁 융무루隆武樓에 올라 돌싸움을 구경하였다고 한다.

태조 3년 4월에는 아예 돌 던지는 놀이꾼들을 모아서 척석군擲石軍을 만들었다. 척석군은 돌을 던지며 싸우는 군인들로서 석척군이라고도 불렀다. 척석군은 고려 시대에도 있었는데, 없어졌던 군대를 태조가 부활시킨 것이다. 그들은 오월 단오에 두 패로 나누어 서로 돌을 던져서 무예를 겨루었다. 척석군을 조직한 직후 임금은 동량청에서 그들을 사열하고 중추원사中樞院使 조기趙琦에게 명하여 거느리게 하였다.

척석군들은 실제로 전투에 동원되어 활약하기도 했다. 태조 6년 7월에 순녕군順寧君 이지李枝, 상의중추원사商議中樞院事 이천우, 첨절제사 전영부全英富 등을 보내어 갑사와 척석군을 거느리고 왜구를 쫓아가 잡게 하였다. 이듬해 8월에도 임금이 전 판사 정점鄭漸을 시켜 척석군과 다른 군사를 거느리고 배를 타고 가서 왜구를 잡게 하였다.

척석군은 전투 외에 놀이에 동원되기도 했다. 태조 7년 5월 임금이 남대문南大門에 거둥하여 척석희를 구경하였다. 절제사節制使 조온趙溫은 척석군을 거느리고, 판중추원사判中樞院事 이근李懃은 여러 위衛의 대부隊副를 거느리고 좌우편으로 나누어 해가 질 때까지 서로 싸우는 놀이를 하게 했다. 위는 중앙 군사 조직의 편제 단위를, 대부는 종구품 무반 잡직의 벼슬을 말한다.

이날 돌싸움을 하다가 죽거나 부상당한 사람들이 매우 많았다고 한다. 놀이라고 하나 실전처럼 치열하게 싸웠던 모양이다. 그러다 보니 척석희를 석전이고도 불렀던 것이다. 석전이라는 용어가 말해 주듯이 단순한 놀이가 아니라 군사들에게 무예를 훈련시키는 방편이기도 했다.

돌싸움이 너무 격렬하여 부상자가 속출하는 바람에 태종 10년 5월에는 척석희를 금지하기도 했다. 척석희로 인한 사상자가 많이 발생하자 태종이 말하였다.

"척석희를 너희들이 어찌하여 금하지 않는가?"

곧 순금사에 명하여 척석희를 금하게 하고, 척석희를 한 29명을 잡아 옥에 가두었다. 척석군도 한동안 해체되었다.

척석희 금지는 그리 오래가지 않았다. 태종도 부왕과 마찬가지로 척석희를 매우 즐겼기 때문이다. 상왕으로 물러난 뒤에 태종은 흩어졌던 예전의 척석군을 다시 모으고 사람을 새로 모집하여 척석군을 재조직하였다. 그러고서 한양의 종루에서 돌싸움을 자주 구경하였다.

세종 3년1421 5월에도 상왕 태종은 세종과 종친, 숙직하는 총제, 병조의 당상관堂上官, 승지 등과 함께 종루에서 술자리를 베풀고 석전을 관람한 적이 있다. 이날 태종은 이질에 걸려 앓고 있으면서도 굳이 석전을 보려고 했다. 좌의정 박은朴訔이 만류하였다.

"성체聖體가 피로하실까 염려됩니다."

"석전은 내가 보기를 즐겨 하는 것이다. 놀이를 보고 나면 어찌 병이 나을는지 아는가."

태종이 얼마나 돌싸움을 좋아했는지 능히 알게 하는 말이다.

이날의 석전은 좌우 두 패로 나뉘어 싸웠다. 동원된 인원은 오른편의 척석군이 1백 5십여 명이었고, 왼편은 임금과 궁궐을 호위하는 방패군防牌軍 3백여 명이었다. 지휘자가 북을 치자 양편이 함성을 지르면서 서로 어울려 싸우기 시작했다. 척석군이 일방적 우세를 보여 방패군이 번번이 달아나기 바빴다. 방패군을 지휘하던 총제 하경복河敬復은 달아나다 돌에 맞아 구레나룻을 상하기도 했으며, 척석군이 또 다른 방패군의 지휘관인 상호군 이징석李澄石이 탔던 말을 빼앗기도 했다.

상왕이 방패군들에게 물었다.

"어찌하여 매번 이기지 못하느냐."

방패군들이 꿇어앉아 변명하였다.

"저녁놀이 눈부시게 비쳐 오고 바람과 티끌이 얼굴에 가득히 날아와서 돌을 보기가 심히 어렵기 때문입니다."

상왕이 장소를 바꾸어 싸우게 하면서 투석을 금지하고 몽둥이로 서로 치게만 하였다. 방패군이 역시나 패하였다.

"방패군을 건장한 보병으로 알았는데, 실상은 겁이 많고 용기가 없는 자들이다."

상왕은 임금을 호위하는 병사들이 한갓 돌로 싸우는 군인들을 당해 내지 못하는 모습을 보고 매우 실망했던 모양이다. 급기야 상왕은 척석군 40여 명을 뽑아서 방패군을 도와주게 하였다. 앞장서서 싸우는 자는 다만 척석군뿐이고, 방패군은 모두 도망하여 숨거나 다만 고함만 지를 뿐이었다. 상왕이 영을 내렸다.

"맞아서 넘어진 사람은 다시 치지 말라. 죽거나 다치게 해서는
안 된다."

그러면서 의원이 다친 자들을 치료하게 하였다. 싸움은 저녁 무
렵이 되어서야 끝났다.

원시적으로 돌만 들고 싸우는 척석군이 정예병인 방패군을 압도
했다. 척석군의 용맹성을 잘 보여 주는 일화로, 돌싸움이 실제 전투
에서도 충분히 활용될 가능성이 있음을 짐작하게 한다.

다음 날에도 상왕 태종은 세종과 종친, 정승, 육조의 판서 등을
거느리고 종루에 가서 석전을 구경하였다. 이날은 척석군을 좌우
로 나누고 2백여 보의 거리를 두었다. 좌군은 백기를 세우고 우군
은 청기를 세워 표지로 하였다. 태종이 영을 내리었다.

"감히 기를 넘어가면서 끝까지 추격하지는 못한다. 기를 빼앗는
쪽이 이기는 것으로 하고, 이긴 쪽은 후하게 상을 주겠다."

처음엔 좌군이 여러 번 이겼다. 돌이 비 오듯 하여 우군의 지휘관
이 돌에 맞아 말에서 떨어져 달아났다. 우군이 분하게 여겨 고함을
치면서 추격하였다. 좌군이 무너지자 우군이 백기를 빼앗아서 바
쳤다. 태종이 좌군 우두머리 방복생方復生을 불렀다.

"기를 빼앗긴 것은 치욕이다. 마땅히 다시 힘을 다하라."

좌군이 분발하여 우군을 쳐서 크게 이겼다.

석전 도중에는 종루의 누각 아래에 술자리를 베풀고 풍악을 울리
게 하였다. 상왕은 척석군에게 술과 고기를 내려 주고 무명 1백 필,
베 2백 필, 일종의 화폐인 저화楮貨 4천 장을 상으로 주었다.

상왕 태종은 척석군이 하는 돌싸움을 매우 좋아했지만, 세종은 부

상하거나 사망자까지 나오는 상황을 안타깝게 여겨 별로 탐탁해하지 않았다. 세종 4년1422에 상왕이 승하한 후 마침 척석군을 해체하자는 건의가 올라오자 기다렸다는 듯이 윤허하였다. 세종 때에 한하여 척석군이 사라지고 아울러 척석희도 금지되었다.

척석군의 해체를 주도한 사람은 판부사判府事 허조許稠였다. 그는 세종 11년1429 6월 척석군을 폐지해야 한다는 건의를 임금에게 직접 아뢴 인물이다.

"단오에 돌 던지는 놀이는 옛날부터 있었기에 국가에서 금하여도 능히 그치지 못했습니다. 태종 때에 사신이 보기를 요구하여 병조에서 날랜 사람을 모아 척석패擲石牌를 만들었습니다. 그들이 해마다 단오에 종루가鍾樓街에 모여서 서로 싸워 용맹을 겨루다가 몸을 상하여 목숨이 끊어진 사람도 많았습니다. 신은 또한 강하고 사나운 무리들이 서로 붕당朋黨을 맺어 혹시 뜻하지 않은 변고가 발생할까 두렵습니다. 국가에 아무런 이익도 없는데, 어찌 앉아서 보기만 하고 금하지 않겠습니까. 척석군을 폐지하기를 청하옵니다."

세종이 물었다.

"해마다 이를 보고자 하는 사신이 있어서 마지못하여 그리하였다. 반드시 보고자 한다면 어찌하겠는가."

사실 중국에서 오는 사신들은 단오만 되면 종루에 가서 척석희를 보곤 하였다. 세종 9년1427의 단오에는 사신 세 명이 종루에 올라가서 하루 종일 돌싸움을 구경한 적도 있었다. 임금의 우려를 들은 허조가 답변하였다.

"만일 척석희를 보고자 한다면 임시로 사람을 모집하는 것이 좋습니다. 따로 척석패를 만들 필요는 없습니다."

"그렇다. 빨리 척석군을 폐지하라."

마침내 척석군이 해체되었고 동시에 돌싸움을 금지하는 법령도 만들었다.

사상자 발생을 우려하여 돌싸움을 금하였지만, 제대로 지켜지지 않고 여전히 행하여졌다. 세종 20년1438 단오에는 양녕대군 이제와 익녕군益寧君 이치李袳 등의 종친들이 돌싸움을 구경하였다가 사헌부의 탄핵을 받기도 했다. 예종 1년1469의 단오에도 한양 사람들이 훈련관의 활터에 모여 돌싸움을 하였다. 양편이 서로 싸우다가 사상자가 나오기까지 하였고, 사람들이 다투어 구경하였다고 한다.

어떻게 보면 원시적이고 무지막지한 돌싸움은 뾰족한 오락거리가 없던 시절에는 스트레스를 한 방에 날려 버릴 스릴 있는 놀이였다. 일반 백성들은 물론 임금들도 매우 즐겼으니 말이다.

돌싸움은 한편으로는 척석군에 의해 전투에 활용되기도 했지만, 참여하는 군인이나 일반 백성들에게는 항상 부상이나 사망의 위험이 상존하는 위험하기 짝이 없는 놀이였다. 심지어 살인 등의 범죄에 악용되기도 했다. 조정에서는 돌싸움을 금지하려고 갖은 노력을 기울였으나, 고유의 중독성 때문인지 쉽사리 없어지지 않고 조선 말기까지 행해졌다.

조선에도

쾌속 전함이

있었다

조선 시대의 수군은 바다에서 싸우는 전함의 일종으로 크기가 작고 가벼우며 속도가 빠른 쾌선快船 또는 경쾌선輕快船이라고 불린 배를 보유하고 있었다. 태조 3년 7월 경기도 해변의 경비 강화에 대한 도평의사사의 방안에 당시 쾌선의 기능이 잘 나오고 있다.

"경기도 각 해변의 포구를 지키는 것을 더욱 중하게 해야 합니다. 앞으로는 큰 배를 중요한 곳에 나누어 정박하도록 하여 불의의 사변에 대비하고, 쾌선에 정예병을 실어 여러 섬을 수색하고 적을 쫓아가 잡도록 할 것입니다"

쾌선은 빠른 속도를 활용해 경기도 연안에서 정예병을 싣고 섬을 수색하고, 적을 쫓아가 잡는 임무를 수행하였다. 실제 태종 4년 1월 경기도 첨절제사 윤세진尹世珍으로 하여금 쾌선을 거느리고 가서 왜구를 잡게 한 적이 있었다. 왜선 1척을 포획하고 왜구 6명을 생포하였으며, 그 공으로 윤세진은 임금에게서 비단 1필을 하사받았다.

태종 8년 12월에는 전라도 수군도절제사가 왜적을 방어하기 위한 대책을 건의하였다.

"방어하는 형세를 보면 대선大船, 중선中船은 커서 매우 느립니다. 비록 왜선을 만나도 쫓아가기 어려워서 군사들만 수고롭게 합니다."

임금의 윤허에 따라 속도가 느린 큰 배와 중간 크기의 배들을 대부분 속도가 빠른 쾌선으로 바꾸었다.

세종 2년1420 11월에는 상왕 태종이 대호군 윤득민尹得民에게 명하여 쾌선 3척을 새로 만들게 하였다. 앞서 여러 도의 전함이 빠른 왜선을 미처 따라가지 못하였는데, 상왕이 한스럽게 여겨 쾌선을 건조하게 하였다고 한다.

쾌선이 완성되자 상왕이 친히 한강의 양화도에 거둥하여 성능을 시험하는 장면을 관람하였다. 귀화한 왜인을 시켜 왜선을 타고 10여 보 가량 먼저 떠나가게 한 후 윤득민과 대호군 최해산崔海山, 군기시軍器寺 부정 이예李藝를 시켜 수군을 거느리고 각기 쾌선 1척씩을 몰아 쫓아가게 하였다. 윤득민의 쾌선이 가볍고 민첩하여 빠르기가 왜선보다 나았다. 쾌선의 성능에 만족한 상왕은 수군들에게 음식과 술, 베를 차등 있게 내려 주었다.

3년 뒤에는 병조에서 경상좌도의 각 포浦들이 작고 가볍고 빠른 경쾌선을 만들어 대처하도록 하였다. 사직司直 정숭립鄭崇立은 경쾌선을 이용하여 왜적을 잡는 계책을 건의하기도 하였다. 즉, 도만호都萬戶로 하여금 경쾌선을 더 만들도록 하여 여러 섬을 수색하게 하고, 물건을 실어 나르는 조운선漕運船이 제주에서 나올 때에 만호가 경쾌선을 타고 순행하면서 호위하도록 한다는 계책이었다. 임금은 윤득민에게 명하여 그의 계책에 따라 임기응변하게 하였다.

중종 5년1510에 삼포왜란三浦倭亂이 일어나자 수사水使와 병사들이 병선을 혁파하고 경쾌선을 만들어 대처하였다. 경쾌선에는 10여 명 내지 7~8명의 수군을 태워 방어에 편리하게 하였다. 특히 경상도 수군절도사水軍節度使 이안세李安世가 조그마한 배를 만들어 경쾌선이라 이름하였다. 그 배가 왜구들을 추격할 때면 나는 듯이 빨라서 왜선과 다를 게 없었다고 한다. 그러자 비변사備邊司에서 병선 1백 50여 척을 경쾌선으로 개조하게 하였다. 병선 1척을 부수어 경쾌선 2척을 만들었는데, 선체가 작아서 6~8명이 탈 정도의 크기였다.

그 후 왜인의 소란이 잠잠해지면서 경쾌선을 바닷가에 매어 두고 방치하는 상황에 처하게 되었다. 심지어 전라도에서는 미역을 딸 때 만호, 첨사僉使, 수사 등이 더러 사용하는 정도였다. 충청도에서는 전혀 사용하지 않고 해안에 그대로 방치해 놓았다. 예전에는 유용하던 배가 이제는 도리어 무용해져 버렸다는 탄식이 나올 정도였다.

한 술 더 떠서 중종 23년1528 12월 전함사典艦司 제조提調로 있던 심정沈貞은 경쾌선을 모두 없애 버려야 한다는 건의를 하기까지 하였다. 개인이 가진 사선私船이 공물이나 세금으로 거둔 곡식을 배로 운송하는 조운을 담당하고 있는 폐단을 없애기 위한 방안이었는데, 경쾌선을 없애 버리고 낡은 병선을 수리하거나 새로 병선을 건조해야 한다고 주장하였다. 병선으로 부족한 조운선을 보충하거나 조운선을 호위하도록 해야 한다는 것이다. 심정의 주장에 임금도 동조하고 나섰다.

"물에서 왜인을 막는 것은 본디 우리나라 사람의 장기가 아니다. 경쾌선이 있더라도 왜인을 쫓아낼 수 없다."

왜선을 잡는 데 많은 공을 세운 쾌선은 사라지고, 나머지 병선들마저 공물을 옮기거나 조운을 호위하는 신세로 전락할 위기에 처하고 만 것이다. 국왕과 대신 등의 위정자들이 바다가 조금 조용하다고 해서 국방을 게을리하고 오직 자기들의 호의호식에 필요한 공물과 곡식의 수송에만 신경을 썼으니 한심한 일이다.

쾌선을 없애야 한다는 주장에도 불구하고 다행스럽게 모두 폐기되지는 않았다. 명종 10년1555에 일어난 을묘왜변乙卯倭變 때 쾌선을 보내어 제주도에서 발호하는 왜구의 동태를 정탐하게 한 일이 있고, 임진왜란壬辰倭亂을 치르면서 전선에 투입된 바도 있다. 그러나 예전의 명성은 영영 회복하지 못하고 말았다.

수군이

미역이나

따다

요즈음에는 그렇지 않겠지만, 해방 직후에는 군인들이 사단장 등 지휘관들의 개인적인 업무에 동원되는 일이 흔히 있었다. 공무원 사회에서는 하급자가 상급자의 집안일이나 잔심부름을 해주기도 했다. 학생들도 농번기에는 학업을 중단하고 모심기, 벼 베기 등에 동원되곤 하였다.

조선 건국 직후에도 마찬가지였다. 특히 각 도의 수군을 통솔하는 만호들이 수군들을 제대로 훈련시키지 않고 농사를 짓게 하거나, 바다에서 미역을 따고 고기를 잡게 하였다. 군인들이 본연의 임무에 충실하기보다 임무와는 거리가 먼 농사나 해산물 채취에 동원되었던 것이다. 그렇게 해서 거두는 이익이나 많으면 그래도 좀 괜찮았을 텐데, 실상은 매우 적은 형편이었다. 수군들이 종일 노동을 하는 바람에 밤이 되면 피곤하여 깊은 잠을 자다가 경비를 소홀히 하는 일마저 일어났다.

상황이 지속되다 보면 국방이 허술해지는 것은 당연하였다. 조정에서는 태종 6년 4월 전라도 관찰사 박은의 건의에 따라 수군들의 잡역 동원을 금하게 하였다.

군인들과

일반 관리들이

충돌하다

술 취한 군인들과 민간인들이 서로 싸웠다는 기사를 가끔 접한다. 조선 초기에도 비슷한 일이 있었다. 태종 때 갑사들이 사헌부 관원들과 충돌했다가 억울하다면서 집단적으로 신문고申聞鼓를 친 사건이 일어났다. 갑사는 국왕과 궁궐 등의 호위를 담당하는 정예 병사였다.

태종 3년 11월 어느 날 봉상시 주부 하연河演이 갑사 양결梁潔과 김출金出 등에게 희롱 삼아 말하였다.

"갑사의 직책이 낮고 천하거늘 어찌 음자제가 할 것이냐?"

귀한 집안의 자제들이 갑사 일이나 하고 있다고 비아냥거린 말이었다. 갑사 등의 무사를 천시하는 문관 하연의 태도가 은연중 들어 있었다. 그러니 말 한마디가 큰 파문을 불러일으키게 되었다. 하연은 정몽주의 제자로, 문과에 급제하여 나중에 영의정에까지 오른 인물이다.

하연의 말을 들은 양결과 김출은 감정이 크게 상하여 동료 갑사들에게 전하였다. 갑사들이 일제히 화를 내며 그 말을 한 이유를 하연에게 묻고 협박하여 욕보이려고 나갔다. 마침 관리들이 조회를 마치고 흩어지고 있었는데, 이천생李天生 등 10여 명의 갑사들이 사헌부 감찰 신계삼辛繼參을 하연으로 잘못 알고 달려가서 구타하였다. 신계삼을 수행하던 사헌부의 아전이 갑사들을 꾸짖자 이번엔 아전을 사정없이 때렸다.

구타를 당한 신계삼이 사헌부에 알렸다. 즉시 사헌부 장령 이관이 갑사들을 체포하여 구타한 이유를 조사하였다. 갑사 5백여 명이 대궐 뜰에 나와서 호소하였다.

"갑사가 사헌부 감찰에게 죄를 저질렀다는 이유로 체포한 것은 너무 심합니다. 궁궐 문을 지키는 갑사들에게 어찌 이렇게 할 수가 있습니까? 사헌부 관원을 끝까지 조사하여 처벌하십시오."

임금이 사헌부의 아전과 체포된 갑사들을 불러 실상을 묻고 갑사들을 내치었다.

"갑사들이 관원을 능욕한 죄는 내가 친히 묻겠다. 다시 요구하지 말라."

화가 난 갑사들이 신문고를 치며 다시 호소하자 임금이 다시 알

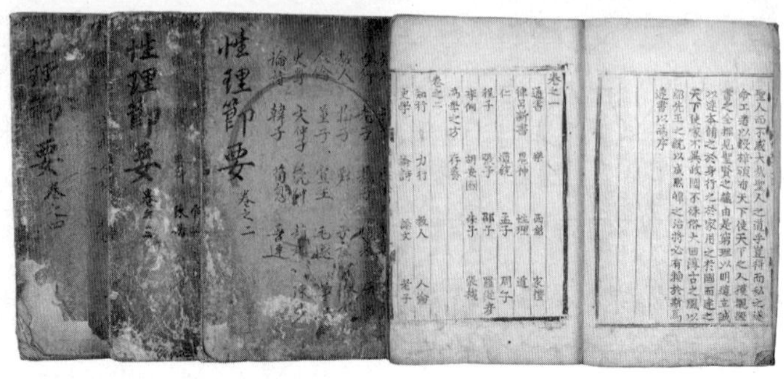

《성리대전서절요性理大全書節要》, 국립중앙박물관

아보고 말하였다.

"사헌부에서 갑사를 체포한 것이 너무 심하기는 하지만, 작은 일로 관원을 견책할 수 없어 묻지 않았다. 너희들은 다시 말하지 말라."

그러고 나서 사헌부 장령 이관을 불러 명하였다.

"네가 사헌부 감찰에게 해를 끼쳤다고 하여 갑사들을 체포한 것은 잘못이다. 앞으로는 임의로 갑사를 체포하지 말라."

얼마 후 판승추부사 조영무가 사헌부 관원을 처벌해야 한다는 의견을 제시하였다.

"갑사가 대사헌의 수행 아전과 서로 싸워서 모두 사헌부를 원망하고 있습니다."

조영무는 갑사를 관장하는 승추부承樞府의 기관장이라 갑사들 편을 들었다. 임금은 생각이 달랐다.

"전날에 갑사들이 감찰과 서로 싸우고, 며칠 뒤에 다시 갑사들이 아전과 싸웠다. 어찌 갑사들의 작은 일을 가지고 관원을 꾸짖

208

겠는가?"

"갑사들이 떼를 지어 고소하였습니다."

"경이 어째서 이런 말을 하는가? 갑사가 떼를 지어 협박한다면 나도 또한 협박할 것이다. 그러면 갑사에게 도움이 되지 않을 뿐만 아니라 도리어 해가 된다. 갑사가 사헌부의 아전과 싸웠다면 마땅히 모두 순금사에 가두어 시비를 분별해야 할 것이다. 내가 들으니 전날에 갑사들이 하연의 집을 파괴하려고 하였다 한다. 비록 한 칸짜리 집이라도 어찌 파괴할 수 있는가? 갑사의 잘못이 크다."

조영무가 감히 다시 말하지 못하였다고 한다. 임금은 사헌부 관원을 해친 갑사들을 나무라면서 관원을 두둔하였다.

임금의 의지에 따라 사헌부 관원들과 갑사들 사이의 싸움은 사헌부 관원들의 일방적인 승리로 끝나게 되었다. 역시 임금은 무관인 군인들보다는 문관이 먼저였다. 팔이 안으로 굽는다고, 태종은 과거 시험에 합격한 엄연한 문관 출신이었기 때문일까.

제3부

백성들에게
과연
무슨 일이!

이씨 왕조의

수명은

30년?

건국 초창기에는 여러모로 어수선한 시절이라 여기저기에서 각종 유언비어가 난무하여 무지한 백성들을 선동하고 사회를 혼란에 빠뜨리기 마련이다. 태종 8년 10월에도 신생 왕조의 운명에 관한 헛소문이 나돌아 조정을 한동안 떠들썩하게 하였다.

전 사재감 윤보로尹普老가 중대한 정보 하나를 임금에게 고해바쳤다. 해전고解典庫 주부를 지낸 임형林螢이 '이씨의 사직은 30년일 뿐이다'라고 말했다는 내용이었다. 전직 관리가 이제 막 출범한 이씨 왕조의 수명이 겨우 30년밖에 되지 않을 것이라고 악담을 한 것이다. 조선 왕조가 빨리 망하라는 말과 같은 의미여서 대역 모반에 버금가는 범죄 행위였다.

조정에서는 임형을 잡아들여 찬성사 윤저尹柢로 재판장 격인 위관委官을 삼고 대간, 형조와 함께 국문해 그가 한 말의 출처와 서로 대화한 사람을 대라고 추궁하였다. 임형은 부여에 사는 백성 김귀金貴의 집에 참서讖書가 있어서 보았고, 전 헌납獻納 김섭金涉과도 이야기했다고 진술하였다. 참서란 앞일을 예언하는 말을 적은 책을 말한다.

순금사에서 관련자들을 체포하여 국문하고 결과를 보고하였다. 임형은 "이씨의 30년 왕업이 끝난 뒤에 다른 이씨가 나온다."고 김섭에게 말하였고, 금년 추석에 중광사重光寺에서 윤보로에게도 같은 말을 하였다고 진술하였다. 김섭은 임형이 참서의 말을 이야기하기에 "이런 괴이한 말은 다시는 말하지 말라." 하였고, 그 말이 상서롭지 못하여 감히 드러내 고하지 못하였다고 진술하였다. 김귀는 "임형이 일찍이 우리 집에 왔기에 집에 감추어 두었던 '인묘년寅卯年에는 일을 알 수 있고, 진사년辰巳年에는 성인이 나온다'라는 참서를 내어 보여 주었다."고 진술하였다.

진술에 따라 그들에게 판결이 내려졌다. 임형은 《대명률》의 '큰 말을 떠들어 대어 많은 사람을 선동하고 현혹시킨 죄'에 의하여 참형에 처하도록 하였다. 김섭은 정상을 알고도 죄인을 은닉한 죄라며 곤장 100대에 유형流刑 3천 리에 처하여 경상도 영해로 귀양 보내게 하였다. 김귀는 사사로이 요서妖書를 감춰 두고 관청에 보내지 않은 죄로 곤장 100대에 도형 3년에 처하였다. 이미 임형은 국문을 받다가 옥중에서 죽었으나 시체를 끌어내어 목을 베었다.

태종 6년 9월에는 태종과 상왕인 정종 사이에 불화가 생겨 상왕이 복위할 것이란 소문이 돌기도 하였다.

평안도 은주에 살던 전 호군 이운계李云界의 종인 광대廣大가 한양에서 돌아와 상전에게 말하였다.

"공신과 각 관청의 관원은 자하문紫霞門으로 나아가고, 개성에서는 성문을 경계하여 지키고 있으며, 평양에 이르기까지 모두 경비를 하고 있습니다."

이운계가 이 말을 듣고 몰래 지순주사知順州事 김인의金仁義에게 일렀다.

"요새 승지는 일을 아뢸 수 없고, 공신과 백관은 날마다 자하문에 모이고, 시위 갑사도 모두 흩어졌다고 합니다. 지금 주상과 인덕궁仁德宮의 상왕 사이에 틈이 생겨, 공신과 백관들이 상왕에게 돌아가 '선왕善王'이라 부른다고 합니다. 상왕은 그대의 옛 임금이니 복귀 명령이 있을 것입니다."

김인의는 본래 임금이 되기 전부터 상왕을 섬기던 자라 이운계의 말을 듣고는 기뻐하였다. 그는 비밀스럽게 이운계의 말을 적은 편지를 이웃 고을 수령인 지자주사知慈州事 신보안辛保安에게 보내었다. 신보안은 편지를 보고 놀라서 도순문사都巡問使 조박에게 보냈고, 조박은 조정에 보고하였다. 신보안은 편지 때문에 혹시 화를 당할지 몰라 신고해 버린 것이다.

순금사에서 이운계와 김인의를 잡아다 심문하자 모두 사실을 자백하였다. 이운계는 처형하고 김인의는 곤장 60대를 쳐서 백성으로 강등시켰다. 정국과 관련된 유언비어를 섣불리 퍼뜨렸다가 죽음을 당하기까지 한 것이다.

유언비어는 사실 건국 직후부터 나돌기 시작했다. 태조 3년 12월에 나라에서 흰 빛깔의 개, 말, 닭, 염소 등을 기르지 못하게 한다는 소문이 떠돌아 세상을 어지럽게 하고 백성들을 불안에 떨게 하였다. 조정에서 조사해 보니 수원의 기관記官 능귀能貴와 용인 호장戶長 희진希進의 소행으로 밝혀졌다. 그들은 모두 참수형에 처해졌고, 시체는 여러 도에 효시되었다.

이듬해 5월에는 '명나라에서 조선에 군사를 보내어 치려고 한다'는 헛소문을 퍼뜨린 요동의 중 각오覺悟를 참수형에 처하였다. 순군옥에 가두고 국문하자 "요동의 민閔 천호가 군사를 거느리고 전쟁에 나갔는데, 조선 사람이 명나라의 허점을 노릴까 봐 나를 보내 정탐하게 한 것이다."라고 하였다.

한편 태종 때는 금이 나오는 우물이 있다는 헛소문이 돌아 임금이 친히 금을 찾아보도록 지시한 일도 있었다. 태종 3년 8월에 어떤 중이 대궐에 와서 고하였다.

"경기도 양주 땅에 금이 나오는 우물이 있습니다. 제가 꿈에서 우물을 보고서 파 보았더니 과연 금이 있었습니다. 꿈에서 깨어나 우물가에 나무를 심어 표를 하였는데, 지금 이미 3년이 지났습니다."

임금이 곧 내시 이용李龍을 시켜 중과 함께 역마를 타고 가서 살펴보게 하였으나 헛일이었다. 임금은 중이 요망하다고 하여 양주의 옥에 가두었다. 우물에서 금이 나온다고 거짓말을 한 사람도 나쁘지만, 실제로 내시까지 보내어 살펴보도록 한 임금도 큰 실수를 한 셈이다.

서울에

운하를

건설하려고 하다

우리나라에 운하를 건설하려는 역사는 고려 시대로 거슬러 올라간다. 고려 중기 최충헌崔忠獻의 아들 최이崔怡가 인천 앞바다와 한강을 직접 연결하는 우리나라 최초의 운하를 건설하려다가 무산된 바 있다.

조선 건국 후에도 운하를 건설하려는 시도는 이어졌다. 먼저 태조가 충청도 태안군 북쪽에 조운선이 다닐 운하를 파려고 하였다. 태조 4년 6월 임금이 지중추원사知中樞院事 최유경崔有慶을 태안에 보내어 운하를 팔 곳을 알아보게 하였다. 최유경이 돌아와서 보고하였다.

"땅이 높고 단단한 돌이 많아 갑자기 팔 수는 없습니다."

보고에 따라 일이 더 이상 진척되지 못하였다.

태종 때도 서울에 운하를 파려는 움직임이 있었다. 태종 13년 7월 좌정승 하윤 등이 용산강에서 숭례문崇禮門까지 운하를 파자고 제안하였다. 임금이 윤허하지 않아 성사되지는 못했지만, 서울 한복판에 운하를 낼 생각을 했다니 대단한 일이다. 용산강은 현재의 한강대교에서 마포까지의 한강 중·하류를 일컫는다.

하윤이 임금에게 올린 운하 건설 방안은 이러했다.

"경기도의 군인 1만 명, 서울의 대장隊長과 대부 4백 명, 군기감軍器監의 별군別軍 6백 명 등 모두 1만 1천 명의 군사들을 징발하여 양어지養魚池를 파고, 숭례문 밖에 운하를 파서 배를 통행하게 하소서."

"우리나라의 땅은 모두 사석沙石이라 물이 머물지 않아서 중국이 판 운하를 본받을 수 없다. 내가 장차 면전에서 의논하겠다."

임금이 의정부에서 신하들의 의견을 물었다.

"숭례문에서 용산강까지 운하를 파서 배를 통행하게 한다면 진실로 다행스러운 일이다. 다만 모래땅이라 물이 항상 차지 못할까 염려스럽다. 경들은 어떻게 생각하는가?"

"가합니다."

대부분의 신하들이 찬성의 뜻을 나타내었다. 지의정부사知議政府事 박자청朴子靑이 의견을 아뢰었다.

"땅은 모두 수전水田이라 새지는 않을 것입니다. 땅을 파는 공사는 1만 명이 한 달 동안 하면 되니 시험해 보십시오."

다만 의정부 찬성사 유양柳亮만이 유독 반대 의견을 내놓았다.

"용산강은 도성에 가까
운데 어찌 백성들을 힘들
게 할 수 있습니까?"

　대부분의 신하들이 운하
건설에 찬성했으나, 임금이
백성의 어려움을 걱정하여
논의를 중지시켜 더 이상
일이 진척되지는 못했다.
태종이 운하 공사를 허락
하였다면 아마도 우리나라
최초의 운하가 서울에 등
장하였을 것이다.

← 수선全圖(서울) 전도全圖, 국립중앙박물관

꿈을

잘못 꾸어

사형당하다

태종 때 정인수鄭仁壽란 사람이 어느 날 꿈을 꾸었다. 정승 이무가 왕이 되어 의장儀仗을 갖추고 거리를 지나가는 꿈이었다. 같은 동네 사람 한용韓龍에게 꿈 이야기를 하였는데, 이를 들은 한용이 말하였다.

"왕위를 바꿀 길한 꿈이다."

이무는 당시의 권력자였다. 1, 2차 왕자의 난에서 공을 세워 공신에 올랐고, 태종 2년에 우정승이 되었으며, 이듬해에 우정승 겸 판병조사判兵曹事가 되었다.

나중에 한용이 정인수와 서로 싸우다가 그 말을 임금에게 고해 바쳤다. 임금이 말하였다.

"꿈에 하는 짓은 혹은 하늘에도 오르고, 혹은 공중에서 날기도 한다. 거짓되고 허망하여 믿을 수 없는 것이다. 다만 꿈에 큰일을 보고 남에게 말을 하였다. 이것이 죄이다."

임금은 순금사에 명하여 곤장을 때리고 석방하게 하였다. 당장 의정부에서 그냥 있지 않았다.

"옛사람이 이르기를 '낮에 한 일을 밤에 꿈꾸는 것이다' 하였습니다. 정인수가 평소에 마음이 없었다면 어찌 그런 꿈을 꾸었겠습니까? 실제로 꿈을 꾸었다 하더라도 깨어난 뒤에는 마땅히 두려워하여 감히 말을 발설하지 않았어야 하는데도 의심치 않고 발설하였습니다. 그 마음을 헤아릴 수 없습니다."

"어떻게 꿈속의 일을 가지고 실형으로 처단하겠는가!"

"꿈이 비록 허황되고 망령되지만, 정인수가 이무의 전성기에 다른 사람에게 이야기하였습니다. 꿈을 해석한 한용의 말도 도리에 어긋납니다. 청컨대 큰 말을 발설한 율로 처벌하십시오."

의정부는 설대언어율說大言語律에 의하여 둘을 처형해야 한다고 주장하였다. 임금도 더 이상 고집을 부리지 않고 윤허함에 따라 정인수와 한용은 참수형에 처하여졌다. 꿈 한번 잘못 꾸었다가 패가망신한 것이다.

꿈에 등장했던 이무도 태종 9년 10월에 애매하게 참수형을 당했다. 태종이 왕권 강화 차원에서 제거하려고 하던 외척 민무구 형제를 비호했다는 혐의를 뒤집어쓰고 죽어야 했다. 어쩌면 정인수의 꿈 이야기도 이무를 제거하기 위한 구실로 활용되지 않았을까.

몇 년 뒤에도 왕을 입에 올렸다가 처벌을 받은 일이 일어났다. 태종 13년 3월 갑사 주화朱和가 궁문을 지키다가 옆에 있는 동료에게 도저히 해서는 안 될 말을 하고 말았다.

"갑사에게 앉거나 누울 도구가 없어 괴롭지 아니한가? 내가 만약 왕이 된다면 갑사들이 이러한 괴로움을 당하게 하지는 않겠다."

한낱 하급 군인이 왕이 된다면 어떻게 하겠다고 한 말은 대역이요 불충에 해당하는 중죄여서 엄한 처벌을 받을 수도 있었다. 주화의 동료들이 승정원承政院에 고하여 임금에게 아뢰게 되었다. 이야기를 들은 임금은 그를 용서하여 주도록 했다. 반면 신하들은 모두 주화를 처벌해야 한다고 주장하였다.

"반드시 처벌할 필요는 없다."

신하들이 계속 처벌해야 한다고 주장하여 임금은 주화를 고향의 군대로 보내라고 명하였다. 말 한번 잘못했다가 장교에서 졸병으로 강등되고 말았다. 자고로 말이란 조심해서 삼가야 할 일이다.

상왕을

사칭하다가

참수되다

대통령을 사칭하고 돌아다니는 사람이 있을까? 자유당 시절에 이승만 대통령의 양아들인 이인수를 사칭한 사람이 있었지만, 조선 시대에는 왕을 사칭하다가 처형된 사람들이 있었다.

태종 2년 11월 김여생金呂生을 업은 중 묘봉妙峰이 지금의 강원도 철원의 민가에 이르렀다. 그 집에 마침 딸이 있어서 묘봉이 김여생을 가리키며 말하였다.

"이분이 상왕인데 장차 복위할 것이다. 사위를 삼으면 좋을 것이다."

조선의 2대 임금 정종은 동생인 태종에게 왕위를 물려주고 물러난 상황이었다. 자기가 업고 있는 사람이 바로 정종이며, 장차 복위한다고 거짓말을 한 것이다. 그 집 사람이 허락하지 않고 말하였다.

"이게 무슨 말이냐?"

"상왕은 존귀하여 걸어 다닐 수 없어 내가 업고 다닌다."

묘봉이 고을에 있는 장군사將軍寺에 가서도 거짓말을 하였다.

"오늘 여러 임금님과 왕자들이 승재僧齋를 이 절에서 행한다."

승재란 승려들을 초대하여 음식을 대접하는 일이다. 옆에 있던 김여생이 상왕인 체하며 말하였다.

"우리 조카아이들이 어찌하여 이 절에 오는가?"

이어서 절의 승려 성총省聰도 거짓말을 하였다.

"회안공懷安公이 군사를 거느리고 서울에 들어갔다."

정종의 조카이며 태종의 아들인 왕자들이 장군사에 와서 승재를 할 것이고, 제2차 왕자의 난에서 이방원에게 패하여 유배 중인 이방간이 반란을 일으켜 서울로 쳐들어갔다는 허무맹랑한 거짓말이었다.

고을 수령이 소식을 듣고 그들을 체포해서 사헌부로 보냈다. 조정에서는 김여생과 묘봉을 참수하고, 성총은 곤장 100대를 때렸다. 상왕을 사칭한 자들이 사형 등의 엄한 벌을 받고 말았다.

어리숙한 사기꾼들의 거짓말이 일으킨 불똥은 엉뚱하게도 조용히 귀양살이를 하던 이방간에게까지 튀었다. 사건이 알려진 후 신하들이 순천에 유배되어 있던 이방간을 제주도로 옮겨야 한다고 주장하고 나섰다. 태종은 윤허하지 않고 오히려 이방간에 편지를 보내어 안전을 약속했다.

"최근 김여생과 중 묘봉 등이 거짓으로 '백형伯兄이 난亂을 꾸몄다' 고 말하여 이미 조사해서 처벌하였소. 얼마 전에는 조사의趙思義가 함경도에서 군사를 움직였소. 이로 인해 백관들이 대궐에 나와 백형을 제주로 내치자고 청하였소. 제주는 바다를 사이에 두어 너무 멀기에 내가 청을 허락하지 않았소. 백형은 의혹을 품지 마시오."

요즈음에도 교묘한 사기꾼이 많지만, 당시에도 상왕을 사칭하며 황당한 거짓말로 무지한 백성들을 현혹시키려 한 사기꾼들이 있었던 것이다.

도사님이 역모를 꾸미다

경상도 진주 땅에 문가학文可學이라는 도사가 살고 있었다. 목화를 우리나라에 도입한 문익점文益漸 선생의 조카로 알려져 있기도 한 그는 태일산법太一算法을 익힌 도가道家의 술사術士였던 것 같다. 태일산법은《태일경太一經》이라는 도가의 술법서로 일기를 예측하고 일식과 월식을 계산하는 등의 수법이다.

"나는 비가 내리고 볕이 날 낌새를 미리 안다."

문가학이 하고 다니는 말을 믿는 자들이 점점 많아졌다고 한다.

소문은 급기야 조정에도 알려졌다. 태종 2년에 가뭄이 심하게 들자 예문관 직제학直提學 정이오가 문가학에게 술법이 있어 능히 비를 내리게 한다며 천거하였다. 임금이 그에게 역마를 타고 서울에 오게 하여 비를 빌게 하자 과연 비가 내렸다. 그 공으로 쌀과 옷을 내려 주었다.

이전에도 그가 비를 오게 한 적이 여러 번 있었다. 경기도 광주에서도 목사의 부탁으로 비가 오게 한 적이 있었다. 세 번을 그렇게 하자 사람들이 매우 혹하였다고 한다. 그 후 한양을 떠나 개성에서 백성들에게 술법을 퍼뜨리며 지내었다.

태종 6년 11월 문가학이 은밀히 생원生員 김천金蔵에게 말하였다. "이제 불법佛法은 쇠잔하고 천문天文이 여러 번 변하였소. 내가《신중경神衆經》을 읽어 신神이 내리면 귀신을 부릴 수 있고, 천병天兵과 신병神兵도 부르기 어렵지 않소. 만약 인병人兵을 얻는다면 거사를 일으킬 수도 있소."

문가학이 감히 반란을 일으키겠다는 뜻을 나타내었다. 김천이 그럴듯하게 여기고 곧 전 봉상시 주부 임빙任聘, 생원 조방휘趙方輝, 전 부정 조한생趙漢生, 전 소윤 김양金亮 등과 함께 문가학에게 붙어 모반을 꾸몄다. 일이 성사되면 문가학을 임금으로 추대하고, 김천은 좌의정, 임빙은 우의정右議政, 조방휘는 우찬성右贊成, 조한생은 지금의 평안도인 서북면 도순문사로 삼기로 약속했다.

어느 날 밤에 그들은 보은사報恩寺 솔밭에 모여 여러 부처와 천신天神, 지신地神에게 거사를 고한 다음 문가학을 임금으로 추대하였다. 임빙에게는 왕이 내릴 교서敎書 두 통을 짓게 하였다. 연철鉛鐵을 사

226

다가 옥새인 어인御印, 의정부의 관인인 의정부인議政府印, 역마를 동원할 수 있는 도장인 병조포마인兵曹鋪馬印, 사신에게 주는 도장인 봉사인奉使印 등도 만들었다. 조한생에게는 평양으로 먼저 들어가 몰래 내통하도록 하였다. 문가학은 도체찰사都體察使, 김천은 도진무都鎭撫라 사칭하며 평양으로 가서 12월 21일에 도순문사를 죽이고 군사를 일으켜 반란을 일으키기로 하였다.

그런데 얼마 지나지 않아 모의가 임빙의 외조부인 조곤趙昆의 귀에 들어가게 되었다. 임빙이 반란 계획을 의심쩍게 여기고 조곤과 상의를 하였던 것이다. 반란 계획을 들은 조곤은 처음에는 거짓으로 계획에 호응하는 척하였다. 그러다가 겁이 나서인지, 상을 받으려고 해서인지 몰라도 곧바로 자수하여 조정에 고해바쳤다.

조곤의 밀고로 반란 음모는 사전에 적발되었다. 문가학과 무리들은 즉시 체포되어 순금사의 옥에 갇히는 신세가 되고 말았다. 사건을 처음 보고받은 임금은 문가학을 미친놈이라고 비난했다고 한다.

"나는 문가학을 미친놈이라 생각한다. 제가 천병과 신병을 부를 수 있다 한다. 미친놈의 말이 아니겠는가?"

황희가 동조자들이 더 위험하다는 뜻을 비치었다.

"한 놈의 문가학은 미친놈이라 하겠으나, 그를 따른 자들이야 어찌 다 그렇겠습니까?"

조정에서는 참찬의정부사 최유경을 위관으로 삼고, 겸판의용순금사사兼判義勇巡禁司事 이숙번, 형조 판서 김희선, 사헌부 집의執義 최부崔府 등으로 하여금 그들을 국문하게 하였다. 그에 따라 사건은 커다란 옥사獄事로 발전하게 되었다.

국문을 마친 조정은 심각한 역모 사건으로 규정하였고, 문가학 일당은 극형을 면할 수 없었다. 사건이 탄로된 지 약 한 달 뒤인 태종 6년 12월 15일에 문가학을 비롯한 임빙, 김양, 김천, 조방휘, 조한생 등 6명을 저자에서 환형轘刑에 처하여졌다. 환형은 거열형車裂刑이라고도 하는데, 죄인의 머리와 사지를 수레에 묶은 채 말을 달리게 하여 신체를 찢어 죽이는 무서운 형벌이었다.

처벌은 여기에 그치지 않고 연루자들의 처자식과 형제들도 연좌되어 죽음을 당하였다. 심지어 문가학의 젖먹이 아들까지도 교수형에 처해지고 말았다. 다만 임빙의 처자와 형제만은 조곤이 자수하였다는 이유로 죽음을 면하였다.

그들 이외에 직접적으로 연관되지 않은 자들도 처벌을 받았다. 조수曹守는 곤장 100대를 맞고 거제도로 귀양 보내져 봉화대에서 일하는 봉졸烽卒이 되었다. 조방휘 누이의 아들을 숨겨 주고 실정을 알고도 자수하지 않았다는 이유였다. 조방휘의 숙부인 승려 묘혜妙惠는 전라도 무안으로, 김양의 조카인 호장 김양의金良義는 경상도 기장으로 각각 귀양 보내어 봉졸로 삼았다.

도사가 섣불리 역모를 꾸몄다가 큰 화를 불러오고 말았다. 불안정한 당시 정국 상황을 잘 보여 주는 하나의 사례라고 하겠다.

조선을

등진

망명자들

조선 시대에는 중국으로 몰래 넘어가거나 망명하는 자들이 많았다. 조정에서는 무단으로 국경을 넘어 중국으로 도망가면 반역으로 간주하여 사형에 처하도록 하였다. 엄격한 법령에도 불구하고 국경을 넘는 자들이 있었다. 태조 4년 2월 평안도에 살던 김법화金法華 등 7명이 국경을 넘어갔다가 잡혔다.

"본국을 배반하고 몰래 다른 나라로 가는 자나, 다만 공모만 한 자도 주범과 종범을 가리지 않고 모두 참수한다."

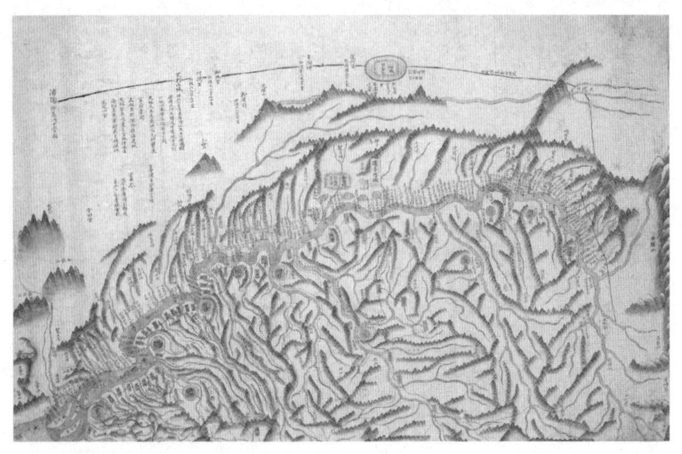

↖ 압록강변계도鴨綠江邊界圖, 국립중앙박물관

김법화 등은 장터에서 참수되었다.

태종 7년 11월에는 압록강을 건너갔다가 체포되어 일가족이 몰살한 사건이 발생하기도 했다. 평안도 용주 사람 명이明伊가 어머니와 처자 다섯 식구를 거느리고 의주에 이르렀다. 그는 의주 백호百戶 김용金龍에게 삼베 1필을 뇌물로 주고 몰래 압록강을 건너기를 청하였다. 김용이 그들을 강가로 데려가 갈대를 베어 떼를 만들어서 건네주었다. 불행히도 명이의 가족은 압록강 건너편에 있는 파사부婆娑府, 즉 지금의 요령성 단동에서 중국 관원에게 체포되었다. 조선으로 보내진 명이의 가족은 법에 따라 참수형을 당하는 비극을 맞아야 했다. 최근 중국으로 건너간 탈북자들이 중국 공안이나 북한 관리에게 잡혀 강제 송환된 후 처형되거나 수용소로 끌려가는 상황이 당시에도 벌어졌던 것이다.

태종 6년 5월에도 승려 해선海禪이 중국으로 몰래 건너갔다가 처벌을 받았다. 그는 사방을 유람한다고 핑계 대고 몰래 중국에 들어갔다가 돌아와서 함경도 경원부 근처에 이르렀다. 동북면 도순문사 박신이 그를 잡아 한양으로 보냈다. 조정에서는 그를 순금사로 보내어 대간과 형조가 함께 국문하게 하였다. 국문을 한 대간과 형조에서는 임금에게 사형을 주장하였다.

"중 해선이 몰래 중국에 들어갔으니 죽이는 것이 마땅합니다."

"이 중이 만약 몰래 다른 나라를 따르고 본국을 배반하기를 꾀하였다면 지금 어찌 즐겨 돌아와 북쪽 지경에 이르렀겠는가? 모두 말하기를 '죽이는 것이 가하다' 하나 정상을 보아 죄를 결정하면 마땅히 죽음에 이르지는 않을 것이다."

좌우의 신하들도 모두 참으로 옳은 말씀이라고 동의를 표하였다. 임금은 해선에게 곤장 100대를 때리고 경상도 합포의 청지기로 보냈다가 다시 내이포, 즉 진해의 선군으로 충군시켰다.

중국으로 넘어가는 자들이 많아지자 조정에서는 그들을 돌려보내기를 요청하였으나 거절당하기 일쑤였다. 탈북자를 한국으로 보내 달라고 해도 중국 측에서 잘 들어주지 않는 것과 비슷하다고나 할까.

태종 11년 6월 성절사聖節使로 명나라 수도에 다녀오던 장사정張思靖이 요동에 이르렀다. 성절사란 중국 황제의 생일을 축하하기 위하여 보내던 사절을 이른다. 그곳에서 의주의 백성 8명이 말 다섯 필을 데리고 요동으로 넘어간 사실을 알게 되었다. 장사정은 요동도사都司에게 그들을 본국으로 돌려보내 달라고 요청하였으나 들어주지 않았다.

한편 중국으로 넘어간 자들 중에는 살기 힘들어져 도로 돌아오는 자들도 있었다. 태종 2년 2월에는 요동으로 넘어갔다가 굶주림과 전쟁 등으로 인해 처자를 이끌고 다시 강을 건너오는 백성들이 길에 연달았다고 한다.

조정에서는 한 가지 걱정거리가 논의되었다. 만약 압록강 근처에 고을을 두었다가 뒷날 요동에 풍년이 들고 전쟁이 그치면 소와 말을 도둑질하여 강 너머로 달아날 것이라고 보았다. 의정부에서 압록강 인근 사람들을 충청, 전라, 경상도 삼도三道의 여러 고을로 옮겨 역驛의 아전이나 관노로 충당해야 한다고 건의하였다. 임금이 그들을 삼도에 안치하고 곡식 종자와 토지를 주어 극진하게 보호하라고 명하였다.

북한 주민들은 오늘도 굶주림과 독재 체제를 피해 북한을 탈출하여 중국 등으로 넘어가고 있다. 조선 초기에도 비슷한 상황이 벌어져 생활고에 지친 빈민, 정치적으로 탄압받던 사람, 조정의 억불 정책에 반발한 승려 등이 국경을 넘어 중국으로 건너갔던 것이다. 진정 역사는 돌고 도는가.

노비가 도성 안에서

말을 타고

돌아다니다

지금은 잘 상상이 되지 않지만, 조선 건국 당시에는 노비들도 말을 타고 버젓이 한양 거리를 누비고 다녔던 모양이다. 정종 2년 7월 문하부의 건의로 노비 등이 도성, 즉 서울 안에서 말이나 소를 타고 다니는 것을 금하게 한 사실이 이를 말해 준다. 건국 직후에는 사회가 안정되지 못하고 신분이 불안정하여 노비 등의 천민도 관직을 얻을 수가 있었다. 또 어엿이 말과 소를 타고 도성을 누비는 노비들도 있었던 것이다.

문하부는 상소를 올려 신분 질서를 엄하게 정비하기를 요청하였다.

"서울은 조정의 관리들이 있는 곳이요, 예악禮樂과 문물이 있는 곳이어서 사방이 본받는 곳입니다. 고려 말년에 기강이 해이해져 예제禮制가 먼저 무너졌습니다. 부유한 상인과 노비의 무리가 살찐 말을 타고 좋은 옷을 입고 조정의 관리들이 다니는 길에 서로 섞여 다녔습니다. 이로 인해 조정 백관의 위엄 낮아지고 존비귀천尊卑貴賤의 등급이 밝지 못하게 되었고, 지금에 이르러서도 폐단이 아직도 있습니다. 참으로 애석한 일입니다. …… 엎드려 바라건대 특별히 공인, 상인, 노비 등의 복색을 정하여 존비귀천의 분수로 하여금 정연하게 차례가 있어 서로 문란하지 못하게 해야 할 것입니다."

임금의 윤허를 받아 장인, 상인, 노비, 목동, 초동樵童, 상복 입은 사람 등은 서울 안에서 말과 소를 타지 못하게 하였다. 노비들은 비록 관직이 있는 자라도 말을 타지 못하도록 하였다. 초동은 땔나무를 하는 아이를 말한다.

만일 어기는 자는 타고 있는 말과 소를 관청에서 몰수하고 곤장 80대를 때리게 하였다. 9품 이상의 관리들에게 위반하는 자들을 체포할 권한을 주고, 그들이 잡은 자들을 고의로 놓아주지 못하게 하였다. 노비가 타고 있는 말이나 소가 주인의 것이면 몰수하지 말고 종만 벌주도록 하였다.

어가에 뛰어들었다가

노비로 전락한

여인

태종 16년 7월에 임금이 의금부와 대간에게 학생學生 김경金敬의 부인인 소사召史의 노비 사건을 재판하도록 했다. 판결 결과가 소사에게 불리하게 나왔던 모양이다. 소사가 재판이 잘못되어 오결誤決이라며 남편을 시켜 청원 문서를 쓰게 하였다. 청원 문서를 지니고 소사가 임금이 길을 지나가기를 기다렸다.

마침 임금이 어가를 타고 지나가자 소사가 앞으로 뛰어들어 호위병들의 의장에 충돌하였다. 호위병이 들고 있는 무기를 제치고 임금에게 뛰어들려고 했던 것이다. 대통령이 타고 가는 승용차를 막고 경호원들에게 달려든 것과 같은 일이었다. 갑작스러운 사태에 임금과 호위병들이 놀라서 혼비백산했으리라.

의장에 부딪힌 소사는 임금 앞에서 크게 부르짖으며 직접 억울함을 호소하였다. 임금이 격노하였다.

"소사가 매우 악하다. 죽인다 하더라도 천심天心이 어찌 죄 없는 사람을 죽였다고 하겠느냐?"

임금이 승정원에 명하여 그녀를 심문하도록 했다. 심문을 받은 소사가 진술하였다.

"황희 판서의 단자單子 때문에 오결한 것입니다."

소사는 억울함을 호소하려고 애매한 황희 대감까지 끌어들였다. 황희가 쪽지를 보내 오결을 유도했다는 것이다. 승정원에서 진술 내용을 보고하였다.

"소사의 말이 옳다면 판결한 관원이 나를 속인 것이 아니겠느냐? 하지만 그 말이 틀린 것이라면 장형을 내릴 죄일 뿐만 아니라, 의장에 충돌하였기에 장차 죽을죄로 처리하겠다."

임금은 의정부, 의금부, 형조 등이 사건을 다시 자세히 조사하도록 하였다. 의정부 등에서 재조사를 하여 결과를 아뢰었다.

"소사가 고소한 내용은 본래 사실이 아닙니다. 황희의 단자 때문에 오결하였다는 말은 거짓이요, 의장에 충돌한 죄는 교수형에 해당합니다."

의장에 충돌하여 교수형을 내려야 한다는 엄청난 보고였다. 임금은 감형하여 죽이지는 말되, 다만 원통하고 억울함이 없는데도 몽롱하게 변명한 죄로 처벌하도록 명하였다. 거짓으로 어가 앞에서 호소한 죄로 남편 김경은 곤장 100대를 때리고, 아내인 소사는 곤장 60대에 도형 3년에 처하여 전라도 원평의 관노비로 소속시켰다.

재판에 불만을 품은 한 여인이 임금의 어가에 함부로 달려들었다가 다행히 죽음은 면하였으나 노비로 전락하고 말았다. 왕조 시대에 감히 임금에게 달려들었다. 죽지 않은 것만 해도 천만다행이었다.

사대부의 부인들은

걸어 다니지도

말라

조선 시대의 여인들은 거의 집 안에 갇혀 사는 폐쇄적인 생활을 해야 했다. 이와 관련하여 태종 16년 8월 사간원에서 황당한 건의를 한 적이 있다. 양반 사대부의 부인들은 외출도 마음대로 하지 말고 길에서 걸어 다니지도 말도록 하자는 건의였다.

"부인은 밖에서 하는 일이 없고 오직 집안 살림을 주관할 뿐입니다. 사대부의 부인들이 가마나 말을 타지 않고 길에서 걸어 다녀 부인의 의義를 잃었습니다. 이제부터는 부모와 서로 만나 보는 외에는 출입을 하지 말고, 마을 거리에서 걸어 다니지 못하게 하여 풍속을 바로잡으십시오. 어기는 자는 사헌부에서 규찰하게 하십시오.”

양반 사대부의 부인이 가마나 말을 타지 않고 걸어 다니는 것은 부인의 의가 아니므로 금지해야 한다는 주장이었다. 부인들은 밖에 나갈 일이 없으니 부모를 만나는 일 외에는 집 밖으로 나가지 못하게 해야 하며, 만약 어기는 여인들은 단속해야 한다고도 했다.

유교적 관념으로 여성들을 철저하게 통제하기 위한 방안이었다. 다행스럽게도 임금이 건의를 윤허하지 않았지만, 남정네들의 집요한 요구에 따라 여인들은 외출도 자유롭게 하지 못하고 거의 집에 갇혀 사는 폐쇄적인 생활을 해야만 했다.

오늘날 일부 이슬람 사회에서는 아직도 조선 시대처럼 여성들이 외출을 마음대로 하지 못한다. 자동차 운전도 못 하게 하는 곳도 있다 한다. 그곳의 시계는 과연 몇 시인가.

한편 조선 시대에는 여인들이 재혼을 못 하도록 하였지만, 조선 건국 직후만 해도 고려의 풍습이 그대로 남아 두 번 이상 결혼하는 여인들이 많았다. 태종 6년 6월 사헌부 대사헌 허응許應 등이 두세 번씩 남편을 얻는 여인들에 대해 비판하며 방안을 건의하였다. 당시 남편이 죽거나 남편에게 버림을 받은 사대부의 본처 중에는 부모가 여인의 수절하려는 뜻을 빼앗아 재가시키거나, 몸단장을 하고 스스로 시집가기도 하는 여인들이 있다며, 그런 여인들은 절개를 잃고도 부끄러워하지 않았다고 한다.

풍속을 해치는 행위를 막아 부도를 바로잡기 위하여 조정에서는 양반의 본처로서 세 번 남편을 얻은 자는 고려의 법에 의하여 〈자녀안恣女案〉에 기록하도록 했다. 이러한 규정은 태종 13년에 편찬된 《경제속육전經濟續六典》에도 명시되었다.

〈자녀안〉은 원래 음란 방종하여 품행이 나쁜 여자의 이름과 죄명을 적어 두는 명부였다. 고려 시대부터 있었는데, 예종 3년1108에 유부녀가 간음하면 〈자녀안〉에 기록하라는 왕명을 내렸다. 처음에는 음란한 여인만 올렸으나, 조선 시대에 이르러서는 세 번 결혼한 여자도 이름을 올리게 되었다. 여인의 이름이 〈자녀안〉에 올라가면 가문의 큰 수치요, 불명예였다.

조선 건국 직후만 해도 여인이 세 번 결혼하는 행위만 막으려 했다. 그 후에 더욱 강화되어 재혼한 여인의 자녀는 과거 시험을 보지 못하거나 요직에 오르지 못하도록 하는, 이른바 재혼 금지법을 시행하여《경국대전》에도 등재하였다. 유학이 국가의 통치 이념이 되면서 여인의 삼종지도三從之道와 정절을 강조하였기 때문에 취해진 조치였다. 애초에는 여인들이 두 번까지는 결혼할 수 있었지만, 나중에는 단 한 번만 결혼하도록 횟수를 줄였다. 조선 여인들은 청상과부라도 평생 수절하며 눈물의 삶을 살아야 하는 비극이 시작되었던 것이다.

마음대로 외출하지도 못하고, 길을 걸어 다니지도 못하며, 결혼도 한 번만 해야 하고, 이혼이나 재혼도 할 수 없었던 조선 시대의 여인들은 통제와 차별의 상징이었다. 그녀들은 과연 무슨 생각을 하며 험한 삶을 살아갔을까.

왕씨 성을 일절 쓰지 못하게 하다

고려 왕족들을 모조리 숙청한 조선 왕조에서는 백성들이 왕씨 성을 일절 쓰지 못하게 하였다. 왕씨 성을 가지고 있는 사람들은 어머니의 성을 따르게 하고, 고려 왕조에서 왕씨 성을 하사받았던 사람들은 모두 원래의 성을 따르게 하였다.

건국 직후 고려 왕실의 후손인 왕씨들은 거의 죽임을 당했으나, 용케 살아남아 목숨을 부지한 이들도 있었다. 그들은 체포되지 않기 위하여 왕이라는 성은 물론 이름까지도 바꾸고 살아야만 했다.

조선 당국의 집요한 추적은 그들을 그대로 두지 않아 도피하다가 잡혀 죽은 이들도 많았다.

태조 6년 12월 왕씨의 서자인 백안伯顔, 연금延金, 금만金萬 등 세 사람이 성과 이름을 바꾸고서 서울과 지방을 돌아다니다가 붙잡혀 국문을 당하고 참수되었다. 얼마 뒤에도 형조에서 약사노藥師奴를 교살했는데, 역시 왕씨의 서자였다.

왕씨들을 잡아서 죽이다 보니 평소에 감정이 있는 사람이나 엉뚱한 사람을 왕씨라고 무고하는 일도 일어났다. 태조 7년 1월 왕흥도王興道란 자를 왕씨의 서자라고 무고했던 이복양李復陽이란 자가 있었다. 이복양이 대사성 변중량卞仲良에게 고하였다.

"왕씨의 서자 왕흥도란 자가 성을 바꿔 황씨黃氏로 하고 경상도 하양에서 밀양으로 옮겼습니다. 하양 감무 어연魚淵, 밀양 부사 박상경朴尙絅, 판관 권간權簡 등이 이를 알고서도 고하지 않았고, 전 지평 이신李申, 교수관敎授官 최관崔關 등은 왕흥도와 더불어 교제하였습니다."

변중량이 임금에게 아뢰었다. 임금이 대간과 형조에 명하여 관련자들을 국문하였다. 왕흥도가 말하였다.

"내가 처음에 성을 왕씨로 하였다가 고려가 멸망한 뒤에 황씨로 다시 고쳤습니다. 사실은 내가 중추원 부사 정탁의 종 이금李金인데, 여러 해 동안 역을 도피하느라고 성명을 왕흥도로 바꾼 것입니다."

정탁을 불러 물어보니 왕흥도의 말이 사실이었다. 임금은 밀양 부사 박상경 등의 관리들을 모두 용서하여 주었다. 다만 하양 감무 어연만은 왕흥도를 왕씨라고 고한 자가 있는데도 끝까지 캐묻지 않았다는 이유로 곤장을 때리고 귀양 보냈다. 무고했다고 하여 형조에서 이복양을 처벌하기를 청하였으나 임금이 용서하였다.

"이복양이 고한 내용이 사실은 아니지만, 왕씨를 황씨로 성을 고친 것은 사실이라 무고로 논할 수 없다."

태종 13년 11월에는 고려 왕족의 후손인 왕휴王庥의 첩이 낳은 아들 왕거을오미王㠯乙吾未 사건으로 조정이 떠들썩하였다. 그는 성과 이름을 바꾸어 이양李陽이라 하고 어머니의 오빠인 공주 사람 이밀충李密沖의 집에 숨어 살다가 체포되었다. 그가 잡히자 대간에서는 주살해야 한다고 주장했으나, 임금은 처벌하지 않고 석방해 주었다. 대신 그를 숨겨 주거나 존재를 알고도 신고하지 않은 20여 명은 용서하지 않고 귀양 등의 처벌을 내렸다.

왕씨를 찾는 수색과 적발은 한동안 계속되었다. 태종 16년 11월에 왕상우王上尤와 그의 아우 왕화상王和尙이 오랫동안 도망하다가 체포되기도 했다. 그들은 전 김해 부사 이수李穗의 가노家奴로 숨어 지내고 있었는데, 왕씨가 이수의 여종에게 장가들어 낳은 아들들이었다. 나중에 왕상우와 아우를 석방하여 본 주인인 이수에게 주고, 그들을 숨겨 준 자들을 처벌하였다.

나라를 빼앗긴 것도 억울한데 목숨까지 잃고 왕씨 성도 버려야 했다. 고려 시조 왕건王建의 후손들은 구천에서도 편히 잠들 수 없었으리라.

시골 사람이 함부로 창덕궁에 들어가 구경하다

지금은 누구나 창덕궁 같은 대궐에 들어가서 관람하지만, 조선 시대에 대궐은 일반 백성은 감히 접근조차 할 수 없는 그야말로 구중궁궐이었다. 임금이 사는 대궐에 한번 들어가서 둘러보는 것은 왕조 시대에 사는 일반 백성들이라면 누구나 가질 커다란 꿈이었을 것이다. 더구나 시골 사람들에게는 더 큰 소망이었음에 틀림없다.

어떻게 들어갔는지 몰라도 감히 삼엄한 경비를 뚫고 창덕궁에 들어가서 버젓이 후원 깊숙이까지 구경한 시골 사람들이 조선 초기에 있었다. 손귀생孫貴生과 그의 친구가 그런 인물이었다.

태종 9년 4월 시골에 살던 손귀생 등은 상경하여 창덕궁에 들어갔다. 여기저기 두리번거리면서 구경하다가 후원에 자리 잡고 있던 광연루廣延樓의 연못에까지 이르렀다. 창덕궁 뒤편의 깊숙한 곳이었다.

광연루는 태종 6년 4월 태종이 경복궁의 경회루慶會樓를 본떠서 창덕궁 후원에 건립한 누각이다. 태종은 부친인 태조와의 불화로 경복궁에 머물기를 꺼려서 거의 창덕궁에서만 지냈다. 당시 광연루는 신하들과 함께 연회를 열거나 외국 사신을 접대하고 잔치를 베푸는 곳으로 사용되고 있었다.

손귀생 등은 창덕궁을 돌아다니다가 체포되어 순금사의 감옥에 구금되는 신세가 되고 말았다. 순금사에서는 법령에 따라 곤장 80대를 쳐야 한다고 아뢰었다. 임금은 그들이 무지한 시골 사람이라며 관대하게 처분하여 방면하라고 지시하였다.

임금은 전에도 비슷한 일이 있었다면서 일화를 소개했다. 임금은 손귀생의 일이 "바로 이와 똑같은 일이다."라고 말하였는데, 승정원 승지 조서趙敍와 관련된 사건이었다. 조서가 창덕궁에서 숙직하던 날 시골 선비 한 사람을 데리고 들어와 같이 밤을 지내고 이른 아침에 내보냈다. 시골 선비가 나가는 길을 잃어버려서 어쩌다 침전寢殿의 뜰 안으로 들어갔다. 궁인들이 놀라서 꾸짖자 그가 대답하였다.

"나가려고 한 것뿐입니다."

사건을 보고받은 임금은 그냥 보내라고 지시하였다.

"무지한 자이다. 좌우의 신하들이 들으면 반드시 법대로 처치하라고 청할 것이다. 빨리 놓아 보내어 가도록 하라."

임금은 친구 따라 창덕궁에 들어왔다가
길을 잃은 조서의 친구처럼 손귀생도 멋모
르고 광연루까지 왔으니 용서해 주도록 하
였다. 시골 백성이 꿈에 그리던 궁궐에 한
번 들어갔다가 곤장을 맞고 큰 곤욕을 치
를 뻔했지만, 임금의 배려로 무사히 집으
로 돌아갈 수 있었다.

◀ 신부信符, 국립중앙박물관

황색

속옷을

금하라

전통 시대에 황색은 황제의 상징이었다. 황제가 아닌 누구도 황색으로 옷을 지어 입거나 물품을 만들어 사용할 수 없었다. 위반하면 최고 대역 모반죄로 극형에 처해지기도 했다.

중국인들은 현玄이 하늘빛이라 가장 높다고 여겼고, 황黃은 땅빛을 의미한다고 보았다. 명나라 초기에 황제의 정복인 곤복袞服은 검은색 현의玄衣, 붉은색 홍상紅裳이었다. 황제의 평상복은 황색이나 자색을 사용하였다. 황태자의 곤복은 황제와 같았고, 황제의 아들이나 형제인 친왕親王의 곤복은 청색을 쓰도록 했다. 나중에는 황제의 곤복도 황색으로 바뀌었다. 중국인들은 황제의 색깔인 황색, 현색, 자색 옷을 입지 못했다. 겉옷은 물론 속옷도 마찬가지였다.

조선 왕조에서는 명나라에게 사대의 예를 표했다. 개국 직후부터 모든 백성들에게 황색 사용을 금지하는 조치를 취하였다. 태조 5년 6월에 모든 남녀 백성들의 황색 옷을 금하였고, 2년 후인 태조 7년 6월부터는 황색만이 아니라 회색과 흰색 옷도 입지 못하도록 하였다.

태종 1년과 6년에도 황색 사용과 황색 옷의 착용을 금지하는 법령을 엄격하게 지키도록 전국에 명하였다. 태종 13년에 편찬된《경제속육전》에도 명시하였다. 세종 때에는 황색 옷만이 아니라 황색과 비슷한 색깔의 옷도 입지 못하게 하였다. 황색은 중국처럼 겉옷만이 아니라 속옷에도 사용하지 못했다.

황색 이외의 청색, 현색 등은 철저하게 금지하지 않아서 일부 사용이 허용되기도 했다. 건국 직후에는 왕을 좌우에서 호위하는 군사들이 자색 옷을 입었고, 중앙의 시위를 맡아보던 방패군도 모두 청의靑衣와 홍상을 입었다. 기생들의 장삼은 청색과 현색이 반반씩 들어갔다.

세종 27년1445부터는 방패군의 옷은 회색으로 고치고, 기생의 옷은 그대로 두되 굳이 고쳐야 한다면 청색만을 쓰도록 했다. 더구나 모든 관리와 백성들은 홍색으로도 속옷을 만들어 입지 못하게 하였다.

황색 사용을 금하다 보니 외교적으로 황당한 일이 일어나기도 했다. 태종 17년 5월에 일본 사신이 조선 국왕에게 바치려고 강황을 가지고 왔는데, 색깔이 황색이라는 이유로 받지 않았다. 강황은 생강과에 속하는 풀로, 뿌리를 양념이나 염료로 사용하였다. 당시 조선 조정에서는 그 정도로 황색 사용 금지령을 철저하게 지키려는 모습을 보였다. 중국과의 외교적 문제가 발생할 만한 빌미를 주지 않기 위하여 중국 사신이 보는 곳이 아니더라도 황색에 가까운 것은 무엇이든지 사용을 금지하였다.

조정에서 법령까지 만들어 가면서 황색 사용을 강력하게 금지했지만, 일반 민간에는 잘 먹혀들지 않았던 것 같다. 세종 26년1444 윤 7월 민간에서 황색 옷을 착용하지 못하도록 하라고 사헌부에 지시한 임금의 말에 저간의 사정이 엿보인다.

"황색은 함부로 사용할 수 없다. 그것을 금하는 법이 《경제속육전》에 뚜렷이 실려 있다. 그런데도 지금 양갓집 부녀와 기생, 공사公私의 천인들까지 노상이나 연회에서 황색으로 물들인 옷을 드러내 놓고 착용한다. 신부가 첫날밤을 치르는 합방 의식을 하는 날과 처음 시아버지와 시어머니를 뵐 때에도 황색 옷을 입기에 이르렀다. 지금부터는 엄금함을 거듭 밝히고 황색 옷을 착용하지 못하게 하라."

임금의 영이 전혀 서지 않아 양반부터 천인까지 모두들 황색 옷감으로 만든 옷을 입고 거리를 마구 활보하였던 것이다.

전직 관리가 황색으로 만든 보자기를 가지고 다니다가 곤욕을 치른 사건도 일어났다. 태종 8년 4월에 전 사재감 이진李震이 지방에서 서울로 들어오면서 종을 시켜 황색 보자기를 가지고 따르게 하였다. 사헌부의 아전 김을지金乙持가 그것을 보고 빼앗으려 했다. 비록 아전이라도 비위를 감찰하는 사헌부 아전은 관원의 잘못을 지적하고 따질 권한이 있었다.

이진이 보자기를 빼앗기지 않으려고 하여 김을지가 이진의 옷을 붙잡고 책망했다. 전 사윤司尹 김조金稠가 길에서 그 광경을 보고 이진을 두둔하려다가 역시나 김을지에게 욕을 당했다. 조정의 관원이 공개적인 장소에서 아전에게 모욕을 당하는 수치를 겪고 말았다. 김조가 분을 품고 사헌부 관리에게 말하였다.

"을지의 무리가 3품 관원을 능욕하였다. 마땅히 형벌을 가해야 한다."

사헌부에서는 오히려 이진과 김조 두 사람을 모두 처벌해야 한다고 주청하였다.

"이진은 법령을 범하여 황색 보자기를 싸 가지고 다녔으면서도 스스로 굴복하지 않았습니다. 김조는 자기와 관계도 없는 일로 사헌부의 아전과 서로 비난하여 스스로 가볍게 욕을 당했습니다."

팔은 안으로 굽는다고 사헌부에서는 관원보다는 자기들의 아전을 두둔했던 것이다. 그리하여 이진은 황해도 평산으로, 김조는 수원으로 귀양을 갔다. 김을지는 조정 관원을 능욕한 죄로 곤장을 때려 내쫓았다.

황색 사용 금지법은 백성만이 아니라 임금에게도 예외 없이 적용되었다. 고려 시대만 해도 임금은 황색을 사용할 수가 있었다. 황색 일산日傘을 쓰기도 하고, 우왕이 황색 종이로 과녁의 한가운데를 만들어 활쏘기를 하였다는 기록도 있다. 조선 초기에 태조와 태종이 황색 비단 요를 잠시 썼다가 없앤 적이 있지만, 조선 시대에 접어들어서는 임금도 황색을 쓰지 않았다. 임금의 정복인 면복冕服의 색깔도 초기에는 청색이었고 후기에는 홍색이었다.

한편 조선 초기에는 황색만이 아니라 흰색과 함께 회색이나 옥색 옷도 입지 못하도록 하였다. 태조 7년 6월 모든 남녀 백성들에게 황색, 흰색, 회색 옷을 금지하도록 했다. 태종 1년 5월에는 흰 빛깔의 의복을 금하였으며, 이듬해 3월에는 회색 옷을 금하도록 명하였다.

당시에는 일반 백성만이 아니라 관리들도 흰색 계통의 관복을 입지 못했다. 태종 11년 4월 임금이 조회를 받고 지신사 김여지에게 명하였다.

"내가 상사喪事를 마친 이후에 오늘에야 비로소 조회를 받았는데, 백관의 옷 색이 모두 흰빛에 가까워 매우 놀랐다. 옛사람이 이르기를 '흰 옷을 입는 것은 오랑캐의 징조이다'라 하였다. 이제부터 조회 때에는 너희들이 먼저 채색된 옷을 입는 것이 좋겠다."

8개월 후인 태종 11년 12월 예조에서 회색과 옥색의 의복을 금하도록 다시 청하였다.

"금년 4월에 왕명이 있어 대소의 조회에 회색과 옥색 의복을 금지하였습니다. 그 뒤에 대소 관원이 조회하는 이외에 궐내와 관아 거리에서 공공연하게 입고 다녀 참으로 좋지 않습니다."

임금은 이듬해 정월 초하루부터 회색과 옥색 의복을 일절 금지하라고 다시 명하였다. 태종 15년 11월에는 옥색 옷을 금하지 말고 짙게 물들여 입는 것을 허락하라고 명하였지만, 이듬해 4월 옥색 옷을 다시 금지하였다.

조선 시대에는 황색으로 속옷도 만들어 입지 못했다. 여기서 그치지 않고 흰색, 회색, 옥색이 들어간 옷도 입지 못하게 하였다. 중국과의 사대 관계를 고려하더라도 너무 심하지 않았나 하는 생각이 든다.

남자들만

호패를

차라

민주화된 현대 사회에서는 상상하기도 어려운 일이지만, 조선 시대에 살던 일반 백성들에게는 거주 이전의 자유가 없었다. 자기가 살고 싶은 동네나 고장으로 마음대로 옮겨 살지 못했다. 재산이나 직업이 없는 백성들이 여기저기 옮겨 다니면 인구가 줄면서 세금도 줄어들기 때문에 백성들을 한곳에 묶어 두려고 했던 것이다.

태조 2년 11월 거주 이전에 관한 도평의사사의 건의를 수용하였다. 호구戶口가 호적에 등록된 이후에 거주지를 멋대로 옮기면 가장

252

은 곤장 100대를 때리고, 받아들인 사람도 가장과 같은 벌을 주도록 했다. 마을 안에서 이사를 오가는 사람이 있는데도 즉시 관청에 알리지 않은 이장里長은 곤장 70대를 때리고, 이사한 자를 본고장으로 돌려보내지 않은 수령과 이사하였는데도 심문하지 않은 수령은 각기 곤장 60대를 치도록 하였다.

백성들의 거주 이전을 막기 위해 취한 또 다른 조치가 호패號牌 제도였다. 호패는 양반부터 노비에 이르기까지 16세 이상의 남자들이 지니고 다녀야 했던 일종의 신분증이었다. 조선 왕조는 백성의 이탈을 막고, 도적을 예방하며, 군역이나 부역 등을 부과하기 위해 초기부터 호패 제도를 제정하여 실시하였다. 태종 13년 9월 1일에 의정부의 제안으로 만든 호패 제도를 살펴보면 다음과 같다.

- 호패의 형태는 길이가 3촌 7푼, 넓이가 1촌 3푼, 두께가 2푼이고, 위는 둥글고 아래는 모가 지게 한다. 태조 때부터 사용된 영조척營造尺에 의하면 1자는 32.2cm였다. 호패의 길이는 약 11.9cm, 넓이는 약 4.2cm, 두께는 약 0.6cm였다.
- 호패의 재질로 2품 이상은 상아나 녹각鹿角, 4품 이상은 녹각이나 황양목黃楊木, 5품 이하는 황양목이나 자작목資作木, 7품 이하는 자작목, 서인 이하는 잡목을 쓴다. 단 상급자는 하급자의 재질을 사용할 수 있으나, 하급자는 상급자 재질을 사용하지 못한다.
- 2품 이상은 오로지 입궐할 때에만 호패를 사용한다.
- 본인이 호패를 만들어 바치도록 하여 한양은 한성부가, 지방은 각 수령이 맡아서 화인火印을 찍어 준다. 자기가 만들 수 없는 자

는 나무를 바치도록 허락하
여 공장工匠이 만들어 주도
록 한다.

• 호패에 쓰는 글로 2품 이상
은 '아무 관某官'이라 쓰고, 문
무의 정직正職인 현관顯官 3
품 이하는 '아무 관'이라 쓰
고, 일정한 직무가 없는 산
관散官 3품 이하는 '아무 관,
성명, 거처 아무 곳居某處 아
무 리某里'라 쓰는데 서인도
또한 같다. 다만 얼굴은 무슨
색이고, 수염이 있는지 없는지를 덧붙인다.

← 호패號牌, 국립중앙박물관

• 군관軍官은 계급에 얽매이지 않고 '아무 군某軍, 아무 패某牌 소속'이라
쓰고, 키는 몇 척 몇 촌인지를 쓴다. 천한 일에 종사하는 잡색인雜色
人은 '아무 역 사람某役人, 거처 아무 곳'을 쓰고, 종들은 '아무 집 종某
戶奴, 나이, 거처 아무 곳 아무 리, 얼굴 색, 수염이 있는지 여부, 키는
몇 척 몇 촌'이라고 써서 화인을 찍는다. 현관은 화인을 면제한다.

• 만약 패를 바치고 호패를 받지 않는 자가 있으면 중형으로 논죄하
며, 기일 이후에 호패를 받지 않는 자는 신고하도록 허락하여 제서
유위율制書有違律에 의하여 처벌한다. 만약 남에게 빌리거나 빌려 주
는 자가 있으면 각각 2등을 감하여 처벌한다. 일정한 곳에 머물러
살지 않고 떠돌아다니는 자는 1등을 감하여 처벌한다. 이장과 수

령으로서 능히 고찰하여 본거지로 돌려보내지 못하는 자는 각각 2
등을 감하여 처벌하며, 관문과 나루의 관리로서 호패가 없는 이를
마음대로 통과시키는 자도 2등을 감하여 처벌한다.

- 호패를 위조하는 자는 위조보초율僞造寶鈔律로 논죄하며, 호패를 잃
  어버리는 자는 불응위율不應爲律에 의하여 태형을 집행하고 다시 지
  급한다. 호패를 함부로 두는 자도 불응위율로써 태형을 집행한다.

호패는 신분과 관직에 따라 재질과 기재 내용이 달랐다. 관직, 성
명, 거주지, 나이, 얼굴색 등을 쓰고, 호패를 위조하거나 잃어버린
자 등은 처벌하도록 했다.

호패 제도는 제정된 직후부터 실시되었는데, 호패를 위조하거
나 고치는 자들이 많아 시행에 많은 어려움이 뒤따랐다. 서인들,
즉 양인들은 호패를 받으면 곧 호적과 군적에 올라가 군인으로 뽑
히거나 과중한 부역이 부과되었기 때문에 기피를 목적으로 호패
를 위조하였다.

태종 14년 10월 한성부의 보고가 있었다.

"호패의 법은 백성의 귀천을 구별하려는 것입니다. 간교한 무
리들이 감히 깎아 내고 고치는 짓을 행하여 진위가 혼동됩니다."

문제를 해결하기 위해 조정에서는 호패를 다시 만들어 사용하
도록 했다. 한양에 거주하는 사람은 호패의 앞면에 '한성부' 3자를
쓰고 그 아래에 화인을 찍었다. 뒷면에는 화인을 찍고 성명, 나이,
신장, 얼굴 모습을 쓰도록 했다. 이렇게 하면 호패 위조를 방지할
것으로 생각했으나, 소기의 성과를 거두지는 못했다. 2년 뒤인 태

종 16년 6월 급기야 호패 제도를 폐지하기에 이르렀다. 세조 4년 1458 4월에 다시 호패 제도를 부활했으나, 위조 등으로 시행이 부진을 면치 못하였다.

호패는 무엇보다 거주지에서의 이탈을 막고 세금을 제대로 걷기 위해 만들어서 여자들은 해당되지 않았다. 그렇다고 여자들이 아무런 통제도 받지 않고 자유롭게 돌아다녔던 것은 아니다. 세금 부과 대상에서 제외된다는 것은 그만큼 더한 차별을 받았다는 의미이다.

노비에게도

봉급과 휴가를

주다

조선 시대의 노비는 주인이 누구냐에 따라서 국가 소속의 공노비와 개인 소유의 사노비로 나뉘었다. 공노비들은 각자 맡은 일정한 직무 외에도 갖가지 고역에 시달려야 했다. 사노비들은 주인집에서 각종 집안일에 동원되거나 주인의 토지에서 농사를 지어야 했다.

공노비에 비하여 사노비의 처지는 더욱 열악하여, 주인들이 마구 구타하거나 잔인하게 학대하는 경우가 많았다. 심지어 노비들의 코와 귀를 베고 얼굴에 문신을 하기도 했다. 이 와중에 맞아 죽는 노비들도 자주 생겨났다. 학대를 받은 노비들은 참다못해 주인을 구타, 살해, 능욕, 고소하는 등의 방법으로 저항하였다. 그마저 여의치 못하면 도망하여 여기저기 떠돌다가 도둑이나 중이 되기도 했다.

사노비들이 비참한 대접을 받은 반면, 공노비들은 여러 가지 혜택을 받았다. 나라에서는 나름대로 보호 내지 구호 차원에서 공노비에게 봉급을 지급하고 휴가를 주기도 했다. 특히 출산을 앞둔 여종에게는 요즘과 같이 출산 휴가를 주는 배려가 베풀어졌다. 나라에 공을 세운 노비들은 양민으로 신분 상승을 시켜 주기도 했다.

건국 직후에는 공노비들에게 저화로 월급을 주었다. 당시 사람들이 저화를 천하게 여기고 쌀을 귀하게 여겨 공노비들은 저화를 달가워하지 않았다. 세종 4년1422에는 노비들의 월급을 쌀로 주게 하였다.

공노비에게 급료를 주도록 했지만, 건국 직후에는 잘 지켜지지 않았다. 급료를 받지 못해 도망가는 노비들이 많았다. 세종 2년1420에 급료를 잘 주도록 하라는 왕명을 내리기도 했다.

당시에는 한양에서 일하는 공노비들에게 휴가를 주기도 하였다. 휴가를 받은 노비들은 고향을 방문하곤 했다. 고향에 내려간 노비들 중에 제때 상경하지 않는 자들이 많았다. 여러 관청의 노비들이 휴가를 얻어 고향에 내려갔다가 곧 상경하지 않으면 관리들이 중앙과 지방 관청 간의 연락을 담당했던 경주인京主人에게 돈을 대신 물어내도록 하였다. 경주인은 지방 수령이 서울에 파견한 아전이나 향리鄕吏였다. 돈을 물어내느라 폐단이 많아지자 세종 2년부터는 휴가를 받은 사람이 기간 내에 상경하지 못하면 해당 도에다 공문을 보내어 독촉하도록 하였다.

관청에서 일하는 여자 노비에게 출산 휴가도 주었다. 건국 직후에는 관청의 노비가 아이를 낳을 때에는 반드시 출산 후 7일이 지나야 일을 하게 하였다. 세종 12년1430에는 산기가 임박하여 복무하다가 미처 집에 가기 전에 아이를 낳는 것을 방지하기 위하여 출산 1개월 전부터 공노비의 복무를 면제토록 하였다.

조선 초기에는 공노비만이 아니라 궁녀들에게도 급료를 주었다. 태종 1년 3월 태조가 거처하는 태상전太上殿에서 일하는 5품 상궁尚宮부터 9품 사식司飾까지의 궁녀들에게 품계에 따라 월급을 차등 있게 주도록 하였다.

화폐

위조범을

찾아라

건국 초기에는 주로 쌀과 베가 화폐로 이용되었다. 그러다 태종 1년에 중국 제도를 본받아 사섬서司贍署를 설치하고 닥나무 껍질로 만든 지폐인 저화를 발행, 유통시키려고 했다. 저화는 이미 고려 말에 잠시 유통되었다가 중단된 바 있었다.

태종 2년 1월에 처음으로 저화 2천 장을 만들어 시중에 유포하였다. 조선 최초의 지폐가 발행되었으나, 백성들은 여전히 쌀과 베를 화폐로 사용하여 제대로 유통되지 않았다. 저화의 유통을 더욱 어렵게 만든 것은 위조가 널리 이루어졌기 때문이다. 정교하게 만들어지는 오늘날의 지폐도 위조가 많은데, 당시의 저화는 더욱 손쉽게 위조할 수 있었을 것이다.

조정에서는 저화를 위조한 자나 사용한 자들을 엄하게 처벌하고자 하였다. 태종 11년 윤12월 사헌부에서 개성 유후사의 낭리郎吏 이원상李原常 등이 저화 위조를 단속하지 못하였다고 하여 태 40대를 속받도록 하는 벌을 내렸다.

다음 해 10월에도 위조한 저화를 사용한 사람 3명이 잡혀서 처벌을 받았다. 그들 중 한 명은 맹인이고, 한 명은 무녀이며, 나머지 한 명은 역리驛吏였다. 사건을 보고받은 임금이 처벌을 완화해 주었다.

"무지한 사람들이 잘못하여 사용했을 뿐, 스스로 만들지는 않았다. 맹인은 처벌을 면해 주고, 나머지는 감형하여 가볍게 처벌하도록 하라."

태종 13년 6월 배주의 수령 이계경李季卿이 공물로 바친 저화 2백 장 속에 위조 저화가 1장 들어 있었다. 조정에서는 이계경이 잘 살피지 않고 바친 죄로 태 50대를 속바치고 임지로 돌아가게 하였다. 태종 12년 3월에는 사섬서 령令이었던 송남직宋南直이 파직되었다. 사섬서에서 인쇄한 저화 중에 잘못된 것이 많아 사헌부의 탄핵으로 파직된 것이다.

저화를 위조하는 사람들은 일반 백성들이 많았지만, 발행을 담당한 관리들이 포함되어 단속을 더욱 어렵게 하였다. 태종 17년에 동부지돈녕부사同副知敦寧府事 조혜趙惠와 사복시 직장 이효량李孝良 등이 형조에서 국문을 받았다. 사섬서의 후신인 사섬시司贍寺의 관리로 있던 두 사람이 저화를 발행하는 종이를 제조하면서 숫자를 줄여 호조에 보고하고 나머지를 창고에 감추어 두었다가 발각되었기 때문이다.

같은 시기에 사섬시 주부 윤자견尹自堅이 직장 섭공무葉孔茂, 윤가생尹可生 등과 함께 사사로이 닥나무 종이를 준비해서 제조관提調官이 저화를 검인할 때 몰래 섞어 저화를 찍어 내었다. 그들은 위조한 저화를 관청에서 사사로이 쓰는 경비로 삼아 매번 술과 음식을 준비하여 연회를 하고 소를 잡아 술을 마시기까지 하였다. 형조에서 그들을 국문하고 결과를 임금에게 보고하였다. 보고서에는 윤자견과 섭공무의 죄가 같다고 되어 있었다. 임금이 보고서를 보고는 말하였다.

"윤자견과 섭공무의 죄가 같다면 불공평하지 않는가?"

"정상을 캐어 보면 죄가 한 가지입니다."

"섭공무가 비록 윤자견과 더불어 사사로이 저화를 찍어 내었으나, 윤자견은 소를 잡아서 잔치를 베풀었고 섭공무는 참석하지 않았다. 섭공무의 죄가 조금 가벼우니 자자刺字와 유형을 면제하라."

결국 함께 위조를 공모하였지만 소를 잡아서 잔치를 했다는 이유로 윤자견은 자자와 유형에 처해지고, 반면 섭공무는 잔치에 참석하지 않아 벌을 면해 주었다. 자자는 얼굴이나 팔뚝의 살을 따고 홈을 내어 먹물로 죄명을 찍어 넣던 벌이었다. 윤자견의 아버지인 전 안성 군수 윤충보尹忠輔가 신문고를 쳐서 호소하였다.

"노신의 자식이 자자되어 오점이 후세에 미치는 것이 참으로 슬픕니다."

임금이 윤자견의 벌을 감해 주기로 하였다.

"사림들이 모두 알고 사관이 쓰면 자자를 하나, 하지 않으나 마찬가지다. 호소를 들어주어 우선 자자를 면제하고, 유형과 장형을 모두 속받으라.”

윤자견에게는 곤장 100대에 유형 2천5백 리를 속받았고, 섭공무에게는 곤장 100대를 때리도록 하였다. 위조에 참여한 윤가생은 곤장 60대에 처하였다. 잔치에 초대되어 참석한 율학律學 박사 공윤귀公允貴, 예빈시禮賓寺 녹사 임명산林命山 등은 태 50대를 맞고 파직당하였다.

처벌 수위가 낮아서 그랬는지 저화 위조를 단속해도 크게 성과를 거두지는 못했다. 그 후 저화의 값도 계속 낮아지고 상인 등의 백성들도 쓰지 않게 되어 저화 유통의 효과를 거두지 못했다. 조선 중기에 이르러 저화는 거의 유통되지 않고 말았다.

상인과

공인도

세금을 내다

조선 초기에는 농업을 가장 중요한 산업으로 중시하고, 상업이나 공업은 말업末業이라 하여 억제하는 억상정책抑商政策을 시행하였다. 당연히 상공업이 발달하기 어려웠으나, 그럼에도 상인이나 공인, 즉 장인과 공장들에게 각종 세금을 거두어들였다.

건국 직후 농민들은 매년 수확물의 10분의 1을 전세田稅로 내었으나, 상인과 공인들은 세금을 내지 않았다. 그러던 중 태종 15년 3월 의정부와 육조에서 상인과 공인들에게도 30분의 1세를 징수하자는 방안을 건의하였다.

"농민, 공인, 상인도 모두 나라의 백성입니다. 농가의 괴로움은 더욱 심한데도 오히려 10분의 1의 세금을 내는데, 공인과 상인은 일찍이 세금이 없었습니다. 비록 10분의 1을 세금으로 받지 못한다고 하더라도 30분의 1을 세금으로 받도록 허용하여 군국軍國의 용도에 보태도록 하십시오. 또 공인과 상인의 월세를 면제하고 30분의 1의 세금을 걷도록 하십시오."

상인과 공인들에게도 세금을 징수해야 한다는 주장이었다. 다만 10분의 1이 과하므로 30분의 1의 세금을 걷고, 대신 전부터 징수하던 월세는 면제해 주자는 방안이었다. 상인과 공인에게 징수하던 월세의 액수는 본래 저화 1장이었다. 임금이 상인과 공인의 부담을 고려하여 윤허하지 않음으로써 실행에 옮겨지지는 않았다. 대신 매월 징수하던 월세는 계속 걷도록 하면서 그 다음 달에 새로운 월세의 수세법收稅法을 마련하여 시행하게 되었다.

수세법에 의하면 한양을 기준으로 상인에게 여러 종류의 월세가 있었다. 먼저 상고인商賈人에게서 걷는 월세이다. 행랑에서 장사하는 상고인의 월세는 그들이 취한 이득의 다소에 따라 3등분하여 상등은 매월 저화 3장, 중등은 2장, 하등은 1장을 내도록 하였다. 상고인은 월세 외에 장랑세長廊稅 또는 행랑세를 내야 했다. 행랑 한 칸마다 봄, 가을 두 차례에 걸쳐 저화 1장씩을 바치게 하였다.

상고인은 나라에서 마련해 준 행랑에 일정한 가게를 차리고 장사를 하는 시전市廛 상인이었다. 한양에는 태종 12년 2월부터 2년여에 걸쳐 2,500여 칸의 행랑이 조성되었다. 행랑에는 주로 궁궐이나 관아의 수요 물품을 취급하는 상인들이 입주하여 고급 직물과 종이 등을 취급하였다.

여기저기 돌아다니며 물건을 파는 행상에게도 매월 저화 2장을 거두었다. 행상에게 걷는 세금을 행장세行狀稅라고 했는데, 상인들에게 통행의 편의를 봐주는 대신에 매달 거두던 세금이었다. 당시에는 다른 지방을 왕래하는 행상이나 먼 곳을 여행하는 사람에게 문인文引이라는 행상 증명서 내지 여행 증명서를 거주지 관청에서 발급하였다. 문인을 발급해 주면서 매기던 세금이 바로 행장세이다.

오늘날의 노점상이라고 할 좌고坐賈도 월세로 저화 1장을 바치도록 했다. 한성 상인들은 이처럼 상고인, 행상, 좌고 등으로 나누어 월세를 징수하였던 것이다.

새로운 수세법에 따라 공인도 월세를 내도록 하였다. 상고인과 마찬가지로 상등인 자는 저화 3장, 중등은 2장, 하등은 1장을 바치게 하였다.

상인과 공인의 세금을 저화로 내도록 한 것은 부진한 저화 유통을 활성화시키기 위한 조처였다. 조선 왕조는 초기부터 지폐인 저화를 만들어 사용토록 하였으나, 제대로 통용되지 못했다. 그리하여 세종 5년1423에 조선 최초의 동전인 조선통보朝鮮通寶를 발행하였고, 2년 후부터는 저화 사용을 중지하고 동전만 사용하게 하였다. 그때부터 세금도 동전으로 걷게 되었다.

당시 저화 1장은 쌀 1말에 해당되고, 쌀 1되 값은 동전 4문文이었다. 상고인과 공인의 월세가 상등은 동전 1백 20문, 중등은 80문, 하등은 40문으로 바뀌었다. 행상의 월세는 매달 동전 80문, 좌고는

40문이고, 행랑세는 한 칸마다 봄가을로 저화 1장씩을 수납하도록 했으나 동전 1백 20문씩을 수납하게 되었다. 세종 9년1427 1월에는 한성부에서 징수하던 상고인과 공인의 월세를 등급에 따라 90, 60, 30문으로 하향 조정하여 상공인들의 부담을 줄여 주었다.

상고인과 공인의 월세는 줄어들었지만, 행상이나 좌고의 월세는 줄어들지 않았다. 이미 태종 16년 8월에 행장세를 줄여 주자는 의견이 대두되었지만, 한성부의 반대로 실현되지 못했다.

"상인의 월세는 이미 줄이도록 명하였는데, 행장세를 아울러 줄이면 본업인 농사를 버리고 말업을 하는 자가 많을 것입니다. 전례에 따라 거두도록 하십시오."

행장세를 줄이면 사람들이 농업을 버리고 모두 행상이나 장사를 하겠다고 나설지도 모르므로 줄여서는 안 된다는 주장이었다. 지금 생각하면 말도 안 되는 소리라고 하겠지만, 농업을 천하의 대본大本으로 여기고 있던 당시에는 절실한 일이 아닐 수 없었다.

조선 시대의 위정자들은 발전하라고 밀어주기는커녕 억제하면서도 오히려 상인과 공인들에게 각종의 명목을 붙여 세금을 긁어내기에 바빴다. 그 와중에 등골이 터진 사람들은 어렵게 장사나 수공업을 영위하던 힘없는 백성들이었다.

무당에게도

세금을

거두다

근래 우리 사회에서는 목사와 승려 등의 성직자들에게 소득세를 거두는 문제로 여론이 분분하다. 아직 성직자들에게 세금을 징수하지는 않지만, 조선 시대에는 종교인 역할을 한 무당에게 세금을 거두었다. 당시 무당이 내는 세금을 무세巫稅라고 했다. 무세는 고려 시대에도 거두긴 했어도 정규 세금은 아니었다. 조선이 들어서면서 정식 세금으로 제도화되었다.

조선 시대의 무세는 일종의 영업세로, 국가에서 3년마다 한 번 작성하는 무당 명부에 의거하여 징수했다. 무세는 원래 매년 두 번

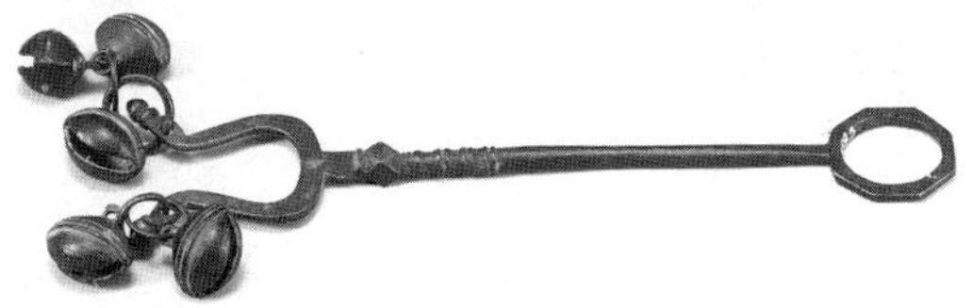

징수하였는데, 세종 5년1423부터는 매년 한 차례만 거두었다. 납부액은 품질 좋은 베인 정포正布 1필이었으나 뒤에는 면포綿布, 즉 무명으로 바뀌었다. 지역에 따라 포 대신 돈으로 납부할 수도 있었다. 지방의 무당들은 무세 외에도 신세포神稅布와 퇴미退米 등의 세금도 내야만 했다. 한양의 무세는 활인원活人院에서 징수하도록 했다. 그 세금으로 백성들의 질병을 치료하기 위해서였다. 지방에서는 감사와 수령이 무세를 거두었다.

무세는 때로 감면해 주는 경우도 있었다. 세종 11년1429 4월 무당과 의생醫生이 지방에 사는 백성의 질병을 구제케 하는 방안을 마련하였다. 무당이 백성들을 치료하되, 치료를 잘한 무당은 무세를 감면하도록 한 것이다. 이때 마련된 방안을 보면 다음과 같다.

'각 고을의 백성들을 가까이 사는 무당에게 맡긴다. 만약 열병을 앓는 백성이 있으면 수령이 의생과 무당으로 하여금 치료하게 한다. 혹시 마음을 써서 구제하고 치료하지 않으면 즉시 논죄한다. 사람을 많이 살린 무당은 연말에 무세를 감하여 주고, 혹은 부역을 경감하여 준다. 만약 환자의 집이 가난하여 치료할 재산이 없으면 서

울 활인원의 예에 따라 국고의 미곡으로 하루에 쌀 한 되를 준다.'

무세는 그 후 중종 때에 무당이 귀신을 섬기는 음사淫祀를 사림파가 금하면서 폐지하려는 움직임이 나타나기도 했다. 중종 12년1517 9월에 영사領事 신용개申用漑가 건의하였다.

"활인서活人署에서 무녀를 명부에 올려 세금을 거두고 있습니다. 이것을 폐지하고 지방의 무세도 없애야 합니다."

동석했던 지사知事 장순손張順孫도 동의를 표하였다.

"무당의 일은 과연 신용개의 말과 같습니다. 또 지방에는 신당神堂의 세포稅布와 퇴미 등의 세가 있습니다. 모두 무당에게서 거두는 것이니 거두지 말아야 합니다."

사헌부 장령 정순붕鄭順朋이 아뢰었다.

"무녀를 활인서에 붙인 본의는 앓는 사람을 고치기 위함이나, 소속이 있게 해서는 안 됩니다."

무세를 없애야 한다는 주장은 임금의 윤허를 받지 못해 이후에도 계속 징수하였다. 현종 때 교서를 내려 예전에 거두지 못한 무세를 모두 탕감하도록 했다는 사실을 통해 조선 후기까지 무세가 존속하였음을 알 수 있다.

무당들은 무세 외에 신세포 또는 신포神布라는 세금도 내야 했다. 본래 신에게 제사를 드리는 데 사용된 비용 중 일정 부분을 거두던 세금이었다. 처음에는 무당에게서 거두었으나, 나중에는 일반 백성들에게도 징수하였다. 백성들은 1호戶에서 1년에 포 1필씩을 내야 했다.

백성들에게 거두는 신세포도 무세처럼 폐지하자는 움직임이 있었다. 문종 1년1451 4월에 사헌부에서 평민에게 신세포를 징수하지 말도록 청했으나 임금의 윤허를 얻지 못하였다.

"강원도, 함길도의 두 도에서는 해마다 신세포를 거두는데, 실로 명분이 없는 세금입니다. 이미 무세를 거두면서 백성에게도 신세 포를 징수합니다. 백성이 따로 신세포를 장만해서 바쳐야 하니, 참 으로 옳지 못합니다. 더구나 음사를 금하는 법을 세우고도 도리어 그 세를 징수하는 것은 앞뒤가 뒤바뀐 일이 아니겠습니까? 하물며 국가에 수입되는 것은 적고, 거의 수령과 감사가 남용하고 있습니 다. 설혹 무당의 풍습을 모두 없앨 수는 없을지라도 단지 무세만을 거두고 평민은 신세포를 바치지 않도록 하십시오."

백성들은 굿을 하면서 무당에게 굿값 등의 경비를 내야 했다. 그 런데도 나라에 세금까지 내도록 하는 것은 부당한 조치라면서 신 세포를 없애야 한다고 건의하였던 것이다. 무당에게 걷는 무세는 그대로 두어야 한다고 하여 계속 징수하였다. 무당이 행하는 굿을 음사라고 비난하며 금지하면서도 국가의 재정을 보충하기 위해 세 금은 계속 거두었다. 참으로 모순이 아닐 수 없었다.

배가 침몰하여

천여 명이

죽다

조선 시대에는 경상도나 전라도, 충청도 지방에서 조세로 거두어들인 곡식과 베 등을 주로 바다나 강을 거쳐 한양까지 운반하였다. 이를 조운이라고 하였고, 배를 조운선이라 불렀다. 당시 곡식과 베 등을 실은 조운선이 풍랑을 만나 침몰하여 피해를 입는 사고가 매년 빈번하게 발생하였다. 조운선의 침몰은 인명은 물론 국가 재정에 막대한 손실을 초래하는 재난이었다.

태종 3년 5월 경상도의 조운선 34척이 한꺼번에 바다에서 침몰하여 천여 명의 선군이 몰사하는 사고가 일어났다. 사람을 시켜 바다를 수색하자 섬에 의지하여 살아난 선군 한 명이 그들을 보고 도망을 쳤다. 관원들이 붙잡아 도망한 이유를 물었다.

"도망하여 머리를 깎고 이 고생스러운 일에서 떠나려고 한다."

배를 타는 일은 예나 지금이나 엄청난 고역이다. 아마 노를 저어 운항하던 옛날 배의 선원이 최신식 선박에서 일하는 오늘날의 선원보다 훨씬 더 힘들었을 것이다.

임금이 보고를 듣고 탄식하였다.

"책임은 내게 있다. 만 명의 사람을 몰아서 사지에 나가게 한 것이 아닌가? 닷샛날은 음양陰陽에 수사일受死日이고, 바람 기운이 대단히 심하여 배를 띄울 날이 아니었다. 바람이 심함을 알면서 배를 출발시켰으니, 실로 백성을 몰아 사지로 나가게 한 것이다."

그런 다음 좌우의 신하들에게 물었다.

"죽은 사람은 얼마이며 잃은 쌀은 얼마인가?"

신하들이 차마 대답을 하지 못하였다.

"대개 얼마인가?"

"쌀은 만여 석이고 사람은 천여 명입니다."

"쌀은 비록 많더라도 아깝지 않지만, 죽은 사람은 대단히 불쌍하다. 부모와 처자의 마음이 어떠하겠는가? 조운하는 고통이 이와 같다. 선군이 고통을 견디지 못하여 도망해 흩어지는 것은 마땅하다."

우대언 이응이 말하였다.

"육로로 운반하면 어려움이 더욱 심합니다."

희생이 많기는 해도 곡식 등을 육지로 운반하기보다는 배로 운반하는 편이 더 낫다는 말이었다.

"육로로 운반하는 어려움은 소와 말의 수고뿐이다. 사람이 죽는 것보다는 낫지 않겠느냐?"

임금은 인명 피해를 생각하면 육상 운반이 더 낫다는 견해를 나타내었다.

천여 명의 인명 피해가 발생한 대형 해난 사고가 나자, 조운을 제대로 감독하지 않은 죄로 삼도체찰사三道體察使 임정과 경상도 수군절제사水軍節制使 노중제盧仲濟를 처벌하라고 사헌부에서 주청하였다. 임금이 의정부에 명하여 처벌할 법적 근거를 알아보도록 하였다. 의정부가 아뢰었다.

"법령에 '바람을 만나서 실종되었거나, 혹은 불이 났거나, 도적에게 해를 당한 것은 모두 면죄된다'고 하였습니다."

이번 사고는 바람 때문에 발생하여 감독관을 처벌할 수 없다는 얘기였다. 요즈음에도 천재지변으로 인한 사고는 책임을 묻지 않고 있다. 보고를 받은 임금은 두 사람을 용서하여 주었다.

한편 임금은 경상도에서 조세로 거둔 곡식 등을 종전처럼 계속 배로 운반할지, 아니면 육로로 할지를 여러 신하들에게 물었다. 사간원에서는 관리들과 공신들에게 준 경기도의 과전科田과 공신전功臣田을 경상도의 공전公田과 바꾸어 준 다음 경기도의 토지에서 조세를 징수하자고 건의하였다. 그러면 조운선이 바다나 강을 운항하다가 사고를 당하는 일은 일어나지 않을 것이라 하였다. 좌정승 하윤은 그냥 육로로 운반하는 방법이 좋겠다고 건의하였다. 임금은 하윤의 의견을 받아들여 경상도의 조세를 앞으로는 해로로 하지 말고 육로로 운송하도록 지시하였다.

그 후에도 배가 침몰하여 선군이 희생되는 사고가 잇따랐다. 태종 8년 10월 경기도의 수군 선박이 덕적도에 들어가서 숯을 구을 나무를 싣고 오다가 큰 바람을 만나 두 척이 난파하였다. 선군 69명이 물에 빠져 죽고 살아남은 자가 3명이었다. 임금은 익사한 선군의 집에 부의를 내려 주고 국가에서 부과하는 노역을 감면해 주었다. 경기도 수군첨절제사 김문발金文發은 사고의 책임을 물어 순금사에 하옥하였다.

2년 뒤인 태종 10년 5월 강원도의 병선 4척이 함경도에 쌀을 운반하다가 고성군 정진에서 역풍을 만나 파선하면서 미두 9백25석을 잃었다. 운반하던 군사들은 다행히 모두 언덕으로 기어올라 살아났다. 보고받은 임금이 명하였다.

"언덕에 의지하였다 하니 바다 가운데는 아니다. 풍세風勢의 변함을 살피지 못하고 마음을 써서 구호하지 않았기 때문이다. 운반하던 만호와 천호의 죄를 다스리라."

의정부에서 아뢰었다.

"강원도 수군첨절제사 김장金漳은 조운 선박을 친히 점검하지 않고 관기官妓를 실어 육로를 경유하여 갔습니다. 배 안의 물건을 도둑질하여 기생에게 주었고, 군인 7~8명을 시켜 기생을 집까지 호송하게 하였습니다. 만호 이천언李天彦과 천호 배원려裵元呂 등 네 사람은 모두 압령관押領官이 되어서도 힘을 쓰지 못하고 파선하게 하였습니다. 법령에 의하여 처벌하십시오."

"김장 같은 자는 마땅히 머리를 베어 여러 도에 전시해야겠으나,

＜ 범사도泛槎圖, 국립중앙박물관

법령 밖의 형벌을 행할 수는 없다. 이천언 등과 함께 곤장을 때리
도록 하라."

　태종 14년 7월 말일경에도 대형 해난 사고가 발생하였다. 밤중에
태풍이 불어 전라도 조운선 66척이 침몰하면서 익사한 자가 2백여
명이었고, 물에 잠긴 미두가 5천 8백여 석이었다. 7월에는 옛사람
들이 항해를 꺼리던 바였다. 호조에서 '7월 말일에 실어 8월 초에
떠나보내라'고 한 지시를 수군도절제사 정간鄭幹이 따르다가 큰 재
앙을 당한 것이다. 사고를 보고받은 임금이 노하여 다음과 같이 말
하고 정간에게 사마私馬를 타고 상경하라 명하였다.

276

"호조에서 비록 절기의 빠르고 늦음을 살피지 않고 기간을 정하여 지시하였더라도 금년은 7월 절기가 8월 14일에 끝난다. 받들어 행하는 자가 능히 살피지 못하고 처리한 것이 미생尾生의 포주抱柱와 같다."

임금의 '미생의 포주와 같다'는 말은《사기史記》〈소진열전蘇秦列傳〉에 나오는 유명한 이야기에서 따왔다. 춘추 시대 노나라에 미생이라는 사람이 있었다. 하루는 다리 아래에서 사랑하는 여인을 만나기로 약속했다. 아무리 기다려도 여인은 오지 않았는데, 갑자기 소나기가 내려 물이 밀려왔다. 미생은 끝내 자리를 떠나지 않고 기다리다가 마침내 교각을 끌어안고 죽었다. 즉, 우직하여 융통성이 없음을 비유하는 말이다. 임금은 정간이 융통성 없게 호조의 지시를 따라 사고를 냈다고 나무랐던 것이었다.

"7월 항해는 일찍이 교지로 금지하였다. 정간은 절기를 살피지 않아서 배가 뒤집혀 침몰하게 했다. 그 부모와 처자가 슬퍼하고 원망하는 정이 어찌 온화한 분위기를 손상시키지 않겠느냐? 정간을 대신할 만한 능력 있는 자를 가려서 천거하라."

이어서 사헌부에 명하였다.

"이제부터 각 도의 관기는 도의 경계를 넘지 못하게 하라. 어기는 자가 있으면 본관本官의 수령과 감사를 모두 교지를 따르지 않은 죄로 처벌하라."

배가 침몰하면서 무관 벼슬아치인 진무鎭撫가 데리고 있던 관기 두 사람도 물에 빠져 죽었기 때문이다. 아울러 판선공감사判繕工監事 이지李漬를 전라도에 보내 배가 뒤집혀 침몰하면서 유실한 군기軍

器를 검사하고, 물에 빠진 군사들을 샅샅이 조사하여 위로금을 주
게 하였다.

세금으로 거둔 곡식 등을 배로 운반하다가 인명과 재산에 많은
피해가 발생하자 해로 운송을 줄이고 육로로 운반하자는 방안이
제기되기도 했다. 나중에는 국가 소유의 관선官船만이 아니라 개인
소유의 사선을 이용하여 곡식 등을 운반하게 하였다.

자식을

팔아서

빚을 갚다

　　　　　　　　형편이 어려워져 신용 불량자로 전락한 사람들을 구제하기 위해 우리나라에서는 개인워크아웃, 개인회생, 국민행복기금 등의 제도를 통해 빚을 탕감해 주는 조치가 시행되고 있다. 조선 시대에도 빈민 구제 제도가 있었다.

　태종 1년 5월에 공적, 사적으로 오래된 빚은 이자를 탕감하고 원금만 받도록 한 바 있다. 이러한 조치는 경기도 안렴사按廉使 정혼鄭渾의 건의에 따라 마련되었다.

　"옛적에 빈궁한 백성에게 돈을 꾸어 주고 채권 관련 문서를 불살라 버린 자가 있었고, 그 상환을 독촉하지 않은 자도 있었는데, 군자君子가 이를 듣고 칭찬하였습니다. 근래에 홍수와 가뭄으로 곡식을 거두지 못하였습니다. 이미 돈을 꾸어 쓴 빈궁한 백성들은 더욱 궁하여 갚을 수가 없습니다. 그런데도 돈을 꾸어 준 자는 반드시 본전과 이자를 받으려고 끊임없이 독촉하고 있습니다. 심지어 품을 팔고 자식을 파는 자까지 있어 매우 딱한 일입니다. 원컨대 금년 정월 이전에 꾸어 준 공사의 묵은 빚은 본전만을 받고 이자는 받지 말게 하여 빈궁한 백성에게 혜택을 주십시오.”

오늘날 악덕 사채업자들이 고리로 돈을 빌려 주고 갖은 협박과 공갈을 해 빚을 받아 내려고 한다. 조선 시대에도 그런 자들이 있었던 모양이다. 채권자의 독촉에 시달리다 못해 몸으로 노동을 해서 빚을 갚거나, 심지어 자식을 파는 일까지 있었다. 자식까지 팔아서 채무를 청산해야 했던 부모의 심정은 과연 어떠했을까.

가난한 국민들을 구제하는 일은 예나 지금이나 정부의 최우선적인 과제 중의 하나이다. 다만 어려운 가운데 성실하게 빚을 갚아 나가는 사람들이 박탈감을 갖지 않도록 하고, 채무자들의 도덕적 해이도 불러오지 않도록 지혜롭게 문제를 해결해야 할 것이다.

세쌍둥이는

경사로다

예로부터 쌍둥이는 매우 드물고 귀했다. 더구나 세 명을 한꺼번에 낳기는 더욱 어려운 일이다. 옛 시대에는 세쌍둥이 또는 그 이상을 낳으면 꼭 역사책에 기록하여 후세에 길이 전하도록 하였다. 《조선왕조실록朝鮮王朝實錄》이나 《고려사高麗史》 등의 역사책에 세쌍둥이 출산에 관한 기록이 많은 이유이다. 출산 기록이 영원히 남는 당사자들에게는 엄청난 영예가 아닐 수 없다.

세쌍둥이 출산을 역사 기록으로 남긴 이유는 무엇보다 인구 증가 정책과 관련이 있었다. 전통 시대는 농업 위주의 사회여서 무엇보다 노동력이 중요시되었다. 당연히 인구 증가에 신경을 쓰게 되어 쌍둥이 출산을 장려하였던 것이다.

세쌍둥이 출산은 태평세월의 상징이나 경사스러운 일로도 간주되었다. 정종 1년 7월 경상도 함양에 사는 천민인 화척禾尺 매읍금每邑金의 처가 한꺼번에 세 아들을 낳았다. 소식을 들은 임금이 서운관으로 하여금 옛글을 상고하게 하였다. 서운관에서 아뢰었다.

"한꺼번에 세 아들을 낳는 것은 태평세월을 주장한다고 하였고, 어떤 글에는 3년이 지나지 않아 외국이 와서 조공을 바친다고 하였습니다."

그만큼 세쌍둥이를 상서로운 일로 여겼다.

같은 시기에 경상도 경주에 사는 이고李考의 종 만월萬月이 한 번에 아들 셋을 낳았다. 동시에 그 집의 말이 한꺼번에 망아지 두 마리를 낳았다. 그야말로 경사가 겹친 엄청난 행운이 아닐 수 없었다.

당시에는 사람만이 아니라 말이나 소가 한꺼번에 새끼 두 마리 이상을 낳아도 경사로 여겨 실록에 수록하였다. 태종 3년 6월에도 도성 안의 소가 한 번에 두 마리의 송아지를 낳았는데, 하나는 암놈이고 하나는 수놈이었다고 한다.

태종 때부터는 세쌍둥이를 낳은 집에 임금이 특별히 쌀을 하사하였다. 태종 11년 3월 울주 사람 이가이李加伊의 아내가 한 번에 세 딸을 낳자 임금이 명하여 쌀을 내려 주었다. 이듬해 1월에도 함경도 의주 사람인 안두험安豆驗의 처가 한 번에 2남 1녀를 낳자 쌀을 주라고 명하였다. 6월에는 경상도 창녕 향교鄕校의 계집종 소지장小支莊이

아들을 낳고 닷새 건너서 또 아들과 딸을 낳아 쌀을 하사받았다.

태종 13년 3월에도 충청도 부여의 사노비 계화은計火狀이 한꺼번에 세 아들을 낳아 쌀 6석을 내려 주었다. 태종 16년 3월에는 평안도 의주에 사는 김부다金夫多의 아내 옥향玉香이 한꺼번에 2남 1녀를 낳아 쌀을 하사하였다. 다음 해 윤5월에도 개성에 사는 여자 최장崔藏이 한꺼번에 세 딸을 낳자 임금이 명하여 쌀 3석을 주도록 했다.

태종 때에는 거의 1년에 한 번 꼴로 세쌍둥이가 태어났다. 세쌍둥이 중에서도 세 딸이나 2남 1녀를 한 번에 낳는 경우가 많았다. 세쌍둥이를 출산하면 임금에게 보고가 올라가고, 그 집에는 임금의 명으로 3~6석의 쌀을 하사하였다.

세쌍둥이도 드물지만, 겹쌍둥이는 더욱 희귀하고 경사스러운 일이었다. 태종 11년에 경상도 밀양 사람 최원崔元의 아내가 한꺼번에 두 아들을 낳았다. 그러다 4년 후인 태종 15년 4월에도 한꺼번에 두 아들을 낳았다. 말하자면 겹쌍둥이를 낳았던 것이다. 임금이 명하여 쌀과 장醬을 내려 주었다.

쌍둥이를 한 번 낳기도 어려운데, 두 번씩이나 연달아 쌍둥이를 낳았다. 현대적인 의학의 혜택을 받을 수 없었던 당시에 겹쌍둥이는 정말 '세상에 이런 일이'라고 할 만한 희한한 일이었다.

경칩 이후에는

들에 불을

놓지 말라

옛날부터 정월 대보름날에 논두렁과 밭두렁의 마른 풀을 태우는 쥐불놀이 풍습이 있었다. 논밭에 있는 쥐를 없애고, 마른 풀에 붙어 있는 해충을 죽여서 농작물 피해를 미리 막기 위해서였다. 타고 남은 재는 거름이 되어 농작물이 잘 자라게 했다.

조선 시대에도 논밭에 불을 놓는 관행이 있었는데, 불이 산과 들에 번져 많은 문제를 야기하기도 했다. 조선 초기에는 음력 2월의 경칩 이후에는 불을 놓지 말라는 법을 마련하여 단속하였다. 태조 때 편찬된 《경제육전》에도 규정된 이 법이 잘 지켜지지 않아 경칩 이후 불을 놓는 농부들이 많았다. 태종 15년 1월 충청도 관찰사 정역이 보고한 말에 이와 같은 상황이 잘 나온다.

"생生을 좋아하고 사死를 싫어함은 사람과 사물들이 같습니다. 전에서 '갓 나온 벌레는 죽이지 않고, 갓 자라나는 풀은 꺾지 않는다'라고 한 까닭입니다. 이제 무지한 농부들이 경칩으로 만물이 소생하는 때에 불을 놓아 전답을 태우는데 산과 들까지 타고 맙니다. 드디어 모든 벌레가 타 죽게 만들어 천지가 만물을 생성하는 마음에 어긋남이 있습니다. 이것 또한 화기和氣를 손상시키는 한 가지 일입니다."

만물이 소생하는 때에 불을 놓아 벌레들까지 타 죽는 바람에 자연 법칙에 어긋난다는 말이었다. 조정에서는 불이 산과 들로 번져 산림을 훼손하는 일을 더 우려하였다. 《경제육전》에서 '초목이 무성한 연후에 지기地氣가 수분이 있고 윤택하여진다'라 하였고, 세종도 '흉년에는 백성들이 도토리와 밤을 주워서 생활하기 때문에 산과 들을 불태우는 것을 금한다'라고 하였다. 당시에도 산림이 무성해야 땅이 기름지다는 사실을 인식하고 있었고, 빈민 구제 정책의 일환으로 도토리와 밤을 남겨 두도록 하였다. 이런 이유로 경칩 이후에 불을 놓지 말라고 금하였던 것이다.

정역은 이제부터 경칩 이후의 방화를 일절 엄하게 금지해야 한다고 건의하였다. 임금이 허락하여 경칩 이후에 불을 놓지 말도록 하라고 명하였다.

"2월 안에는 산림에 불을 놓지 말라고 이미 나타난 금령禁令이 있다. 거듭 밝혀 거행하는 것이 좋겠다."

경칩 이후에는 전국의 모든 산과 들에 불을 놓지 말라고 일제히 금하자 또 다른 문제점이 나타났다. 흉년이 들면 가난한 백성들이 산과 들에서 나는 나물을 먹고 사는데, 산과 들에 불을 놓지 말게 하여 나물이 잘 자라나지 않는 일이 벌어졌다. 세종 19년1437 1월에 어느 신하가 건의문을 올렸다.

"흉년이 든 여러 도의 백성들이 가여우니, 구제하여 살리는 방법으로써 잘못된 계책이 없어야 할 것입니다. 대개 산나물이나 들나물은 백성들에게 많은 도움을 줍니다. 나물은 무성한 숲이나 우거진 풀 사이에서는 성하지 않고 불태운 곳에서 푸르고 연하게 됩니다. 각 고을의 수령들이《경제육전》에 구애되어 산과 들의 높고 낮음과 건조하고 습한 곳을 구분하지 않고 모두 불태우는 것을 금하였습니다. 이로 인해 나물이 나지 않아서 참으로 염려됩니다."

의견을 받아들여 나물이 자라날 만한 곳에는 불을 놓을 수 있도록 허용하였다. 각 도로 하여금 소나무와 참나무 등의 수목이 무성하여 울창한 곳은 종전대로 불을 놓지 말도록 엄금하고, 나머지 산과 들에는 일단 방화를 금지하는 금령을 정지하도록 하였다. 수령이 불태울 만한 곳을 가려 태우게 하여 나물이 무성하게 자라도록 한 것이다. 모두 굶주린 백성을 도와주기 위한 배려에서 나온 조치였다.

소나 말을

들판에서

기르지 말라

시골 하면 대개 들에서 한가로이 풀을 뜯는 소와 말을 연상하지만, 조선 시대에는 이마저도 자유롭지 못했다. 곡식이 아주 귀하던 시절이라 들에서 풀을 뜯어 먹던 소와 말이 행여 논밭에서 자라는 벼나 보리 등의 농작물을 해치지 않을까 염려했기 때문이다. 조선 시대에는 때때로 소와 말을 마음대로 들에 풀어 놓고 기르지 말도록 금하였다.

태종 5년 8월 함경도 도순문사 여칭呂稱이 밭에 우마牛馬를 풀어 놓으면 몰수하자고 청하였다.

"메뚜기가 곡식을 해쳐 이미 잡아서 묻었으나 벼가 손실되고 결실이 되지 못하였습니다. 백성들의 먹을 것이 부족할까 염려되는데, 무식한 무리들이 우마를 많이 방목하고 있습니다."

"방목 금지는 순문사가 전권을 가지고 할 수 있어 청하는 것을 기다릴 필요가 없다. 그러나 우마를 몰수하면 동북 지방의 백성들이 어떻게 살겠는가?"

임금은 의정부에서 상의하여 시행하라고 명하였다.

우마의 방목 금지는 그 다음 달에 경기도에서도 시행되었다. 조정에서는 사헌부 감찰을 경기도에 파견하여 우마가 밭곡식을 짓밟아 손상시키지 않도록 방목을 금지하게 하였다.

논밭의 곡식을 해치는 것은 비단 가축만이 아니었다. 특히 임금이 대궐 밖으로 행차할 때 수행하는 사람들이 논밭의 곡식을 밟아서 손상시키는 일이 자주 일어났다. 임금도 잘 알고 있어서 따로 지시할 정도였다.

"내가 행차를 하면 수행하는 사람들이 곡식을 밟아서 손상시킨다. 이제부터 법을 만들어 이와 같이 하지 말도록 하라."

왕명에 따라 태종 18년 4월 곡식을 밟지 말도록 금지하는 법이 만들어졌다. 임금이 행차를 할 때 병조의 낭관郎官과 의금부 관원들이 각각 사령使令들을 거느리고 가서 수행원들이 논밭에서 곡식을 밟지 않도록 하였다. 수행원들이 논밭을 밟아 곡식을 손상시킨 경우, 4품 이상의 관원은 노비를 처벌하고, 내시는 내시부內侍府로 잡아 보내고, 그 밖의 수행원들은 승정원으로 잡아 보내도록 하였다.

임금의 수행원만이 아니라 매사냥을 하는 공신이나 고관들도 곡식을 많이 손상시켰다. 태종 16년 7월에는 일종의 매사냥 허가 증이라고 할 응패鷹牌를 회수하여 매사냥을 못하게 한 적도 있다.

곡식을 해치는 일로 인해 급기야 부자간에 큰 다툼이 일어나기도 했다. 세종 6년1424 8월에 함경도 함흥의 사노비 잉읍금仍邑金이 말을 풀어 아버지의 밭에 들어가서 벼를 뜯어 먹게 하였다. 아버지가 나무라자 넘어뜨리고 배 위에 타고 앉아 발뒤꿈치로 차기까지 하였다. 잉읍금은 아비를 구타한 죄로 참수당하였다.

도둑질이

아니라

간통이라네

내시 이만년李萬年의 집과 갑사 나유인羅有人의 집이 서로 가까이 붙어 있었다. 태종 3년 6월 5일 두 집이 동시에 도둑을 맞았다. 도둑이 다시 올까 염려하여 두 사람이 힘을 합쳐서 지키던 밤에 어떤 사람이 나유인의 집 앞에서 서성거렸다. 나유인이 그를 붙잡았는데, 좌군左軍 갑사 정습지鄭蟄之였다. 마침 통행금지 시간인 3경이어서 순관이 그를 잡아다가 옥에 가두었다. 이튿날 이만년이 순위부에 고하였다.

"정습지가 밤에 나유인의 집에 이르렀다가 붙잡혀 갇혔습니다.

도둑맞은 물건을 찾아 주시오.”

순위부에서 정습지를 심문하였다.

“도둑질하기 위함이 아니라 나유인의 처와 간통하려고 갔었습니다.”

순위부에서 나유인의 아내를 잡아다가 묻자 정습지의 말이 맞다고 시인하였다. 순위부에서 정습지를 그만 석방하고 말았다.

석방된 정습지는 갑사 40여 명을 거느리고 이만년의 집에 쳐들어갔다. 그들은 장독과 술 항아리를 닥치는 대로 때려 부수고, 베틀 위의 옷감을 끊어 버리고, 사람들을 사정없이 두드려 패서 상처를 입혔다. 한바탕 행패를 부리고도 분이 덜 풀린 정습지는 다른 날에도 시위하고 있던 갑사 한 패를 불러 이만년의 집으로 데리고 갔다. 이웃 사람들이 횡포를 두려워하여 모두 도망해 숨어 버렸다. 미처 도망치지 못한 성균관 서리書吏 김호인金好仁이 혼자 붙잡혀 매를 흠뻑 맞았다. 이웃사촌 잘못 둔 탓에 애꿎은 사람이 곤욕을 당한 것이다.

억울한 일을 당한 이만년이 고하자 임금이 답하였다.

“네 말이 틀렸다. 정습지가 비록 도둑질하기 위함이 아니라도 남의 아내를 간통하려 하였고, 통행금지도 어겼다. 순위부에서 어찌 갑자기 석방할 리가 있겠느냐?”

“소인이 어찌 감히 성상을 속이겠습니까?”

“네가 만일 거짓말을 하면 마땅히 무고죄로 벌을 받을 것이다.”

임금이 순위부의 담당 관리에게 물었다.

“무슨 까닭으로 습지를 석방하였느냐?”

“이만년이 정습지를 도둑으로 고발하였습니다. 정습지의 뜻은

도둑질이 아니라 나유인의 아내와 간통하기 위함이라 하여 석방
하였습니다."

임금이 정색하며 말하였다.

"이만년의 집과 정습지의 집이 가깝지 않은데, 남의 아내와 간통하
려고 하였다 하여 통행금지를 위반한 죄가 없단 말이냐? 순위부 만
호가 모두 괜찮은 사람들인데, 어째서 처리하는 바가 이와 같으냐?"

임금이 지신사 박석명에게 물었다.

"담당 관리가 누구냐?"

"이지입니다."

임금은 이지를 순위부에 가두고, 정습지는 물론 그와 함께 이만
년의 집에 갔던 갑사 40여 명을 모두 하옥하도록 명하였다. 차후
신하들의 주청에 따라 이지는 석방하고, 정습지와 갑사들은 곤장
을 때리게 하였다. 도둑질하지는 않고 다만 간통만 하려 했다는 이
유로 순위부의 관리는 정습지를 처벌하지 않았지만, 임금은 비록
도둑질하지는 않았더라도 간통과 야간 통행금지 위반도 범죄라면
서 처벌토록 했던 것이다.

아무래도 당시에는 간통을 도둑질보다 가볍게 생각했나 보다. 그
러니 정습지는 도둑질이 아니라 간통하러 갔다고 당당히 말했던
것이리라. 여하튼 양반들의 성 추문에 관대했던 조선 초기의 사회
풍조를 반영하는 일화라 하겠다.

죽은 사람의

음경을

자르다

태종 3년 5월 천둥이 치고 비가 내리던 어느 날 황해도 봉산에서 어떤 남자가 소를 끌고 가다가 벼락을 맞아 죽었다. 그런데 죽은 사람의 손가락과 음경을 잘라 간 엽기적인 사건이 일어났다. 황해도 관찰사가 범인을 법에 따라 처벌했다는데, 구체적인 내용은 전해지지 않는다.

세조 1년1455 12월에는 공신의 후손인 이석산李石山이 죽었다. 시체를 보니 칼로 난자하여 눈을 빼고 음경을 베는 등 잔인함이 매우 심했다고 한다. 그를 죽인 자를 찾다가 첨지僉知 민발閔發이 살인범으로 지목되었다. 민발은 이석산이 자기의 첩 막비莫非와 간통하였다고 해서 보복하기 위해 죽이고 시체를 훼손하였다. 민발은 원종공신이었다. 임금은 그가 죽이지 않았을 것이라고 비호하면서 별다른 조치를 취하지 않고 용서해 주었다.

성종 3년1472 4월에도 음경을 자른 사건이 일어났다. 충청도 길성에 살던 김귀련金貴連이 최계생崔界生의 처 복덕卜德을 간음한 후 최계생을 죽이고 음경을 잘랐다. 능지처참에 해당하는 죄였다. 형조에서 김귀련을 능지처참하고 재산을 죽은 자의 집에 주도록 아뢰었다. 임금이 그대로 따랐고, 그의 처자도 연좌시켜 유형 2천 리에 처하였다.

성종 24년1493 6월에는 경차관으로 경상도에 파견된 봉상시 주부 노모盧瑂가 음경이 잘려서 죽었다. 노모가 밀양에서 술에 취하여 관기와 같이 누웠는데, 누군지 모르는 사람이 그의 음경을 베어 죽였던 것이다. 의금부에서 관련자들을 국문하면서 수사했지만, 범인이 확실히 밝혀지지는 않았다. 다만 관기의 기둥서방이 투기하여 죽였다고 추정하였다. 의금부 판사 정괄鄭佸이 노모의 관을 파헤쳐 검시하여서라도 끝까지 실정을 밝혀야 한다고 주장하였다.

"만약 기둥서방이 투기하여 죽였다면 목을 찌르거나 배를 찌를 것입니다. 하필 깊숙한 음경을 찾아서 찍겠습니까?"

임금이 내버려 두라고 명하여 사건은 영원히 미제 사건으로 남게 되었다.

조선 후기에는 재산 상속에 불만을 품은 동생이 형 부부를 죽이고 음경을 자른 사건도 있었다. 현종 1년1660 6월 민중건閔重騫이 재산을 얻지 못하자 형 민유건閔有騫을 원망하였다. 민중건은 누이의 아들과 함께 민유건의 생일을 기하여 술을 질탕하게 먹여 취하게 하였다. 그들은 민유건의 종과 마을에 사는 포수 몇 명을 동원하여 도적으로 가장하고 민유건 부부를 죽였고, 칼로 음경마저 잘랐다. 사건이 명백히 밝혀지지 않아 민중건은 아무런 처벌도 받지 않고 제명대로 살았고, 공범으로 지목되었던 누이의 아들은 자백하지 않다가 곤장을 맞고 죽었다. 사건을 기록한 사관은 아래와 같이 개탄하였다.

"세상이 내려올수록 말세여서 백성들 풍기가 무너져 내렸다. 그리하여 재물을 다투다가 상대를 죽이는 일이 형제 사이에 일어났다. 참으로 사대부 집에서 일찍이 없었던 이변이었다."

세상이 각박해질수록 잔인하고 엽기적인 사건이 많아지기 마련이다. 오늘날에도 유사한 사건이 많이 발생하는 것을 보면 문명이 발달하고 생활이 나아져도 세상의 혼탁함은 예전과 마찬가지가 아닌가 생각된다. 아니, 오히려 더하면 더했지 결코 덜하지는 않을 것이다.

노비를

천여 명이나

소유한 거부

오늘날에는 부동산과 현금만이 아니라 주식, 채권 등을 많이 가지고 있어야 부자라고 한다. 현대인들은 돈과 재산이 되면 무엇이든지 닥치는 대로 거두어들이려 혈안이다. 조선 시대에는 어땠을까? 당시 부자의 기준은 토지와 노비, 딱 두 가지였다. 땅과 종을 많이 보유한 사람이 부자였다.

봉건 왕조 시대에 가장 부자는 물론 국왕이었다. 약간 과장해서 나라의 모든 토지와 백성이 모두 왕의 소유물이기 때문이다. 이른바 왕토사상王土思想에 입각하면 전 국토가 왕의 땅이고 모든 백성은 왕의 자식들이다.

조선 초기에 국왕을 제외하고 가장 큰 부자는 누구였을까? 재산 상황을 알 만한 토지 문서와 노비 문서 등이 많이 남아 있지 않아서 알아내기는 매우 어렵다. 단지 단편적으로 남아 있는 기록을 살펴보면 조선 초기의 최고 부자 중의 한 사람은 단연 남양군南陽君 홍길민洪吉旼이 아닐까 한다. 무려 천여 명의 노비를 소유하

← 정몽주鄭夢周 초상肖像, 국립중앙박물관

고 있었다니 말이다. 홍길민의 집안이 대대로 귀하고 현달한 집안이었다는 기록으로 보아 당대에 재산이 형성되지는 않은 듯하다.

실록에서는 홍길민을 거부라 묘사하였다. 더 이상의 자세한 기록이 없어 잘은 모르겠지만, 토지도 노비에 못지않게 많았으리라 짐작된다. 노비의 수와 토지의 면적은 대체로 정비례하였다. 노비는 곧 노동력이었다. 노비가 많다는 의미는 그만큼 경작할 토지도 넓었다는 것이다. 고려의 귀족들과 조선의 양반들은 대부분 노비를 활용하여 광대한 농장을 경영하였다.

홍길민은 고려에서 검교중추원부사檢校中樞院副使를 지낸 홍보현洪

普賢의 아들이다. 고려 말에 과거에 합격한 후 여러 관직을 거쳐 강원도 안렴사, 사헌부 장령 등을 역임하였다. 집안이 귀하고 현달하였고 자신도 엄청난 부자였으나, 성품이 단정하고 밝아서 사치스럽고 화려한 것을 좋아하지 않았다고 한다. 현대의 부자들도 본받아야 할 점이 아닌가 한다.

고려 말의 혼란스러운 정치 상황 속에서 그는 이성계를 지지하는 입장에 서 있었다. 그러다 보니 이성계의 반대편에 있던 정몽주와는 사이가 나빴던 것 같다. 그의 입장은 다음과 같은 일화에서 잘 드러난다.

공양왕 때 정몽주가 정승에 임명된 적이 있었다. 중서문하성中書門下省의 우사의대부右司議大夫로서 대간 직책에 있던 홍길민은 인사에 불만을 갖고 있었다. 그가 동료에게 말하였다.

"이 사람은 구차하고 변변치 못한 데서 일어났다. 임금의 총애를 믿어 언관言官을 가두고 추방하며, 전제田制를 문란하게 한다. 어찌 재상의 직책에 오를 수 있겠는가?"

그러고서 정몽주의 고신에 서경하지 않았다가 벼슬을 잃고 말았다.

이러한 일 등으로 태조의 총애를 받았는지, 조선이 건국되자 좌부승지左副承旨가 되어 개국 공신 2등에 오르고 남양군에 봉해졌다. 그 후 상의중추원사에 전임되고 자헌대부資憲大夫에 올랐다. 그러다 태종 7년 2월에 죽었는데 나이가 55세였다. 조선 최대의 부자가 환갑도 넘지 못하고 세상을 떠났다. 아무리 많은 재산도 수명을 연장시켜 주지는 못했다. 비록 당시의 평균 수명보다는 오래 살았지만.

남부럽지 않은 부호였던 그라도 아들은 홍여방 단 한 명만 두었
다. 자식이 가장 귀중한 재산이라는 측면에서 본다면 매우 가난하
였던 셈이다. 진실로 한 사람이 모든 것을 소유하기란 이토록 어려
운 일인가 보다.

백성들은

어떻게

법률을 알았을까?

오늘날에는 방송, 신문 등 각종 언론 매체나 인터넷을 통하여 자세한 법률 정보를 손쉽게 얻는다. 각지의 국공립 도서관에 가면 언제든지 법전을 찾아 읽을 수도 있다. 언론이나 통신이 발달하지 않고 법전도 제대로 보급되지 않은 조선 시대에는 백성들이 어떻게 법률 지식을 얻었을까. 태종은 특별히 법까지 만들었는데, 바로 독법령讀法令이다. 독법령은 백성들에게 법률 지식을 알려 주기 위하여 태종 15년 5월에 처음 만들어 시행하였다.

"서울과 지방의 어리석은 백성들이 법률을 알지 못하여 범죄에 빠지니 불쌍합니다."

형조에서 글을 올려 독법령 시행의 목적은 백성들에게 법률을 교육하여 범죄를 저지르지 않도록 하는 데 있음을 시사하였다.

독법령 시행을 위하여 우선 《대명분류율大明分類律》을 간행하였다. 《대명분류율》은 《대명률》의 〈율령律令〉 부분을 간략하고 체계적으로 분류, 정리한 법전이었다. 《대명률》은 1367년 명나라의 태조가 간행한 법전으로, 조선 태조가 즉위하면서 범죄를 다스리는 데 적용토록 하였다. 용어가 어렵고 생소해 이해하기 힘들었기에 조준에게 명하여 알기 쉽게 해석하여 태조 4년 《대명률직해大明律直解》를 간행했다. 조선 건국 직후에는 법전이 완비되지 않았다. 형법과 관련된 부분은 주로 《대명률직해》의 조문을 적용하여 범죄를 다스렸다. 《대명률직해》가 있었지만, 일반 백성들을 위하여 《대명률》의 형법 조항에 해당하는 〈율령〉 부분을 더욱 간략히 정리하여 《대명분류율》을 간행한 것으로 보인다.

당시 제정된 독법령의 내용을 보면 다음과 같다.

'서울의 오부五部와 지방의 각 고을에 《대명분류율》을 반포한다. 서울은 법률을 담당하던 율학 각 1명씩을 나누어 보내어, 5일마다 궁궐에서 조회를 하던 아일衙日에 오부의 관리가 각 관령管領과 이정里正을 거느리고 문자나 강론으로 《대명분류율》을 백성에게 깨우쳐 주게 한다.

지방은 각 고을의 수령이 신명색申明色과 법률을 공부하는 율학 생도로 하여금 아일마다 모이게 하여 각 이방별감里方別監과 이정에게 문자나 강론으로 깨우치도록 한다.

서울의 부령部令과 지방의 수령은 수시로 고찰한다. 서울은 형조에서, 지방은 감사가 때때로 고찰하여 백성이 법률을 잘 깨우치게 한 자와 명을 받들어 행하는 데 마음을 쓰지 않은 자에게 상과 벌을 주도록 한다.'

세종 때에는 독법령 외에 특별히 금령을 나무판에 적어서 사람들의 통행이 많은 곳에 걸어 놓기도 하였다. 세종 11년1429 2월에 사헌부에서 건의하였다.

"해마다 내리는 왕의 명령을 알지 못하여 법을 범하는 자가 꽤 많습니다. 금령의 조문을 요약하여 널빤지로 만든 판에 써서 광화문 밖과 도성의 각 문과 종루 등지에 걸어 모두 알게 하십시오."

금령 40여 가지를 나무판에 적어서 광화문 밖, 도성의 문, 종루 등에 내걸었다. 여기에 적은 내용은 혼례, 장례, 옷의 색깔, 신발이나 그릇의 재료 등과 관련된 금지 사항이 포함되었다. 실생활에서 꼭 지켜야 할 일들을 구체적으로 안내하였던 것이다.

독법령 등의 조치가 실제로 어떻게 시행되었고, 얼마나 성과를 거두었는지는 잘 알 수 없다. 다만 당시 위정자들이 백성들을 위하여 세심한 부분까지 배려했음을 알게 된다. 법률 지식을 습득할 교재를 각급 학교에서 만들고 정규 수업에 포함시켜 어릴 때부터 체계적으로 법률을 가르치는 것이 바람직하다고 하겠다. 각종 언론 매체에서도 일상생활에 도움이 될 만한 법률 지식을 알리는 노력을 한층 기울여야 할 것이다.

사형 판결은

삼심제를

거치게 하라

오늘날의 재판은 1심, 항소심, 상고심을 거치는 삼심제三審制를 원칙으로 하고 있다. 조선 시대에도 현대에 못지않은 삼심제가 행하여졌다. 당시의 삼심제는 삼복법三覆法 또는 삼복주三覆奏라 하여 사형죄를 지은 경우에만 적용되었으며, 이미 건국 직후부터 실시되었다. 태조 1년 윤12월 형조의 건의를 임금이 윤허함으로써 삼심제가 실시되는 토대가 마련되었다.

"형벌을 쓸 때는 신중히 하지 않을 수 없습니다. 옛날에는 사형죄는 반드시 세 번 다시 아뢰게 하거나, 다섯 번 다시 아뢰게 한 후에야 결정하였습니다. 요사이는 옛날의 법이 시행되지 않아 형벌을 잘못 결정하게 됩니다. 지금부터 사형은 반드시 세 번 다시 아뢰게 하십시오. 지방의 사형죄는 수령이 정상을 살펴서 관찰사에게 보고하고, 관찰사는 친히 스스로 다시 조사하여 도평의사사에 전하여 보고하고, 도평의사사에서 다시 세 번 아뢰게 한 후에 처결하게 하십시오.”

도평의사사의 1차 심리를 초복初覆, 2차 심리를 재복再覆, 3차 심리를 삼복三覆이라고 하였다. 삼복법은 태조 6년에 편찬된 조선 최초의 법전인《경제육전》에도 그대로 수록되었다. 사형죄는 삼복법을 적용하여 최대한 신중을 기하여 판결을 내리게 함으로써 인명을 함부로 희생시키지 않도록 최선을 다하고자 했다. 이처럼 조선 왕조는 현대의 인권 중시 법체계에 비하여 조금도 뒤지지 않는 제도를 갖추고 있었다.

삼복법이 잘 갖추어져 있었지만, 시행이 원만히 이루어지지는 못했다. 태종 13년 8월에는 순금사 겸 판사 박은의 건의로 삼복법을 더욱 엄격하게 시행하게 하였다.

“신이《경제육전》을 상고하니 사형죄에는 삼복한다고 하였으나, 형조와 순금사에서 일찍이 시행하지 않았습니다.《경제육전》에 의하여 행하도록 하십시오.”

임금은 형관刑官이 삼복법을 마땅히 거행토록 하라는 명을 내렸다.

삼복법에 의하여 실제로 사형을 면한 죄인이 나오기도 하였다. 태종 15년 8월 한양 동부東部의 아전인 장덕생張德生이 관인을 훔쳐서 사용했다가 능지처참의 위기에 처했지만, 삼복법 덕분에 목숨을 건졌다.

반대로 삼복법의 혜택을 보지 못한 사람도 있었다. 태종 16년 9월 선공감繕工監 부정 구종수具宗秀란 자가 세자 양녕대군을 만나기 위해 궁을 넘었다가 교수형을 당하게 되었다. 임금이 의정부, 육조, 대간에 물었다.

"이 사람에게 삼복을 기다렸다가 형을 집행할 것인가?"

형조 판서 안등이 아뢰었다.

"혐의가 의심스러우면 삼복을 기다려야 하지만, 궁성을 넘어 들어간 죄는 이보다 더 큰 것이 없습니다. 무엇을 기다릴 필요가 있겠습니까?"

여러 신하들이 모두 옳다고 여기었고 임금도 수긍하였다. 구종수는 삼복도 거치지 못하고 죽을 처지에 빠지게 되었다. 다행히 임금이 용서하여 곤장 100대를 맞고 귀양을 떠나는 처벌로 마무리되었다.

세종 때는 삼복법이 잘 시행되었던 것 같다. 세종 25년1443 5월 사헌부의 상소를 보자.

"전하께서 매번 당연히 죽여야 할 죄수도 반드시 삼복을 기다리도록 하는 것은 진실로 인명이 지중하여 한번 죽고 나면 다시 살릴 수가 없기 때문입니다."

삼복법의 부작용도 나타났다. 교수형에 해당하는 강도범과 절도범도 반드시 삼복을 하게 하여 세월만 연장하거나 요행히 사형을 모면하는 자들이 많이 나왔다. 마침내 세조 2년1456 3월에 의정부 사인 이극감李克堪이 사형죄에 해당하는 강도범과 절도범은 삼복하지 말고 잡는 대로 즉시 능지처참해야 한다는 건의를 하기에 이르렀다. 임금은 윤허하지 않았다.

"삼복의 법은 죽을 사람에게 삶을 구하게 하는 길로, 선왕先王이 법을 만든 아름다운 뜻이다. 당나라 때에는 오복까지 이르게 하였는데, 우리 조정에서는 줄여서 삼복으로 하였다. 또 초복은 반드시 조심스럽게 하다가 재복, 삼복에 이르면 점점 소홀해진다. 경솔하게 이를 폐할 수 없는 것은 내가 예禮를 사랑하기 때문이다."

삼복제야말로 조선 왕조가 인명을 중시한 법치 국가라고 볼 수 있는 하나의 단서라고 하겠다.

독자는

사형시키지

말라

지금 사형제 존폐 여부를 두고 논쟁이 뜨겁지만, 사형 판결 시에 독자인지 아닌지를 감안해 주는 법령은 없다. 재판관들도 독자라고 해서 특별히 정상 참작을 하지는 않는 것으로 알고 있다. 조선 시대에는 사형에 처할 죄를 지었더라도 죄인이 독자이면 살려 주는, 이른바 독자존류양친법獨子存留養親法이라는 법규가 있었다. 외아들이 죽으면 늙은 부모를 봉양할 사람이 없기에 살려 주는 것이다. 요즘같이 사형수의 생명이나 인권을 존중해서가 아니라 유교 윤리적 차원에서 법을 만들어 시행하였다.

처음에 독자를 사형하지 않는 법규를 시행하게 된 근거는《대명률》의 규정이었다.《대명률》의 존류양친조存留養親條에는 '사형에 해당하는 죄를 범하여 보통의 사면에서는 용서받을 대상이 아니지만, 조부모와 부모가 늙고 병들어 마땅히 모셔야 될 사람으로서 집안에 성정成丁이 없으면, 범한 죄명을 상세히 갖추어 아뢰어 윤허를 얻는다'고 규정되어 있었다. 성정이란 16세 이상의 사내를 뜻한다.

《대명률》의 법규에 따라 태종 15년 8월 죽을죄를 지은 독자를 살려 부모를 봉양토록 하라는 명을 내렸다. 덕분에 살아난 사람이 처음으로 생겨났다. 삼복법과 관련하여 앞서 말한 한양 동부의 아전인 장덕생이다. 그가 동부의 관인을 도둑질하여 사용하다가 적발되어 형조에서 능지처참에 처해야 한다고 아뢰었다. 그러자 장덕생의 어머니가 애원하였다.

"아들이 독자이니 사형을 면하게 해주십시오."

청원을 들은 임금이 신하들에게 물었다.

"살인강도도 살아남게 하여 부모를 봉양하게 하라는 조문이 있다. 어찌 관인을 도둑질한 죄보다 가볍겠느냐? 지금 장덕생을 살아남게 하여 부모를 봉양하게 하려고 하는데, 어떠한가?"

대신들이 모두 찬성하였다.

"주상의 뜻이 옳습니다."

"이것은 삼복주하였기 때문에 살게 되었다."

이어서 임금이 명령하였다.

"장덕생이 진짜 독자이면 살아남게 하여 한 등급을 감형하라. 이제부터는 도저히 용서받지 못할 죄를 저지른 자 외에는 죽을죄를 범한 사람이라도 독자이면 살아남게 하는 규정을 기록하여 아뢰는 것을 법으로 삼으라."

세종 8년1426 12월 살인죄를 범한 백정 김조을도金照乙都가 연로한 아버지 봉양을 위해 감형을 받아 죽음을 면한 적이 있다. 황해도 송화에 살던 김조을도는 싸움을 하다가 김영생金永生을 죽였는데, 법에 의하면 교수형에 해당되었다. 그의 아버지의 나이가 70세이고 다른 자녀가 없어 '부모를 봉양할 사람은 남겨 두라'는 존류양친의 조문에 따라 목숨을 부지하였다.

세종 31년1449 8월에도 존류양친법에 의하여 독자인 서성대徐盛代의 사형을 감형해 주었다. 전령傳令 내시였던 서성대는 군정軍情을 누설한 죄로 참수형을 당할 처지에 놓여 있었다.

《대명률》의 존류양친조에는 '만일 도형, 유형에 해당하는 범죄를 저지른 자라면 감형하여 곤장 100대만 치게 하고, 나머지 죄는 수속收贖한다'는 규정도 있었다. 수속은 죄를 면하려고 죄인이 바치는 돈을 거두는 것이다. 이에 따라 사형수 외에 도형이나 유형에 해당하는 죄를 범한 사람도 독자라면 감형을 받았다.

성종 19년1488 5월 충주 목사 김순보金舜輔가 곽판槨板 6개, 쌀 6석, 조 3석, 콩 2석을 잘못 거둬들였다. 법령에 의하면 곤장 90대에 도형 2년 반이고, 여기에 더하여 고신을 빼앗고, '도관량盜官糧' 3자를 몸에 새기고, 장물죄를 범한 관리의 이름을 적은 장부인 장안贓案에 기록하도록 되어 있었다. 마침 그의 어머니의 나이가 80세이고 그는 독자였다. 여러 신하들이 존류양친조에 의하여 감형해야 한다는 건의를 내었다. 임금은 죄명을 몸에 새기는 자자를 면제하도록 명하였다.

물론 독자라고 모두 사형을 면한 것은 아니었다. 《대명률》상사불원조常赦不原條에는 십악十惡을 범하거나, 고의로 사람을 죽이거나, 관청의 재물을 도적질하는 등 중대한 범죄를 저지르면 용서하지 않도록 되어 있었다. 다만 과실에 의한 살인이나 상해 등의 범죄는 용서가 가능했다.

참고로 십악이란 십악대죄十惡大罪라 하여 《대명률》에서 정한 열 가지 큰 죄를 말한다. 모반죄謀反罪, 모대역죄謀大逆罪, 모반죄謀叛罪, 악역죄惡逆罪, 부도죄不道罪, 대불경죄大不敬罪, 불효죄不孝罪, 불목죄不睦罪, 불의죄不義罪, 내란죄內亂罪를 이른다.

세종 18년1436 7월 종묘에서 쓰는 제사용 은그릇을 훔친 봉상시의 노비 김질동金叱同이 죽음을 면치 못한 사례가 있다. 그가 참수형에 처해질 위기에 처하자 어머니가 독자이니 용서해 달라고 애원하였으나, 임금은 죄가 중하다며 윤허하지 않았다. 관청의 재물을 도적질하여 임금도 어쩌지 못하였던 것이다.

요즈음도 법관들이 판결을 내리면서 범죄가 고의적인가, 의도적인가를 따진다. 또한 여러 가지 정상을 참작하는 것으로 알고 있다. 아울러 핵가족 시대를 맞아 독자들이 대부분인 우리 가정의 평화를 위하여 예전에 시행되었던 독자존류양친법을 한 번쯤 진지하게 고려해 보면 어떨까 생각한다.

곤장 100대는

치사율

100%

조선 시대의 형벌에는 태형, 장형, 도형, 유형, 사형 등이 있었다. 장형은 곤장으로 죄인을 때리는 형벌이었다. 곤장은 죄인의 볼기짝을 치던 형구로, 가시나무나 버드나무로 넓고 길게 만들었다. 장형은 죄의 경중에 따라 최하 60대에서 최고 100대까지 치도록 했다.

가벼운 죄를 범한 죄인에게 작고 가는 가시나무 회초리로 볼기를 치는 태형에 비하여 장형은 죽음에 이르기도 하는 무거운 형벌이었다. 죄인들은 곤장을 맞은 뒤 대개 감옥에서 노동을 하는 도형을 받거나, 변경에 가두어지는 유형을 받았다. 곤장을 맞고 도형 또는 유형을 받기 전에 뼈가 으스러지거나 장독杖毒이 올라 후유증으로 죽어 버리는 죄인도 많았다.

때로는 곤장을 60~70대 맞고도 죽는 사람이 있었으며, 100대를 맞으면 보통 사망에 이르렀다. 곤장 100대는 곧 치사율이 거의 100%였던 것이다. 조선 초기만 해도 실제로 곤장을 맞고 죽은 사람들이 많았다.

태조 1년 8월 조선 건국에 반대하다 역적으로 몰려 귀양 간 우홍수禹洪壽, 우홍명禹洪命, 우홍득禹洪得 형제와 이숭인李崇仁 등 8명이 모두 곤장 100대를 맞고 죽은 적이 있었다. 우홍수 등이 죽음을 당하기 직전에 정도전이 태조의 즉위 교서를 지으면서 처음에는 우홍수 3형제의 아버지 우현보禹玄寶와 이색李穡 등 10여 명을 극형에 처하도록 명시하였다. 태조가 도승지에게 즉위 교서를 읽게 하고는 매우 놀랐다.

"이미 관대한 은혜를 베푼다고 했는데, 어찌 감히 이와 같이 하겠는가. 마땅히 모두 처벌하지 말라."

그러자 정도전 등이 감형하기를 청하였다.

"우현보와 이색 등은 비록 감형하더라도 역시 옳지 못하다."

정도전이 우현보, 이색 이외의 사람들에게 장형을 집행하되 차등 있게 하기를 청하였다. 태조의 윤허를 얻은 정도전이 몰래 측근 황거정에게 곤장 100대씩을 치도록 은밀히 지시하였다.

"곤장 100대를 맞은 사람은 마땅히 살지 못할 것이다."

지시를 받은 황거정이 우홍수 형제 3명과 이숭인 등 5명을 곤장

으로 때려서 모두 죽음에 이르게 하였다. 정도전은 이미 곤장 100 대를 때리면 사람이 죽을 것을 알고 있었다. 결과적으로 정도전은 우현보 집안사람들에게 품고 있었던 사사로운 감정을 갚았다. 당시 정도전은 우현보의 자제들이 자신을 노비의 자손이라 경멸하고, 관직을 옮길 때마다 서경을 하지 못하도록 했다며 원망하고 있었다.

태종 14년 5월에도 곤장 100대를 때려 부녀자를 죽게 한 사건이 일어났다. 노비변정도감奴婢辨正都監에서 어떤 할머니가 노비와 관련하여 망령되게 신고하였다고 하여 곤장을 때리려고 하였다. 할머니의 아들 두 사람이 슬피 울부짖으면서 자기들이 대신 곤장을 맞겠다고 호소하였다. 변정도감에서는 그러한 예가 없다면서 할머니에게 곤장 100대를 때렸는데, 할머니는 며칠 못 가서 그만 죽고 말았다. 이전에 내린 교지에서 '망령되게 오결이라고 신고한 자는 곤장 80 대를 때리고 몸을 수군에 충당한다'고 하였다. 변정도감에서 잘 살피지 않고 부녀자에게 곤장 100대를 때려서 죽게 만들었던 것이다.

사헌부에서 변정도감의 관원을 탄핵하였다. 사건을 보고받은 임금은 변정도감에서는 앞으로 형벌을 가하지 말고, 망령되게 신고한 자나 원통하고 억울함이 있는 자는 사헌부에 이첩하며, 사헌부에서 다시 상세히 조사하여 처리하라고 명하였다. 사헌부에서는 처리 결과를 형조에 보내어 그곳에서 곤장을 치도록 하였다.

다음 해 5월에는 수령이 곤장을 쳐서 아전들을 사망에 이르게 한 사건이 발생하였다. 충청도 금산 군수 송희경宋希璟이 진상할 짐승을 잡기 위하여 아전으로 하여금 사냥꾼을 데리고 가서 사냥하게 하였다. 아전 두 사람이 잡은 짐승을 사사로이 차지하고 바치지 않았다. 송희경이 노하여 곤장을 때려 두 사람이 모두 죽었다. 아전들의 집에서 원통함을 호소하였는데, 조정에서는 송희경에게 곤장 100대를 속받도록 하였다.

태종 18년 3월에 한양에 사는 박거朴居 등이 '무악의 깊은 골짜기에 개들이 무리를 지어 장작 진 노인을 물어서 죽였다'는 말을 퍼뜨렸다. 조정 신하들이 심각하게 받아들여 '말을 만들어 여러 사람들을 현혹시킨 죄'로 박거 등을 참형에 처해야 한다고 주장하고 나섰다. 임금이 감형하여 곤장 100대를 때리라고 명하였다.

며칠 후 임금이 승지 원숙元肅에게 물었다.

"박거 등이 장형을 받았는가, 받지 않았는가?"

"이미 장형에 처하였습니다."

"장형으로 인하여 죽지나 않을까."

임금은 곤장의 숫자를 감하지 못해 후회하였다고 한다. 임금도 곤장 100대는 치사율 100%라는 사실을 알고 있었던 것 같다.

한편 현대에는 아무리 독재 국가라 하더라도 일반적으로 고문은 은밀하게 행한다. 왕조 시대에는 곤장을 치는 등의 고문이 법제화되고 일상화되어 있었다. 조선 왕조도 예외가 아니어서 초기부터 고문이 광범위하게 행하여졌다.

태조 7년 윤5월 26일 형조 전서 유관이 건의하였다.

"사람이 타고난 기질은 강하고 사납기도 하며 유순하고 나약하기도 하여 똑같지 않습니다. 그런 까닭에 어떤 사람은 진짜로 도둑질을 하고도 매질을 견디어 끝까지 범죄 사실을 자백하지 않고, 어떤 사람은 무고를 당하고도 매질의 고통을 참지 못하여 스스로 자백하기도 합니다. 사건의 참과 거짓은 지극히 분별하기가 어렵습니다. 형벌을 맡은 관리는 다만 사람을 자백시키는 것에만 힘쓰고 생명의 중함을 돌보지 않습니다. 그리하여 법에 없는 형벌을 동원하고 온갖 방법으로 심문하여 죄가 문서 위에 나타나기 전에 이미 몸은 막대기 아래에서 죽게 됩니다. 비록 진짜 도적이라도 범죄를 시인하지 않고 죽었다면 오히려 죄를 판결하는 데 어려움이 있습니다. 하물며 죄도 없이 생명을 잃으면 원통하고 억울함이 어찌 적겠습니까? 원컨대 중앙과 지방의 형벌 담당 관리들이 형법 조문에만 의거하여 고문을 행하게 하고, 법 이외의 고문은 일체 금지시키십시오. 형법에 의거하여 고문하더라도 하루에 서너 번 이상은 고문하지 못하게 하시고, 항상 죄인의 말과 얼굴빛을 분별하고 죄의 증거를 잘 헤아려 참과 거짓만 밝히게 할 것이며, 함부로 매질을 가하지 말게 하십시오."

임금이 옳게 여기고 유관의 건의를 도평의사사에 내리어 중앙과 지방에서 시행하게 하였다.

조선 시대에는 형법상 아예 고문을 할 수 있도록 허용되어 있었다. 수사를 맡은 관리는 죄인의 자백을 받기 위한 심문 이전에 우선 형법을 넘어서는 곤장이나 압슬壓膝 등의 온갖 가혹한 고문을 가하였다. 압슬은 죄인을 꿇어앉히고 널빤지나 돌로 무릎 위를 누르는 고문이었다. 고문이 얼마나 혹독했는지, 죄를 짓지 않은 무고한 사람들마저 허위 자백을 하고, 때에 따라 죽음에까지 이르는 경우가 비일비재하였다.

죄인의 발꿈치를 베고

얼굴에

문신을 하다

조선 시대에는 오늘날에는 없는 잔인하고 비인간적인 형벌이 많았다. 몸을 여러 조각으로 찢어 죽이는 능지처참 외에도 중국 고대에 행해진 오형五刑을 집행하기도 했다. 오형은 얼굴 등에 문신을 하는 묵형墨刑, 코를 베는 의형劓刑, 발꿈치를 베는 비형剕刑, 불알을 까는 궁형宮刑, 목을 베는 대벽大辟을 말했다. 이중 조선 초기에는 묵형과 비형을 행하였다.

태종 14년 8월 관노 김천金千이 허위로 양인임을 주장하다가 발꿈치를 베는 형벌을 받았다. 김천은 자기 신분이 양인이라고 세 차

318

레나 재판을 청구하였으나 모두 사실이 아닌 것으로 드러났다. 임금이 노하여 발꿈치를 끊어 버리고 제주도로 내쫓았는데, 가는 도중 전주에서 죽었다.

조선 전기에는 비형 외에 얼굴이나 팔뚝의 살을 따고 홈을 내어 먹물로 죄명을 찍어 넣는 형벌인 자자, 즉 묵형도 많이 행해졌다. 세조 6년1460 5월 도둑이 많아 소나 말을 기르는 사람이 줄어들자 우마 도둑에 대한 처벌을 강화하면서 종범은 자자하도록 하였다. 우마를 도둑질하여 죽인 주범은 교수형에 처하고, 종범은 초범일 경우 곤장 100대를 때리고 자자한 뒤 수군에 충당하도록 하였다. 우마 도둑은 '도우마盜牛馬' 세 글자를 자자하게 하였다. 절도와 같이 '절도竊盜'라고 자자하면 재범하여 교수형에 처할 때에 분간하기 어렵기 때문이었다.

자자는 나라에서만 행하지 않고 주인이 자기 종에게 가하기도 했다. 성종 7년1476 12월 충순위忠順衛 이형문李亨門이 종 옥산玉山이 배반하고 달아났다 하여 두 귀를 자르고, 오른쪽 볼에 소도둑이란 뜻으로 '우적牛賊'이라 자자하고, 두 무릎과 오금을 지졌다. 조정에서는 가혹 행위에 대한 죄를 물어 이형문은 곤장을 때려서 변방의 군대에 편입시키고, 옥산은 관노로 넘겼다.

근래 일부러 문신을 하는 사람들이 많은데, 원래 중대한 죄를 범한 죄인이나 종들에게 가한 형벌이었다는 사실을 알아야 할 것이다.

말의 먹이를 훔쳤다가

장 발장이

될 뻔하다

조선 초기에는 궁궐의 말을 사육하는 기관인 사복시의 마초馬草를 훔치는 자는 자자하도록 하는 법이 있었다. 사람이 먹는 곡식도 아니고 말에게 먹이는 풀을 훔쳤다고 자자를 하는 것은 너무 지나친 벌이 아닐 수 없었다. 빵 한 조각을 훔쳤다가 5년 형을 선고받은 장 발장이 떠오른다. 빅토르 위고의 소설《레 미제라블》의 주인공 장 발장은 수감된 후 4번의 탈옥 실패로 14년이 더해져 모두 19년 동안 억울한 감옥살이를 하지 않았던가.

벌이 지나치게 무겁다는 점은 임금도 인식하고 있었다. 태종 14년 9월에 형조에서 사복시의 마초 40속束을 훔친 자를 자자하도록 청하였다.

"지금 궁중의 음식 조리를 책임지고 있는 반감飯監 등이 혹시 궁중의 음식을 훔치면 지방으로 내쫓도록 한다. 마초 40속을 훔친 자에게는 도리어 자자를 가하여 내 마음이 편치 못하다."

궁궐에서 음식 조리를 하는 자가 왕이나 왕비를 위해 조리한 음식을 훔치면 지방으로 내쫓기만 하는데, 말에게 먹일 풀을 조금 훔쳤다고 해서 자자를 하는 벌은 너무 과하다는 말이었다. 임금은 마초를 훔친 자를 용서해 주도록 지시하였다.

1속은 10줌이었다. 40속이라 해도 아주 보잘것없는 양이었다. 임금의 아량으로 다행히 처벌을 면했으나, 하찮은 풀을 조금 훔쳤다가 하마터면 장 발장처럼 어이없는 희생자가 될 뻔하였다.

종들이

임금의 사당에서

감히 도박을 하다

예전에도 도박을 하는 자들이 많았다. 도박은 고려 말기에 특히 성행하여 하루아침에 벼락부자가 된 자들도 있었다. 덩달아 경박한 무리들이 요행히 돈을 따기 위해 도박을 하다가 처자를 빼앗기고 재산을 탕진하는 자들이 많았다.

조선이 건국된 후 태조가 먼저 도박을 금지하였고, 태종 14년 5월에도 도박한 자들을 체포하고 도박을 엄중히 금지하도록 명하였다. 조치에도 불구하고 도박 풍조가 없어지지 않아 태종 때 도박을 하다가 잡힌 도대평都大平 등 16명에게 각각 곤장 80대를 때렸고, 장용봉張龍鳳에게는 곤장 100대를 때리고 도박으로 얻은 물건을 몰수하였다.

세종 7년1425 5월에는 2년 전에 처음 발행한 조선통보朝鮮通寶란 엽전으로 무식한 무리들이 투전投錢 도박을 할까 염려하여 한성부 등이 엄중히 금지시키고 위반하는 자는 법률에 의거하여 처벌하도록 하였다.

조정에서는 도박을 막으려고 노력했지만, 쉽사리 사라지지 않고 계속 행해졌다. 성종 때 부평 부사를 지낸 김칭金偁이란 사람은 시정 무뢰배들과 함께 장기와 바둑으로 도박하기를 즐겼다고 한다.

성종 13년1482 3월 한존의韓存義라는 자는 아침에 옷을 입고 나갔다가 저녁에는 벗고 돌아왔다. 날마다 그러하기에 부모가 어느 날 뒤를 따라가 보았다. 그는 투전의 일종인 쌍불雙不 도박을 하고 있었다. 사헌부에서 무리들을 잡아다가 심문을 하였는데, 같이 도박한 자들이 거의 40여 명이나 되었다. 사헌부 집의 강귀손姜龜孫이 아뢰었다.

"법령에는 '다만 장물이 드러난 것만 거론한다'고 하였습니다. 신들이 듣건대 세종조에 이와 같은 사람은 모두 귀양을 보내어 엄하게 금지하였다 합니다. 조종조祖宗朝에 의거하여 엄히 징계하게 하십시오."

임금은 죄를 자백한 14명만을 처벌하도록 하였다.

성종 20년1489 12월 문소전文昭殿에서 일하는 종 석시石屎 등이 문소전의 어실御室에 들어가 주사위를 던져서 하는 쌍륙雙六 도박으로 술내기를 하는 황당한 일이 벌어졌다. 문소전은 태조와 그 부인인 신의왕후神懿王后 한씨의 위패를 모신 사당이었다. 임금을 모신 지엄한

사당에서 감히 도박하며 술 내기를 했다니, 참으로 겁 없는 종들이었다. 그들은 도박도 모자라 술을 마시며 서로 싸우다가 급기야 화로를 넘어뜨려 제사에 쓰는 돗자리를 태우기까지 하였다. 의금부에서는 사형시켜야 한다고 건의하였으나 임금이 감형하도록 해주었다.

연산군 3년1497 1월에도 종친 이귀정李貴丁과 이총李總이 도박을 했다가 곤장 100대에 도형 3년에 처해질 처지에 놓였다. 종친을 대우해야 한다는 승정원의 건의에 따라 곤장 90대를 속바치고 직첩을 빼앗도록 하였다. 연산군 8년1502 5월에는 왕실 재정의 관리를 맡아보던 내수사內需司의 종 산동山同이 대궐 안의 물건을 도둑질하

324

고 종친들과 결탁하여 도박하였다가 곤장 100대를 맞고 온 가족이
변방으로 쫓겨나는 벌을 받기도 하였다.

　조정에서 도박을 강력하게 금지하려고 해도 제대로 효과를 거두
지 못하였다. 위로는 종친부터 아래로는 노비에 이르기까지 도박
에 빠져 헤어나지 못하였다. 도박에 한번 빠지면 쉽사리 벗어나지
못하여 종국에는 재산과 가정을 잃어버리고야 마는 것은 예나 지
금이나 마찬가지인가 보다.

제4부

중국 사신이 어떻게 그런 짓을!

명나라 황제가

조선의 사신을

구타하고 죽이다

조선은 건국 후 명나라와 사대 관계를 맺고 수시로 사신을 파견하였다. 명나라에 보낸 사신들 가운데는 황제의 노여움을 사서 매질을 당하거나 죽음에까지 이르는 고초를 당한 사람들도 있었다. 병이 들어 타국에서 목숨을 거둔 사신도 있었고, 도중에 도둑을 만나는 등의 온갖 수난을 겪은 이들도 많았다.

조선의 사신이 중국 황제에게 매질을 당하여 초죽음이 되어 돌아온 사건은 조선이 건국을 한 직후에 일어났다. 태조 2년 3월에 사은사로 파견된 이염이 명나라 서울 남경에 가서 황제를 알현하였다. 꿇어앉은 자세가 바르지 못하다고 황제가 책망하고서 이염의 머리를 숙이게 하고 몽둥이로 쳐서 거의 죽음에 이르게 하였다. 다행히도 약을 먹고 겨우 목숨을 부지하였다. 이염이 남경을 떠나 요동에 이르렀으나, 명나라에서 역마를 주지 않아 의주까지 걸어서 와야만 했다.

분이 풀리지 않은 황제는 조선 사신의 입국을 금지하도록 요동 도사에게 명령하기까지 하였다. 태조 2년 9월에 진표사進表使 이지李至가 요동에 이르렀으나 중국 본토에 들어가지 못하고 돌아왔다. 몇 달 뒤인 12월에도 하정사賀正使 경의慶儀 등이 요동에 이르렀으나 역시 중국에 들어가지 못하고 돌아왔다. 황제의 노여움 때문에 벌어진 사신의 입국 금지 조치는 한동안 지속되었다

이염이 돌아오자 태조는 벼슬을 올려 정2품인 문하부 정당문학에 임명하였다. 대간에서 그의 승진이 부당하다며 다음과 같이 탄핵하였다.

"우리 전하께서 즉위하신 이래로 황제의 조정에 사신으로 간 사람들은 모두 지극한 은혜를 입었습니다. 지금 이염은 명령을 받들고 입조入朝하여 황제를 알현하고 응대하다 어긋나고 실수한 일이 있어서 구타와 매질을 당하여 중국의 웃음거리가 되었습니다. 이로부터 중국에서는 조빙朝聘을 허가하지 않았습니다. 반드시 그 까닭이 있으므로 죄는 마땅히 중하게 처벌해야 될 것입니다. 도리어 특별히 사랑하여 높은 관직을 주니, 온 나라 백성들이 매우 상심하지 않는 사람이 없습니다. 그의 직첩을 회수하고 까닭을 국문하십시오."

입조는 사신이 조정 회의에 참여하는 것을, 조빙은 조정에 불러들이는 것을 이른다. 태조는 이염을 파직만 시키도록 명하였다.

황제의 미움을 사서 죽임을 당한 사신도 있었다. 정총은 태조 4년에 국왕의 즉위를 승인하는 문서를 청하는 일로 명나라의 서울 남경에 갔다. 명나라 태조가 조선에서 보낸 외교 문서인 표문表文의 내용이 불손하다고 하여 노하였다. 정총이 표문을 지었다고 하여 억류하고, 사람을 보내어 그의 가족들을 데려갔다. 황제가 진짜 가족이 아니라고 더욱 노하여 그들을 모두 돌려보내 버렸다.

황제가 표문 내용이 불손하다는 트집을 잡았지만, 사실 문제의 표문은 정총의 동생인 정탁이 지어 정총과 권근이 윤색한 것이었다. 황제는 사신을 보내어 표문 작성에 관여한 사람으로 의심한 정도전을 잡아가려 하였다. 정도전이 병이 들어 갈 수가 없자 예문춘추관 학사學士 권근이 청하였다.

"표문을 지은 일에는 신도 참여하였습니다. 신은 잡혀가는 것이 아니어서 용서받을 수 있고, 잡혀가지 않는 자들도 의심을 면할 수 있습니다. 신이 만일 후일에 잡혀가면 신의 죄는 도리어 중하여질 것입니다."

임금이 정도전 대신 권근을 명나라에 보냈다. 황제가 권근을 보고 노여움이 약간 풀려서 권근과 정총을 용서하고 날마다 문연각文淵閣에 나가 여러 선비의 강론을 듣게 하였다. 그들을 장차 돌려보내려 하여 함께 옷을 주고 사흘 동안 돌아다니며 구경하게 하였으며, 제목을 주고 시를 짓게 하였다. 돌아올 때가 되어 궁궐의 뜰아래에서 하직하는데, 권근은 황제가 내려 준 옷을 입고 있었고 정총은 흰옷을 입고 있었다. 정총은 현비顯妃, 즉 태조의 계비인 신덕왕후 강씨의 상사로 인하여 흰옷을 입었던 것이다. 황제가 노하여 정총에게 말였다.

"너는 무슨 마음으로 짐이 내려 준 옷을 입지 않고 흰옷을 입었는가?"

황제는 권근만 돌려보내고 금의위錦衣衛에 명하여 정총 등을 국문하게 하였다. 정총이 두려워하여 도망하다가 잡혀 처형을 당했다. 그와 함께 사신으로 갔던 중추원 학사 김약항金若恒과 경흥부敬興府 사인 노인도盧仁度도 이때 죽임을 당하였다. 임금이 소식을 듣고 심히 슬퍼하여 정총에게 문민文愍이라는 시호를 내려 주었다.

정총은 태조가 임금에 오르기 전부터 가까웠는데, 조선이 건국되자 개국 공신 1등에 오르고 서원군西原君에 봉하여졌다. 태조 3년 정당문학에 이어 예문춘추관 태학사가 되면서 정도전과 더불어《고려국사高麗國史》를 편수하기도 하였다. 한때 표문 등 많은 외교 문서가 그의 손에서 나왔다. 동생 정탁도 개국 공신이다. 개국 공신이면서 외교 문서에 탁월한 재능과 업적을 보인 인재가 안타깝게도 이역만리에서 비참하게 죽고 말았다.

황제의 노여움을 사서 유배를 간 사신도 있었다. 태조 4년 11월 명 태조 주원장朱元璋의 넷째 아들인 연왕燕王 주체朱棣와 사사로이 교제했다는 이유로 통역관인 통사通事 송희정宋希靖과 사신을 수행하며 말을 관리하던 압마押馬 권을송權乙松이 유배형을 당했다. 그 전에 사신으로 갔던 김을상金乙祥이 연왕의 저택 앞을 지나갔는데, 연왕이 그에게 질책하였다.

"너희 나라 임금은 어째서 나에게 말을 보내지 않느냐?"

김을상이 돌아와서 연왕의 말을 아뢰었다. 태조가 나중에 절일사_{節日使} 김입견_{金立堅}이 명나라에 가는 편에 안장 얹은 말을 보내 주었다. 말을 받은 연왕이 황제에게 아뢰자 황제가 노하였다.

"조선 왕이 어찌 사사로이 연왕과 교제할 수 있느냐?"

황제는 엉뚱하게도 김입견 대신 아무 잘못이 없는 송희정과 권을송을 먼 곳으로 유배시켰다.

중국에 가는 사신들 중에는 가는 도중이나 수도에 도착하여 병 등으로 사망하는 사람들도 많았다. 태조 2년 6월 하성절사_{賀聖節使} 인 윤호_{尹虎}가 황해도 평산에서 사망한 일이 있다. 그는 이미 병이 있었지만 임금의 명령을 받자 사양하지 않고 남경으로 가다가 길에서 죽음을 맞이했다.

김적선_{金積善}은 태조 4년 12월에 회례사_{回禮使}로 일본에 다녀오는 등 탁월한 외교 업적을 쌓은 외교관이었다. 그런 그가 중국에 사신으로 가다가 배가 난파되는 변을 당하여 불귀의 객이 되고 말았다. 일본에서 돌아온 이듬해인 태조 5년 8월에 중국 황태자나 황후의 생일을 기념하는 천추절_{千秋節}을 축하하기 위하여 명나라의 수도 남경에 파견되었다. 그해 11월경 그의 일행이 탄 배가 중국 산동성 등주 앞바다를 지나다가 풍랑을 만났다. 배가 부서져 일행이 모두 물에 빠져 익사하고 말았다. 다음 해에 그의 아들 김자구_{金自龜}가 등주에 가서 아버지의 시신을 찾아 장사 지내기를 요청하였다. 조정에서는 통역관을 딸려서 보내 주었다.

태종 16년 7월에는 하천추사_{賀千秋使} 공부가 남경에서 병이 들어 사망하였다. 그가 죽자 황태자가 '조회를 받는 날에 예의가 엄숙하고 공손하였다. 여행 중에 머무는 곳에서 죽었으니 불쌍하도다'라고 애도를 표하였다. 서장관書狀官 박조朴藻 등이 그의 뼈를 화장해서 가지고 돌아왔다. 부음을 들은 임금이 크게 상심하며 미두 50석과 종이 1백 권을 부의하고, 내시를 보내어 제사를 지내 주었다. 임금은 앞으로 명나라의 수도에 가서 죽으면 정2품 사신은 미두 60석을 부의하고, 종2품 사신은 50석을 부의하도록 명하였다.

왕명을 받들고 머나먼 타국에 사신으로 간다는 것은 죽음을 각오해야만 하는 위험한 일이었다. 그러다 보니 관리들 중에는 온갖 핑계를 대면서 사신으로 파견되지 않으려는 자들도 많았다.

금강산을
너무도 좋아한
명나라 사신

예전부터 금강산은 중국에까지 명산으로 알려졌다. 조선에 오는 명나라 사신들마다 모두 금강산을 유람하려고 안달을 하였다.

태종 3년 4월에 들어온 명나라 사신 황엄, 조천보曹天寶, 고득高得 등이 금강산을 구경하려고 하였다. 같은 사신인 조거임趙居任이 황엄 등에게 물었다.

"그대들은 어째서 금강산을 보려고 하는가?"

"금강산은 모양이 불상佛像과 같아서 보려고 하오."

"산은 천지가 개벽할 당시에 이루어졌고, 부처는 산이 생긴 지 훨씬 뒤에 태어났다."

조거임은 먼저 생겨난 금강산이 나중에 태어난 부처를 닮았다는 주장은 말이 안 된다고 하면서 은근히 비꼬았던 것이다. 비난에도 불구하고 황엄 등은 4월 17일에 출발하여 금강산을 유람하고 약 1주일 뒤인 25일에 돌아왔다. 조정에서는 군사를 보내 사신 일행을 호위하도록 하고 음식을 내려 주었다.

우리나라에 오는 명나라 사신들마다 금강산을 유람하고자 하니까 임금도 매우 궁금했나 보다. 태종 4년 9월 하윤, 조준 등의 대신들과 함께 정사를 논의하다가 임금이 물었다.

"중국 사신이 오면 꼭 금강산을 보고 싶어 한다. 그것은 무슨 까닭인가? 속언俗言에 이르기를 중국인에게는 '고려에 태어나 친히 금강산을 보는 것이 소원이다' 하는 말이 있다고 하는데, 그러한가?"

하윤이 답변하였다.

"금강산이 동국東國에 있다는 말이 《대장경大藏經》에 실려 있어 그렇게 말합니다."

중국인들 사이에는 금강산이 부처를 닮았다는 소문과 함께 기기묘묘한 경관이 널리 퍼져 있었다. 이것이 불교 신앙과 결부되어 금강산에 대한 호기심을 더욱 자극하였던 것 같다. 요즈음 우리나라에 오는 관광객들이 유명 드라마 촬영지를 선망하여 꼭 보려는 심리와 같다고나 할까. 어쩌면 당시에도 관광 한류 풍조가 유행한 것은 아닌지 모르겠다. 물론 여러 제약으로 인해 사신들 외에 일반 중국인들은 마음대로 관광할 수는 없었지만 말이다.

황엄은 아주 금강산 관광 마니아였던 모양이다. 너무 좋으면 자꾸 보고 싶은 것은 인지상정이다. 태종 3년에 와서 금강산을 유람한 그는 감동을 잊지 못하였다. 5년 뒤에 우리나라에 돌아온 그는 다시 금강산 관광에 나섰다. 태종 8년 4월 25일부터 5월 19일까지 거의 보름 동안 금강산을 유람하여 예전보다 두 배나 오래 금강산에 머물렀다. 그는 표훈사表訓寺에 비단 30필을 공양하기도 했다.

세종 9년1427 4월 초에 들어온 사신 창성昌盛과 백언白彦 등이 금강산을 구경하려고 하였다. 당시 그들을 맞이하기 위해 의주에 파견되었던 원접사遠接使 이맹균李孟畇이 다음과 같은 보고를 올렸다. 창성이 평안도 경력經歷 최치운崔致雲에게 '금강산을 가 보려고 하는데 경기도에서 며칠 노정인가'하고 물어 최치운이 '대엿새 노정이다'고 대답하였다. 이맹균이 최치운에게 이르기를 '사신이 만일 다시 묻거든 길이 험난하여 여름철에는 유람이 불가하다고 답하라'고 하였다. 아마도 이맹균은 사신들이 금강산에 가지 못하게 하려고 그렇게 지시한 것 같다.

우리 측의 만류에도 창성과 백언은 5월 17일 금강산 유람을 위하여 강원도로 향하였다. 조정에서는 한성부 윤 노한盧閈을 접반사接伴使로 삼아 수행하게 하고 좌의정 황희, 호조 판서 안순安純, 좌대언左代言 김맹성金孟誠 등으로 하여금 전송하게 하였다. 사신들이 금강산으로 출발하면 대신들이 환송을 하고, 접반사를 딸려 보내어 여행 내내 수행과 접대를 하도록 하였다. 사신들에게는 여행 중에 마시라고 임금이 특별히 술을 내려 주기도 하였다. 세종은 총제 이징석을 보내어 임금이 신하에게 내리는 술인 선온宣醞을 가지고 가

← 금강내산총도金剛內山總圖, 〈신묘년풍옥도첩辛卯年楓嶽圖帖〉, 국립중앙박물관

서 위로하게 하였다.

사신들은 나흘 뒤인 5월 21일에 금강산에 도착하여 표훈사에서 유숙하였다. 산에 올라 바다를 바라보고 여러 절들을 유람하면서 사흘 동안 머물렀다. 부처에게 공양도 하고 승려들에게 식사를 대접하기도 한 그들은 열흘 만인 5월 27일에 돌아왔다. 임금은 찬성 권진, 병조 판서 황상黃象, 좌대언 김맹성 등을 보내어 잔치를 베풀고 위로하였다.

금강산을 구경한 사람들은 절경을 잊지 못하여 반드시 다시 가 보려고 하였다. 창성도 마찬가지여서 세종 14년1432 7월에 다시 들어오자 금강산을 열흘가량 유람하고 돌아왔다. 이때에는 부인들의 금강산 출입을 금하기도 하였다. 임금이 강원도 관찰사에게 내린 명령을 보자.

"부인들이 절에 올라가지 말도록 하는 금령이 이미 있다. 그런데도 금강산의 절에 왕래하는 사람이 상당히 많다. 더군다나 지금 사신이 내왕하므로 빨리 엄금시키라."

명나라 사신들이 조선에 오면 접대에 엄청난 비용과 신경이 쓰였다. 명나라에 사대를 표방하여서 사신 접대에 한 치의 소홀함이 있어서는 안 되었다. 하물며 매번 금강산을 구경하려는 사신들에게 드는 비용을 합하면 엄청난 부담이었다. 금강산을 유람하는 사신 접대에 들어가는 경비가 부족해져서 강원도 관찰사가 추가 경비를 요청한 적이 있을 정도였다. 사신들의 금강산 관광은 조정은 물론 민간에게도 많은 폐해를 끼치는 두통거리였다.

명나라 사신의

오만과

행패

조선에 온 명나라 사신들 중에는 오만방자하여 행패를 부리는 자들이 많았다. 여러 차례 조선에 들어온 해수海壽라는 사신도 그런 인물 중의 한 명이었다. 태종 9년 11월에는 의주에 도착하여 이유 없이 화를 내며 의주 목사 박구朴矩의 옷을 벗기고 판관 오부吳傅를 결박하여 볼기를 치려고까지 하였다. 임금이 보고받고서 개탄하였다.

"내가 조심스럽게 천자天子를 섬겨 오직 한 가지 마음을 다할 뿐이다. 사신의 임무를 받든 환관이 비록 심히 못나고 어리석더라도 내가 감히 말하지 못하는 것이 어찌 환관을 위함이겠는가? 그런데도 악한 짓이 여기에 이르렀다."

임금이 의정부에 명하였다.

"해수가 심히 공손하지 못하다. 만약 재상 중에 위엄과 명망이 있는 사람을 보내어 원접사遠接使를 삼으면 독기를 부리지 못할 것이다."

원접사는 중국 사신을 맞아들이던 임시 벼슬이었다. 의정부에서 철성군鐵城君 이원을 원접사로 보내기를 청하자 임금이 승지들에게 말하였다.

"내가 마음속으로 하늘을 두려워하기 때문에 대국을 정성껏 섬긴다. 천자는 사신으로 조정의 관리를 보내지 않고 환관을 보내고 있다. 환관이 오기만 하면 혹은 탐하고, 혹은 포학하여 무례한 짓을 자행한다. 어떻게 처치할 것인가?"

승지들이 대답하였다.

"이것은 실로 고금의 공통된 근심입니다."

임금은 해수의 행동이 마음에 들지 않았으나, 중국과의 관계를 감안하여 참기로 하였다.

"내가 해수의 행동을 일일이 써서 아뢰고자 하나 중국이 지금 어지럽다. 내가 만일 이와 같이 하면 하루아침의 분함으로 백 년의 근심을 끼칠까 염려된다. 내가 마땅히 참겠다."

명나라에서는 임금의 즉위를 승인하는 고명誥命 등의 중요한 외교 문제가 있으면 주로 조정 관리를 보냈다. 반면 공녀를 선발하여 호송하는 일 등에는 주로 환관 출신의 사신을 보냈다. 환관 사신 중에는 고려나 조선 출신의 환관들이 자주 들어와서 많은 폐해를 끼쳤다.

해수 못지않게 못된 짓을 많이 한 명나라 사신은 황엄이었다. 그도 해수처럼 환관 출신이었는데, 여러 차례 조선에 들어 왔다. 태종 17년 8월에는 황엄이 요구하는 물건이 끝도 없었다. 오늘 아무 물건을 요구하고, 다음 날에도 아무 물건을 요구하며, 그의 수행원들까지도 그러했다고 한다. 담비 가죽, 삼베, 돗자리, 종이, 인삼에서 식초와 젓갈까지 요구하지 않는 물건이 없을 정도였다. 거기에다 물품을 넣어 둘 창고를 지어 달라는 요구까지 하였다. 해당 관청에서는 그의 끝없는 요구를 견디기 어려웠으나 임금이 완곡하게 따르도록 하였다고 한다.

황엄은 사사로이 시장을 개설하여 물건을 매매하면서 많은 이득을 보았다. 그가 긁어모은 물품을 운반하는 인부가 1천여 명에 이르렀다고 하니, 그 양이 얼마였는지 짐작도 되지 않는다.

그 밖에도 명나라 사신의 행패는 이루 말할 수 없을 정도였다. 개국 직후인 태조 5년 11월에 명나라 사신으로 온 왕예王禮가 말을 타고 가다가 떨어졌다. 그는 크게 화를 내어 영접관迎接官 정빈鄭贇을 매로 때렸다. 접반사 장자충張子忠이 말리다가 역시 곤욕을 당했다. 임금이 보고받고 순하지 못한 말을 사신에게 주었다는 이유로 역마를 맡아보던 공역서供驛署 승丞 최득경崔得冏을 순군옥에 가두었다고 한다.

태종 2년 3월 통사 최천로崔天老에게 사신 왕명王明을 접대하도록 하였다. 최천로가 술을 돌리다가 왕명이 사랑하는 기생 앞에서 무릎을 꿇지 않았다. 왕명이 노하여 최천로의 가슴을 발로 차서 기절하게 만들었다. 정신을 잃었던 최천로는 약을 마시고 겨우 살아났다.

명나라 사신들 중에 오만과 행패를 저지른 자들이 많았지만, 조
선 왕조의 위정자들은 국익을 위하여 모든 것을 꾹꾹 눌러 참아 내
었다. 얼마나 속이 터졌을까. 국익을 위해서 일시적인 가슴앓이를
감수한 실리적 외교의 한 단면이었다.

명나라 사신이
우리나라를
저주하다

　　　　　일제 강점기에 일본인들이 우리나라의 정기를 끊어 놓기 위하여 전국 곳곳의 명당에 쇠말뚝을 박아 놓았다는 사실은 널리 알려져 있다. 그런 일이 조선 시대에도 있었다.

　전라도 장성의 길가에 큰 나무가 있었다. 사람들이 가지가 많다는 뜻의 '백지수百枝樹'라고 불렀다. 태종 6년 7월 어느 날 명나라 사신 황엄이 이곳을 지나다가 나무에 비밀스럽게 구리 못을 박아 놓았다. 고을의 현감 허규許揆가 이것을 알고 못을 뽑아 버렸다. 마치

오늘날 우리의 정기를 회복하기 위하여 일제가 명당에 박아 놓은 쇠말뚝을 뽑듯이.

나무에 못을 박은 황엄을 보고 당시 사람들은 그가 압승술壓勝術을 썼다고 생각하였다. 압승술은 주술을 쓰거나 주문을 외워서 화복禍福을 누르는 일로, 남을 저주하여 죽게 만들기도 한다. 염매魘魅라고도 했는데, 염은 사람의 형상을 만들어 놓고 쇠꼬챙이로 심장을 찌르고 눈을 후벼 파고 손발을 묶는 방법이고, 매는 나무나 돌로 귀신을 만들어 놓고 저주를 비는 방법이다.

조선 시대에는 이런 식으로 남을 저주하는 일이 많았다. 조정에서는 대역과 맞먹는 중죄로 간주하여 엄벌에 처하였다. 황엄이 조선인이었다면 엄한 벌을 받았겠지만, 대국의 사신이었으니 어찌하랴!

사랑하는

기생을 데리고 가려 한

명나라 사신

원래 중국 사신이 오면 연회가 끝난 후 기생이 수청을 들게 하는 것이 일반적이었다. 중국 사신들은 가까이했던 기생을 못 잊어 사랑에 빠지기도 하고, 급기야는 기생을 중국으로 데리고 가려 하기도 했다.

태종 1년 2월 명나라 사신 육옹陸顒이 황해도 황주에 이르러 기생 위생委生을 만나 사랑에 빠졌다. 한양에 도착해서도 육옹이 그녀를 잊지 못하여 예조에서 그녀에게 역마를 타고 한양으로 오게 하였다. 그녀가 도착하자 육옹이 매우 기뻐하였다고 한다.

일을 마치고 명나라에 돌아갔던 육옹은 그해 9월에 다시 왔다. 어느 날 임금이 태평관太平館에서 연회를 베풀었다. 임금이 돌아가려고 하니 육옹이 기생 위생을 만나 보기를 청하였다. 위생이 들어가자 육옹이 그녀의 손을 잡고 울면서 말하였다.

"너를 다시 보지 못하고 죽을까 걱정했다."

육옹은 오랫동안 눈물을 흘렸다고 한다.

태종 2년 1월에 들어온 사신 단목지端木智도 기생을 매우 좋아했다. 함께 온 축맹헌祝孟獻은 기생을 별로 가까이하지 않았다. 단목지는 자기가 기생을 좋아한다는 것을 축맹헌이 알까 염려하였다. 그 뒤 사신 반문규潘文奎가 들어오자 단목지는 그를 끌어들여 축맹헌도 기생을 가까이하게 만들려고 하였다. 반문규가 오자마자 기생을 소개하여 주었는데, 다행히 그도 기생을 좋아하였다.

한패가 되어 의기투합한 단목지와 반문규는 축맹헌이 기생에게 가까이하지 않자 저희들처럼 만들기 위하여 갖은 수단을 동원하였다. 어느 날은 축맹헌의 방에서 함께 술을 마시면서 기생을 가까이 앉게 하고서 노래하고 춤을 추게 하였다. 때로는 술잔을 기생의 손바닥에 놓고 권하기도 하였다. 축맹헌은 매우 즐거워하였지만 끝내 기생에게 빠지지는 않았다. 축맹헌을 자기와 같은 부류로 만들려던 단목지의 음모는 끝내 성공하지 못하고 말았다.

단목지는 성격이 음란하고 속임성이 있었고, 축맹헌은 순수하고 검소하여 지킴이 있었다고 한다. 반문규도 원래는 온화하고 기품 있는 풍류를 지니고 있었다. 임금이 그에게 옷 한 벌을 주었으나 받지 않을 정도로 청렴하여 재물을 가까이하지 않았으며, 오직 시권만을 구하였다고 한다. 그러던 반문규가 단목지의 술수에 넘어가 마침내 숙초淑椒라는 기생과 사랑에 빠지기까지 하였다. 얼마나 사랑했는지 숙초를 중국으로 데리고 가려다가 황해도에서 돌려보낸 일도 있었다.

명나라에 끌려간 조선의 처녀들

고려와 조선에서는 중국에 막대한 공물을 보내야 했는데, 물품 외에도 처녀와 환관 등의 사람들도 보내야 했다. 조선 초기에 명나라에서는 환관으로 쓰기 위해 화자火者, 즉 고자를 보내라고 요구하였다. 태조 때부터 성종 때까지 15회에 걸쳐 모두 200여 명의 화자를 바쳤다. 태종 3년 11월에는 젊은 화자 60명을 뽑아 보내라고 하여 35명의 화자를 보낸 적이 있다.

화자 외에 처녀도 보냈는데, 중국에 보낸 처녀를 이른바 공녀貢女라 하였다. 고려 시대에는 충렬왕 때부터 공민왕 때까지 80년간 모두 50차례에 걸쳐 수천 명 이상의 처녀들이 공녀로 원나라에 끌려갔다. 조선 시대에는 태종 때부터 세종 때까지 20여 년간 7회에 걸쳐 100여 명의 처녀들이 명나라에 바쳐졌다. 후기에는 인조와 효종 때에 20여 명의 처녀들이 청나라에 끌려가야 했다.

중국에 끌려간 처녀들은 대부분 황실의 궁녀가 되어 일생 동안 고역을 감수해야 했다. 그중에는 황제의 후궁이 되는 이들도 있었다. 특히 고려 후기에 끌려간 기씨 처녀는 나중에 원나라의 황후가 되기도 했다. 대개는 황족과 고관들의 처나 첩이 되었고, 인신매매되어 술집의 기녀로 팔려 간 처녀들도 있었다.

조선 초기에는 모두 7차례에 걸쳐 명나라에 공녀를 보냈다. 먼저 태종 8년에 있었던 제1차 진헌進獻 사례를 구체적으로 살펴보자. 태종 8년 7월에 명나라 사신 황엄 등이 의정부의 정승들과 함께 경복궁에서 처녀를 선발하였다. 황엄이 처녀들에게 미색美色이 없다고 노하여 경상도 경차내관敬差內官 박유朴輶를 잡아 결박하고 말하였다.

"경상도의 크기가 나라의 반이나 된다는 사실을 이미 알고 있는데, 어째서 예쁜 여자가 없느냐? 네가 감히 사심을 가지고 이런 여자들을 뽑아 올린 것인가?"

황엄은 곤장을 치려다 그만두고는 의자에 걸터앉아 정승을 앞에 세우고 욕을 보이고 나서 태평관으로 돌아갔다. 소식을 들은 임금이 지신사 황희를 보내어 황엄에게 말하였다.

"계집아이들이 멀리 부모 곁을 떠날 것을 근심하여 먹어도 음식 맛을 알지 못해 날로 수척해진 때문이라 괴이할 것이 없소. 다시 중국의 화장을 시켜 놓고 보시오."

황엄이 좋다고 말하고 다시 처녀를 선발하였다. 이날 평성군平城君 조견趙狷의 딸은 중풍이 든 듯 입이 반듯하지 못하고, 이조 참의 김 천석金天錫의 딸은 중풍이 든 듯 머리를 흔들었으며, 전 군자감軍資監 이운로李云老의 딸은 다리가 병든 듯 절룩거려 황엄이 매우 노하였 다. 사헌부에서 딸을 잘못 가르친 죄를 탄핵하여 조견은 경상도 개 령에, 이운로는 경기도 음죽에 귀양을 보내고, 김천석은 정직시켰다.

다음 날 조정에서는 각 도에 순찰사巡察使를 보내어 다시 처녀를 선발하게 하고, 경차내관 한 사람씩을 따라가게 하였다. 의정부에 서는 각 도에 명령을 내렸다.

"대소 수령과 품계를 지닌 양반, 향리, 일수양반日守兩班, 향교 생도 및 백성들의 집에 자색姿色을 지닌 처녀가 있으면 모두 뽑아서 정결 하게 빗질하고 단장시켜 명나라 사신의 선택을 기다려라. 만일 여 자를 숨기고 내놓으려고 하지 않거나, 혹은 침과 뜸을 맞고, 머리를 자르고, 약을 붙이는 등 여러 가지 방법으로 꾀를 써서 선발을 피 하려는 자는 처벌하라. 통정대부通政大夫 이하는 관찰사가 직접 처 벌하고, 가선대부 이상은 '왕령을 따르지 않는 죄'로 논하여 직첩을 회수하고 재산을 몰수하라."

며칠 후 황엄 등의 사신들이 경복궁에서 두 번째로 처녀를 선택 하였다. 처녀들의 의복과 치장을 모두 중국 제도와 같게 하였다.

"이중에 그런대로 쓸 만한 이는 서너 사람 있을 뿐이다."

처녀들을 본 황엄은 권집중權執中과 임첨년任添年의 딸 등 31명을 남겨 두고 나머지는 모두 돌려보냈다.

황엄 등의 사신들은 선발된 처녀의 수가 적다며 지방에 내려가서 직접 처녀를 선발하려고 하였다. 한첩목아韓帖木兒와 기원奇原이 대궐에 이르러 하직하자 임금이 말하였다.

"사신이 직접 지방에 가더라도 모두 농가의 계집아이인데 어디서 미색을 얻겠소?"

두 사람이 돌아가서 황엄에게 고하였다. 황엄이 노하여 말하였다.

"우리들이 거짓으로 지방에 간다고 하여 국왕에게 성의가 있는가를 보려 했다. 실제로 가고자 함이 아니다. 마땅히 명나라로 돌아가겠다."

임금이 지신사 황희를 보내어 공손한 말로 말리고 나서야 그만두었다.

처녀를 선발하기 시작하면서 전국의 백성들이 불안에 떨고 크게 동요하였다. 그런 상황은 사간원에서 아뢴 말에 잘 드러난다.

"사신이 서울에 가까이 들어오던 날에 지진의 이변이 있었고, 처녀를 뽑기 시작한 이래로 음산한 요기를 띤 재앙이 있었습니다. 또한 처녀를 뽑는 순찰사를 떠나보낸 뒤로 여름과 가을의 환절기를 당해 메뚜기로 인한 손해가 있고, 선선한 바람이 연일 불어 재해가 여러 번 나타났습니다. 지금 다시 모든 관청들이 처녀를 숨긴 자를 조사하여 재산을 몰수하고, 아전과 시골의 부녀자를 잡아 가두어 매질하고 있습니다. 마을 사람들이 원통하게 울부짖어 화기를 상하게 합니다."

참으로 목불인견의 참상이 전국에 걸쳐 벌어지고 있었던 것이다.

한 달여 뒤인 8월 19일 황엄 등이 경복궁에서 각 도에서 올라온 처녀 80명 중에 7명을 선발하였다. 이때 황해도 순찰사 여칭이 돌아와서 황엄에게 말하였다.

"권문의權文毅의 딸이 지닌 자색이 권집중의 딸보다 못하지 않다."

황엄이 지평주사知平州事 권문의의 딸이 지닌 뛰어난 미모를 하루 속히 보고 싶어 했다. 권문의는 딸이 병이 났다 핑계 대고 시일을 오래 끌며 떠나보내지 않았다. 의정부에서 지인知印 양영발楊榮發을 보내어 독촉하였다. 권문의가 마지못해 딸을 치장해 길을 떠나는 체하였다. 양영발이 말을 달려 한양으로 돌아가자 결국 권문의는 딸을 보내지 않았다. 황엄이 노하여 말하였다.

"권문의처럼 벼슬이 낮은 관리도 국왕이 제재하지 못한다. 하물 며 문벌 높은 집안에 미색이 있다 한들 어찌 내놓으려 하겠는가?"

황엄의 말을 듣고 임금이 노하여 권문의를 하옥하게 하였다.

9월 2일 다시 처녀를 선발하기 위해서 순찰사를 각 도에 파견하였다. 9월 13일 황엄 등이 경복궁에서 그동안 뽑은 처녀 200여 명 중 50명을 선발하였고, 10월 6일에는 서울과 지방에서 온 300여 명 중 추가로 처녀 44명을 선발하였다. 그해 8월부터 10월까지 약 3개월 동안 전국에서 580여 명이 뽑혀서 올라왔고 이중 101명을 추렸다.

10월 11일 임금이 경복궁에 가서 황엄 등과 함께 101명의 처녀 들 중 최종적으로 5명을 선발하였다. 최종적으로 뽑힌 5명 가운데 고 전서 권집중의 딸이 첫째이고, 전 전서 임첨년, 전 지영주사知永州事 이문명李文命, 사직 여귀진呂貴眞, 수원 기관 최득비崔得霏의 딸이 다음이었다. 그녀들에게 술과 과실을 주고 각각 비단으로 만든 중국식의 옷을 주었다.

임금이 환궁하여 대언代言들에게 이르렀다.

"황엄이 선정한 등수가 틀렸다. 임씨는 곧 관음보살의 상과 같아서 애교와 태도가 없고, 여씨는 입술이 넓고 이마는 좁다. 그게 무슨 인물이냐?"

황엄이 예쁘다고 선발한 처녀들이 임금에게는 별로였다는 말이다. 한국인과 중국인의 심미관이 이다지도 달랐단 말인가. 아니면 그런 말로 조선 처녀를 보내는 마음을 위로라도 한 것일까.

11월 12일 황엄 등의 사신들이 처녀 5명을 데리고 남경으로 출발하였다. 임금이 모화루慕華樓에서 전송하였고, 예문관 대제학 이문화李文和를 진헌사進獻使로 삼아 함께 떠나도록 하였다. 처녀들을 따라가며 시중을 드는 사람들도 함께 갔다. 여종과 유모 16명, 화자 12명이었다. 처녀들이 출발하자 부모와 친척들의 울음소리가 길에 가득하였다고 한다. 5명의 처녀들은 명나라에 가서 모두 3대 황제 영락제의 후궁이 되었다.

당시 명나라로 끌려간 처녀들의 생년월일과 아버지의 직명, 본관 등을 자세히 기록하여 보냈는데, 내용을 보면 다음과 같다. 아버지의 관직이 실제와 다른 이유는 명나라에 잘 보이기 위하여 관직을 올려 기록하였기 때문이다.

- 권씨 처녀 : 가선대부 공조 전서 권집중의 딸, 나이 18세, 신미년辛未年1391 10월 26일 사시巳時 출생, 본관은 경상도 안동부, 현재 한성부에 거주.

- 임씨 처녀 : 통훈대부通訓大夫 인녕부仁寧府 좌사윤左司尹 임첨년의 딸, 나이 17세, 임신년壬申年1392 10월 26일 술시戌時 출생, 본관은 충청

도 회덕현, 현재 한성부에 거주.

- 이씨 처녀 : 통덕랑通德郎 공안부恭安府 판관 이문명의 딸, 나이 17세, 임신년 10월 18일 술시 출생, 본관은 경기도 인주.

- 여씨 처녀 : 선략장군宣略將軍 충좌시위사忠佐侍衛司 중령호군中領護軍 여귀진의 딸, 나이 16세, 계유년癸酉年1393 11월 초2일 사시 출생, 본관은 황해도 곡성군, 현재 한성부에 거주.

- 최씨 처녀 : 중군 부사정副司正 최득비의 딸, 나이 14세, 을해년乙亥年 1395 10월 초8일 오시午時 출생, 본관은 경기도 수원.

길창군吉昌君 권근이 애달픈 시를 지어 처녀들을 전송하였다.

'구중궁궐에서 요조숙녀를 생각하여

만 리 밖에서 미인을 뽑는다.

수레는 멀리 나아가고

조선은 점점 아득하여진다.

부모를 하직하니 말이 끝나기 어렵고,

눈물을 참자니 씻으면 도로 떨어진다.

슬프고 섭섭하게 서로 떠나는 곳에

여러 산들이 꿈속에 들어와 푸르도다.

이보다 먼저 공녀의 아픔을 담은 동요도 불렸다고 한다.

보리가 익으면 보리를 구해야 하고,

해가 저물면 계집아이를 구한다.

나비도 오히려 눈이 있어

아직 꽃 피지 않은 가지를 와서 택한다.

명나라에서 소를

1만 필이나

요구하다

　　　　　　　　조선 같은 작은 나라에 소가 있다면 과연 얼마나 있었을까? 그런 조선에 명나라에서 한 번에 소 1만 마리를 보내라고 요구했다. 기가 찰 일이다.

　태종 4년 4월 18일 명나라에서 한첩목아 등을 보내 농우農牛 1만 필을 보내도록 요구하였다. 명나라의 영락제가 오랜 내전 끝에 건문제로부터 왕위를 찬탈한 후였다. 전란 터였던 요동 지역을 개척하고 백성들을 안정시키기 위해 많은 농우가 필요하였다. 명나라에서는 필요한 농우를 조선에서 조달하려 했다. 명에서는 쓸 만한 농우 1만 필을 뽑아서 요동 도사에게 보내라며, 소 한 마리에 비단 1필, 베 4필로 책정하고 두 차례로 나누어 운반하게 하였다. 겉으로는 값을 치르고 소를 사들인다는 모양새였으나, 사실은 헐값에 강제로 징발하는 것이나 마찬가지였다.

요구를 받은 조선 조정은 백성들로부터 소를 징발하거나 매입하여 1만 마리를 채우려 하였다. 그렇다고 한꺼번에 많은 소를 마련할 수는 없어서 준비되는 대로 한 번에 1천 마리씩, 모두 10차례에 걸쳐 소를 보내야 했다. 엄청난 수의 소를 준비하기 위하여 백성들이 얼마나 고통을 당했겠는가.

명나라에서는 소만이 아니라 많은 수의 말도 요구하였다. 조선 백성들의 고통은 이만저만이 아니었다. 명나라를 건국하자마자 무리한 공물을 요구하는 바람에 고려인들의 거대한 분노를 야기하여 급기야 최영崔瑩의 요동 정벌을 초래한 것은 잘 알려진 사실이다. 고려가 망하고 조선이 건국된 후에도 명나라에서는 막대한 공물을 요구하여 조선을 당황케 하였다. 더구나 사람까지 요구하여 공녀와 환관도 보내야 했다. 소와 말은 일부분에 불과하였다.

태종 4년 6월 16일 10차로 소 1천 마리를 요동에 보내면서 1만 마리 운송이 모두 끝났다. 그 후 조선에서는 10차에 걸쳐 운송한 소의 명세와 운송을 담당한 관원들의 성명을 보고하여야 했다. 명나라에서는 그 후에도 여러 차례 소와 말을 요구하였다.

사리를

1,300여 과나

명나라에 보내다

조선 초기에는 고려의 숭불 풍조가 남아 사찰만이 아니라 왕실이나 개인들이 사리를 수집하여 간직하고 있었다. 특히 태조는 불교에 매우 호의적이어서 부처의 진신사리眞身舍利를 모시는 사리전舍利殿을 건립하기도 했다.

태조 5년 2월 개성 송림사松林寺에 있던 불골佛骨, 즉 부처의 두개골 사리를 한양으로 옮기도록 하였다. 원래 통도사通度寺에 보관되어 있었는데, 왜구 때문에 송림사에 옮겨 놓았다가 사람을 보내어 가져오게 하였다.

2년 후인 태조 7년 5월에 군인 50명을 동원하여 한양의 흥천사興
天寺 북쪽에 사리를 보관할 3층의 사리전과 사리탑을 건축하도록
명하였다. 얼마 후 태조는 직접 흥천사에 거둥하여 사리전을 지을
터를 시찰하며 조속한 완공을 당부하기도 했다. 임금이 공사 책임
자인 감역제조監役提調 김주金湊에게 말했다.

"이 사리전은 건축을 원한 지가 오래되었다. 지금 일을 마치지 않
으면 후일에 말릴 사람이 있을까 염려된다. 마땅히 빨리 성취하여
나의 원망에 보답하라."

부처의 진신사리를 모시는 사리전이 완공되자 태조가 들어가 부
처에게 예를 드렸다. 부처의 이에서 나온 사리 네 개와, 두개골 사
리, 가사 등은 석탑 속에 두게 하였다.

태종 11년에 사리전이 황폐화되고 사리탑이 기울었다. 임금은 사
리전을 중수하고 사리탑을 수리하게 하였다. 임금이 흥천사의 주
지에게 호통을 쳤다.

"사리전은 곧 태조께서 세우셔서 내 일찍이 잊지 못한다. 너희들은
불씨佛氏의 무리들인데, 어찌하여 불경함이 이에 이르렀는가? 중의
행실은 이러한 것인가?"

임금은 앞으로 내시를 보내 감시할 것이라며 조석으로 조심하여
게을리하지 말라고 명하였다. 이처럼 임금들도 애지중지한 사리
를 명나라에서 보내라고 요구하였다. 기가 찰 일이 아닐 수 없었다.

부처나 승려들의 유골인 사리는 매우 귀하고 희소해서 수량이
많지 않았을 것이다. 조선에 사리가 많다는 소문이 중국에 퍼져 있
었는지, 명나라의 황제까지 사신을 보내어 사리를 구해 오도록 하

였다. 불교를 크게 숭상한 3대 황제 영락제였다.

태종 7년 5월에 황엄과 기원이 칙서를 들고 와서 사리를 달라고 청하였다. 칙서에서 영락제는 특히 이태조가 소장하고 있는 사리를 보내라고 요구하였다.

"왕의 아버지가 전에 사리를 가지고 있었는데, 지금 양주의 천보산 등지에 있다고 들었다. 지금 태감太監 황엄 등을 시켜 사리를 맞아 오고자 한다. 보내 줄 수 있겠는가?"

칙서와 함께 영락제는 사례비 명목으로 왕과 왕비에게 각각 비단 30필을 보냈다.

사리를 보내 달라는 요구를 받은 조정에서는 전국의 사찰에 관리들을 파견하여 사리를 구하는 소동을 벌였다. 충청도에서 45과顆, 경상도에서 164과, 전라도에서 155과, 강원도에서 90과 등 총 454과를 얻었다. 이중 400과를 추리고, 여기에다 태조가 지닌 300과와 태종이 지닌 100과를 보태어 모두 800과의 사리를 은합과 옥합에 넣어서 명나라에 보냈다.

세종 1년1419 8월에도 황엄이 와서 사리를 요구하였다. 황제는 황엄을 통해 칙서를 보내었다.

"조선의 석탑과 사탑寺塔 속의 사리는 수효가 몇 개임을 묻지 말고 얼마가 되든지 모두 보내라. 다른 절 안에 있는 사리도 보내라."

황엄은 사리를 빨리 달라고 독촉까지 하였다.

"황제께서 칙명으로 사리를 구해 오라 하셨다. 내가 늙고 병들어서 빨리 서울로 돌아가야 하니 속히 주었으면 좋겠다."

이번에도 예조에서 관리를 각 도로 보내어 사리를 구하게 하였다.

＜ 봉인사奉印寺 석가세존釋迦世尊 부도浮屠 사리구舍利具, 국립중앙박물관

사리가 모이자 558과의 사리를 황엄이 가져가도록 하였다. 태종과 세종을 거쳐 모두 1,358과의 사리를 명나라에 보내야 했다. 우리의 귀중한 문화유산을 약탈당한 것과 마찬가지였다.

일본을

정벌하려고 하니

길을 빌려 달라

선조 때 일본이 우리나라에게 명나라를 침략하기 위한 길을 빌려 달라는, 소위 정명가도征明假道를 내세웠다. 조선 초기에는 이와 반대로 명나라가 일본을 정벌하기 위한 길을 빌려 달라면서 여러 가지 협조를 요청하여 조선 조정을 발칵 뒤집어 놓았다.

태종 13년 3월에 통사 임밀林密이 명나라의 수도 남경에서 돌아와 아뢰었다. 명나라가 일본을 정벌하려고 한다는 황제의 말이었다. 명나라가 일본을 친다면 명의 군대가 반드시 조선을 통과할 것이고, 또한 군대도 요구하기 마련이었다. 조선으로서는 엄청난 국난을 맞이하게 되는 일이었다. 국왕을 비롯한 조정 신하들은 모두가 크게 동요하였다.

"일본국의 노왕老王은 지성으로 사대하여 도둑질이 없었다. 왕위를 이은 지금의 왕은 도적질을 금하지 않아 우리 강토를 침범하여 어지럽게 하고, 아비의 영정을 벽에 걸어 놓고 눈을 찌른다고 한다. 그 부도不道가 이와 같아 짐이 병선 1만 척을 이끌어 토벌하고자 한다. 너희 조선에서도 미리 알아 둠이 마땅하겠다."

새로 즉위한 일본 국왕이 사대를 하지 않으므로 정벌하고자 하니, 조선도 이를 미리 알고 대비하라는 통보였다. 보고를 받은 임금이 의정부에 명하였다.

"황제가 어찌 실없는 말을 하였겠는가? 만약 병선이 일본으로 향한다면 우리나라에서도 경비함이 마땅하다. 경들은 잘 생각하도록 하라."

여러 대신들에게 임금이 물었다.

"중국의 일본 정벌을 어떻게 대응해야겠는가? 황제가 우리나라 사신에게 친히 유시하였다. 우리나라에서도 따로 사신을 보내어 표문을 올려 경사로운 뜻을 아뢰어야 하지 않겠는가? 중국에서는 반드시 우리나라와 왜가 서로 통하여 사이좋게 지낸다고 여길 터인데, 이제 모른 체하면 반드시 속인다 할 것이다. 더구나 왜인은 우리나라와 실제로 원수이다. 만약 그들을 주벌한다면 국가의 다행이지만, 정벌하는 길이 우리 강토를 거쳐야 해서 염려하지 않을 수 없다. 흠문기거사欽問起居使가 출발하기 전에 먼저 사신을 보냄이 어떤가?"

흠문기거사란 황제의 일
상생활을 문의하기 위하여
보내던 사신이었다. 일본
정벌을 모르는 척하면 조
선이 일본과 친하다고 오
해받을 수 있다고 임금이
걱정하면서도 일본을 정벌
할 명의 군대가 조선을 통
과하기에 염려도 하였다.

이어서 임금은 전라도가
왜군이 가장 먼저 쳐들어
오는 곳이라 군량미를 대
비해야 한다며 금년은 조
운을 하지 말도록 하였다.
임금은 전쟁을 기정사실화
하고 군량미까지 준비하려
했던 것이다.

❰ 왜관도(倭館圖), 국립중앙박물관

한편으로 임금은 일본인이 명나라의 정벌 계획을 알게 될까 크
게 걱정하였다.

"왜인이 만약 이 변란을 안다면 크게 좋지 않다. 지금 서울에 와
있는 일본 사신의 친족이 우리나라에 퍼져 있어 그들이 알지 못하
게 하기도 어렵다. 만약 알아 가지고 통지하면 뒷날 중국에서 누설
한 까닭을 반드시 물을 것이다. 일본 정벌의 거사는 반드시 5~6월

에 있을 터이다. 일본 사신을 구류하여 2~3개월만 지난다면 누가
다시 누설하겠는가?"

임금은 일본이 미리 알지 못하도록 조선에 들어와 있는 일본 사
신을 구류할 생각까지 하였다. 임금의 말이 끝나자 병조 판서 황희
도 대책을 내놓았다. 사람을 보내어 각 도의 병선과 군기를 속히
점검하고, 재산이 넉넉하고 무예가 있는 지방의 갑사를 서울로 소
집해야 한다는 건의였다.

한동안 조선 조정을 극도의 긴장으로 몰아넣었던 명나라의 일
본 정벌 계획은 행동으로 옮겨지지는 않았다. 조선은 안도의 한숨
을 내쉬었다.

외국 사신을

놀라게 한

불꽃놀이

조선 시대에도 화희火戲, 화산붕火山棚이라고 불린 불꽃놀이를 했다. 원래 군진軍陣에서 화약의 위력을 보이기 위해 하던 행사였는데, 나중에는 제야나 새해 첫날에 궁중에 화산대火山臺를 설치하고 화약을 터뜨려 행하였다. 불꽃놀이에는 임금을 비롯하여 왕비와 조정 대신, 내명부內命婦, 외명부外命婦, 외국 사신, 귀화한 외국인 등이 참석하였다.

조선 왕조에서 불꽃놀이를 시작한 시기는 건국 직후부터였다. 태조 2년 정월 초하루에 백관의 조하례朝賀禮를 받고 새해를 축하하는 의식과 연회를 가졌는데, 여러 신하들이 한껏 즐기고 파하였다. 해가 지자 군기감에게 불꽃놀이를 하게 하여 구경하였다고 한다.

정종 1년 6월 1일에는 입국한 일본 사신을 위해 불꽃놀이를 하였다. 그날 날이 저물자 군기감을 시켜 불꽃놀이를 베풀게 하여 일본 사신들이 구경하도록 하였다. 일본 사신들이 불꽃놀이를 보고 나서 크게 놀라워했다고 한다.

"이것은 인력으로 하는 것이 아니라, 천신이 시켜서 그런 것이다."

태종 7년 섣달그믐 밤에도 군기감에서 대궐 한가운데에 화산대를 설치하고 화약을 터뜨리며 불꽃놀이를 하였다. 화약의 맹렬하기가 예전의 배나 되어 일본 사신이 크게 놀라고 두려워하였다고 한다. 임금은 기분이 좋아져 불꽃놀이를 준비한 군기감의 화약 장인 33명에게 각각 쌀 1석씩을 내려 주었다.

태종 18년 정월 초하루에 임금이 명나라 사신과 함께 경복궁 근정전에서 연회를 베풀며 군기감에 명하여 불꽃놀이 기구를 바깥뜰에 설치하게 하였다. 저녁이 되어 연회를 파하고 사신과 더불어 근정문에 나아가서 불꽃놀이를 구경하였다. 화염이 하늘에 치솟고 폭음이 궁정을 뒤흔들어 사신들이 매우 기이하게 여기며 찬탄하기를 그치지 않았다고 한다.

불꽃놀이 때문에 처벌을 받은 관리도 있었다. 태종 11년 제야에 불꽃놀이를 하면서 책임자인 군기감 승 최해산이 직접 꼼꼼하게 살피지 않아 군중을 놀라게 하였다. 의정부의 주청에 따라 곤장 100대를 맞게 되어 있었으나, 임금이 특별히 그를 용서해 주었다. 다만 화약을 설치한 약장藥匠에게 매로 때리는 형벌을 가하였다.

왜구에게 잡혀갔다가

21년 만에

귀환하다

조선 초기에는 왜구들이 전국의 연안에 출몰하여 재물을 약탈하고 사람들을 잡아가는 일이 잦았다. 잡아간 사람들은 오키나와에 자리 잡고 있던 유구국琉球國에 팔아넘기곤 했다. 조정에서는 일본에 잡혀간 사람들을 데려오려고 여러 가지 외교적 노력을 기울였다.

태종 3년 10월 일본국 사신이 130명을 데려왔고, 태종 6년 윤7월에도 회례관回禮官 이예가 남녀 70여 명을 데리고 왔다. 2년 후인 태종 8년 3월에는 일본에 갔던 통신관通信官 박화朴和가 잡혀갔던 우

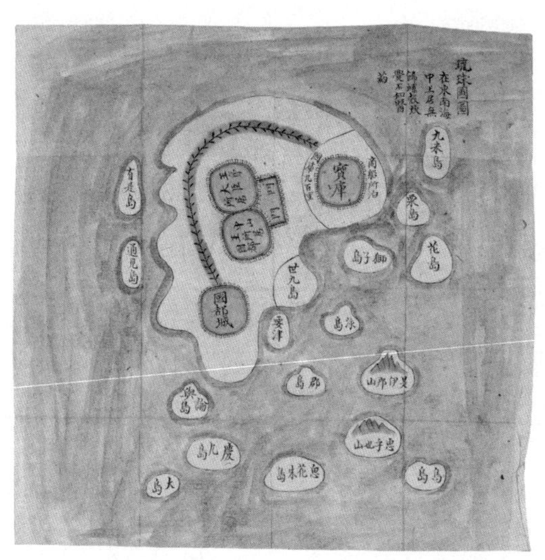

← 유구국도琉球國圖, 국립중앙박물관

리나라 사람 100여 명을 데리고 돌아왔다. 고국으로 돌아온 사람들이 300여 명이나 되었지만, 아직도 잡혀 있는 사람들이 많았다.

태종 13년 6월에 일본국에서 파견한 사신이 와서 아뢰었다.

"포로가 되어 일본에 있는 자가 매우 많습니다. 사람을 보내면 그들을 데리고 올 수 있습니다."

의정부에서는 통신관을 보내어 데리고 오는 것이 좋겠다고 아뢰어 임금의 윤허를 받았다. 조정에서는 전 만호 박초朴礎를 통신관으로 파견하였다. 그의 편에 일기도一岐島 도주島主 지좌전志佐殿에게는 호피虎皮·세마포細麻布·잣·인삼을, 대마도 도주 종정무宗貞茂에게는 미두 100석과 술 120병을 주었다. 얼마 후 박초는 별다른 소득 없이 돌아왔다.

태종 15년 8월에도 좌승지 탁신의 건의에 따라 유구국에 팔려 간 사람들을 데려오려고 하였다.

"마땅히 유구국에 사신을 보내어 왜구가 노략질하여 팔아넘긴 사람들을 돌려보내도록 청하여야 합니다."

임금이 옳게 여기며 말하였다.

"친척과 헤어지고 떨어져 있어 정상이 애석하다. 그들을 데려오는 사람은 마땅히 벼슬로써 상을 주겠다."

임금이 유구국에 사신을 보내고자 하였으나, 바다가 험하고 멀어 모두들 가려고 하지 않았다. 임금은 죄를 지은 사람들 중에 명령을 욕되게 하지 않을 사람을 가려 뽑아서 아뢰라고 명하기까지 하였다. 이듬해 1월 이예를 통신관으로 삼아 유구국으로 보내어 팔려 간 사람들을 보내라고 요청하게 하였다. 호조 판서 황희가 번거롭고 비용이 많이 든다며 반대하고 나섰다.

"유구국은 해로가 험하고 멀며, 지금 사람을 보내면 번거롭고 비용도 대단히 많이 듭니다. 파견하지 않는 것이 낫겠습니다."

"고향 땅을 그리워하는 정은 본래 귀천이 다름이 없다. 가령 귀한 집안에 포로가 된 자가 있다면 어찌 번거롭고 비용이 든다며 따지겠는가?"

이예는 왜구에게 잡혔다가 유구국에 팔려 간 사람 44명을 데리고 6개월 후에 돌아왔다. 귀환한 사람들 중 경상도 상주에 살던 전언충全彦忠이라는 사람이 있었다. 태조 4년인 1395년 나이 14세에 잡혀 팔려 갔다가 1416년에 돌아왔으니 무려 21년 만의 귀환이었다. 부모는 이미 모두 사망하고 없었다. 늦게나마 부모의 상을 치르려 하자 임금이 불쌍히 여기어 겹옷 두 벌, 홑옷 한 벌, 베 10필과 미두 15석을 하사하였다.

임금의 적극적인 노력으로 태종 때에만 350명에 가까운 사람들이 고국으로 귀환했다. 후대 임금들은 조선인의 귀환에 별 신경을 쓰지 않았던 것 같다. 그리하여 영영 고국으로 돌아오지 못하고 머나먼 일본 땅에서 불귀의 객이 된 사람들이 훨씬 더 많았으리라.

조선을 뒤집은 황당무계 사건들

초판 1쇄 인쇄 2014년 9월 5일
초판 1쇄 발행 2014년 9월 12일

지은이 정구선

펴낸이 박세현
펴낸곳 팬덤북스

기획위원 김정대·김종선·김옥림
편집 김종훈·이선희
디자인 강진영
영업 전창열

주소 (우)121-250 서울시 마포구 성산동 275-60번지 교홍빌딩 305호
전화 070-8821-4312 | **팩스** 02-6008-4318
이메일 fandombooks@naver.com
블로그 http://blog.naver.com/fandombooks

등록번호 제25100-2010-154호

ISBN 978-89-94792-93-4 13910